天

Borderless

下

博稽古今 融汇天下

天
Borderless
下

博
观

Legal Reasoning and Legal Theory

Neil MacCormick

法律推理与法律理论

[英]尼尔·麦考密克 著

姜峰 译

法律出版社 LAW PRESS · CHINA
北京

Legal Reasoning and Legal Theory, 1st edition

by Neil MacCormick

著作权合同登记号

图字：01-2014-5849

作 者 简 介

尼尔 · 麦考密克 Neil MacCormick，1941~2009

英国爱丁堡大学公法学和自然与国家法学钦定讲座教授，爱丁堡皇家学会会员和不列颠学会会员，王室法律顾问。麦考密克是当代世界法律哲学领域中最重要的人物之一，主要著作有《法律推理与法律理论》（1978）、《制度法论》（与魏因伯格尔合著，1980）、《哈特传略》（1981）、《法律权利与社会民主》（1982）和大量论文。在继承和批判二十世纪中期占据主导地位的哈特法律哲学的基础上，麦考密克做出了独特的贡献，他提出了法律作为"制度性事实"这一思想。他做出贡献的领域还涉及苏格兰启蒙运动的法律理论、作为实践理性的一个分支的法律推理理论、欧洲联盟中的主权理论、社会民主以及自由主义和国家主义理论等多个方面。

译 者 简 介

姜 峰

中山大学法学院教授，北京大学法学博士。著有《立宪选择中的自由与权威——联邦党人的政治与宪法思想》（法律出版社2011年版）、《立宪主义与政治民主——宪法前沿十二讲》（华中科技大学出版社2012年版）等作品。

中文版序

在中国文化传统中，法律推理的因素始终比较稀薄。这种特征影响到当代的审判方式，导致论证性对话和解释的技术一直难以成为制度设计和运作的关键项。近来的司法改革举措开始强调以庭审为中心、注重判决的释法说理，这的确是一个颇令人欣慰的变化。以此为背景，姜峰教授在2005年翻译出版的尼尔·麦考密克著作《法律推理与法律理论》得以修订重印，其重要的实践意义和学术价值是不言而喻的。关于麦考密克的生平、学术贡献以及四十年前问世的这本书的内容概要，姜教授已经在译后语中做了全面而中肯的阐述，这里无须赘言。我在1990年代初主编“当代法学名著译丛”，曾经收入麦考密克和魏因贝格尔合著的《制度法论》，由周叶谦教授翻译，我也为此写过关于麦考密克理论的导读文字。建议读者不妨参阅对照这两本著作,对相关思路和知识谱系进行一番梳理,以便更好地理解他关于法律推理的论述。

仅就这本个人专著而言,值得我们特别留意的是,尽管麦考密克强调实践理性和经验法则,但还是坚决地主张某种形式的演绎推理以及司法三段论和涵摄技术才是法律推理的精髓所在。在他看来,归纳推理、道德推理、政策推理及其他非演绎的法律思维固然也在不同程度上发挥各自的功能,但它们最终还要归结到演绎推理,并且不得不借助各自与演绎推理之间的关系而被定位和重新认识。因为妥当的行为和决策总是需要理由;判决总是要由那种联结紧密的、看起来没有瑕疵的一系列法律理由的逻辑链条来支持,否则就无法正当化。也许有人会认为演绎推理的模式很可能在不同程度上导致伪善,因为现实是如此复杂多变,推理过程难免掺入情感、政治目的以及价值判断;然而在这里伪善或许比真诚更有助于解决问题,因为它进一步加强了通过论辩而求证的过程。一般而言,演绎推理势必促进论证式对话,从而让驳斥、否认以及撤销的试错活动构成判决的正当化基础。

演绎推理的最基本特征是侧重形式要件、弘扬形式正义。这意味着判决必须严格遵循法规和先例,以保证同案同判及司法的连贯性、统一性。但是,麦考密克所理解的形式正义不仅要满足这些"回顾性要求",而且还要满足"前瞻性要求"——在判决时应该考虑到对未来类似案件的影响和各种可能性,以防止现在提供的判决理由在未来变成非正义的理由。在他看来,甚至前瞻性要求还应该优先于回顾性要求,从而促使法官把未来的风险也纳入视野、做出更加审慎的裁断。他认为前瞻性要求尽管倾向于实质问题的阐释性自由裁量权,但在限制专断以及由此带来的不确定性、不安全感这一层意义上仍然属于形式正义的范畴——这真是一个饶有趣味的命题。站在麦考密克的立场上考虑问题,形式正义的判断标准其实就是协调性:包括证据之间的融贯性、陈述与信念和常识之间的融贯性、事实解释之间的融贯性、故事脉络的融贯性,等等。他认为,诉讼中主询问和交叉询问程序的全部意义,就是迫使证人在申明立场时不得不努力使主张之间相互协调,并以此检验法律推理的可靠性和正当性。在这个意义上也可以说,形式正义的本质在于融贯性,包括与过去和未来的语境相协调。

与哈特提出的"两级规则"的概念和体系构成方式相映成趣,麦考密克提出了"两级事实"问题。一级事实是涉讼的基本事实,二级事实则涉及对一级事实的分类处理、解释以及有效要件的认定。与这样的区别相关,他还进一步讨论了所谓"二阶证明"的分析框架。"一阶证明"是对判决的具体结论进行证明。在大多数情形下,人们可以根据既有的法律规则即普遍的、抽象的裁判规则以及已经认定的事实,借助演绎推理来对判决进行证明。但是,如果案情复杂,裁判规则是复数的,对演绎推理存在不同的意见,这时人们必须面对如何在对立和各种可能性中进行妥当判断的选择。可以说,"二阶证明"就是对选择所依据的理由进行论证,换个说法也就是在法律制度容许的范围内进行合乎情理的选择。这是一种试错过程,通过论辩和逻辑检测来否定和淘汰那些缺乏足够说服力的主张和意见。在这样的逻辑体系里,任何命题都是附带消灭条件的:如果经得起驳斥,就可以留下来成为规范,否则就会在语言博弈的过程中消失。这也正是哈特所描述的通过"可撤销性"实现法律正当化的机制。实际上,麦考密克本人毫不讳言自己的立场与哈特理论之间存在的近似性和互补关系。

“二阶证明”不仅涉及法律制度的结构和功能，而且还涉及价值含义，并且涉及对社会后果进行评价的标准。麦考密克明确指出，“二阶证明”包含两个基本要素：一个是后果主义论辩，另一个是协调主义论辩。前者关注的是不同判决内容所引起的不同法律效果和社会效果，评价其可行性或者可接受程度，在不同利益中进行比较权衡，导致对价值判断和政策指向的重视。实际上，判决内容往往会取决于对后果的考虑和掂量。但是，所谓规范归根结底还是设定行为模式，而不是要提供一个现实中已有的模式。因此，法律的本质不是陈述事实，而是调整事实。正是处于这样的考虑，后者即协调性论辩更关注的是规范思维方式的维护，确保判决内容与法律体系的各个方面都自洽和谐，并通过演绎推理使后果主义论辩的结果经得起法律逻辑的检验。当然，融贯性并非仅仅意味着对规范的坚守，也包含基于事实而对规范进行反思的契机。在法律实践中，上述这两个基本要素其实总是处于交错和相互作用的状态，只有当两者达成适当的反思性平衡时我们才会觉得判决是公正而合理的。然而在疑难案件中，这两者达成平衡的条件总是非常复杂而微妙。

能把这两个基本因素联系在一起进行整合的可制度化装置是什么？为了回答这个问题，麦考密克对哈特理论和德沃金理论进行了引人入胜的比较、分析以及综合，找到了法律推理中的原则与规则之间关系这个最重要的抓手。在他看来，哈特把法律体系区别为确定的核心与模糊的外缘其实是建构了一个开放的结构，当规则无法为案件审理提供确定的指引时，法官必须通过强大的理性来做出判断，这意味着可以伸张的自由裁量权——但这种裁量权其实受到规则限制，并不能随意伸张；而德沃金正是为了限制这种在想象中被夸大了的裁量权，才特别强调原则的作用。德沃金认为原则是据以确认公民个人权利的，而政策则是以集体功利为目的，因此对原则与政策进行了严格的区别，强调基于原则而不是政策的法庭论辩对于法律推理的重要意义。与此同时，德沃金也对原则与规则进行了严格的区别，主张规则具有要么完全适用、要么完全不适用（黑白分明两分法）的属性，原则却富有包容性和弹性。但是，麦考密克在充分肯定德沃金的一些重要观点具有洞察力的前提下对德沃金的论述进行了反驳，指出在解释问题上即便规则与原则发生冲突也不一定导致规则失效；原则与规则的边界也是流动的、模糊的；更重要的是人们其实也无法对原则与政策进行严格的区别。显而易见，麦考密克更强调的是政治原则、道德原则与法律原则、原则与政策、原则与规则之间的交错和过渡性形态，即一种连续而稳定的、不断进化的动态过程。

在这里，麦考密克把法律实证主义与自由权利论在理论上的分歧进一步区别关于如何行动的实践性分歧以及关于如何获得正确答案的思辨性分歧；后者意味着假定存在一个唯一正确的答案，前者则可以有不同的选项，只能通过解释来沟通而不能一锤定音。麦考密克认为德沃金的一个主要错误是在疑难案件中混淆了实践性分歧和思辨性分歧，导致对法官裁量权的误判。如果法官真的拥有强大的裁量权，那么在疑难案件中唯一可能出现的分歧就只有实践性分歧，并导致当事人围绕强大的裁量权进行有利于己方的博弈。相反，如果法官只拥有微弱的裁量权，那么在案件中发生的分歧首先是思辨性的，实践性分歧只是其附带的结果而已。由此可以推而论之，倘若法官在疑难案件中拥有强大的自由裁量权,就相当于说他们只能通过一种准立法的方式作出他们自认为最好的判决,并用他们自认为妥当的理由作为判决的正当性根据;否则就只能承认法官在疑难案件并没有这样强大的自由裁量权,而必须受到各种制度化的制约,主要是公正程序、法律推理以及通过沟通达成反思性平衡的动态过程。在这个意义上,法律体系的运作的确是围绕哈特所谓的"承认规则"运转的——这就是麦考密克的结论。

在这里,我们也可以找到一条庭审方式改革的中间道路,既不同于固执唯一正确答案的极端理性主义司法观,也不同于跟着群众感觉走的纯粹情绪主义司法观。不久前最高人民法院颁布了关于裁判文书释法说理的指导意见(法发〔2018〕10号),强调在判决形成过程中的正当化理由,也就是通过法律推理来提高裁判的可接受性。最高人民法院指导意见中浮现出来的法律推理包括两个方面,一个是事实认定的客观性、准确性、公正性,注重证据在论辩中的作用,另一个是适用法律规范的理由,既包括逻辑也包括修辞技巧。除此之外还强调了法庭的论辩和沟通要讲明情理,充分体现法理情相协调。这固然是具有鲜明中国特色的法律推理方式的表述,但也让我们联想起麦考密克在这本书里描绘的那种外部推理和内部推理交织而成的复杂的话语网络以及作为形式正义判断标准的协调性。在面对法、理、情的不同处理方案进行选择之际,或多或少我们能够体会到法律并非价值中立,而是诸多价值相互竞争并妥协的结果这句断言的奥妙,同时也应该认真考虑对选择所依据的理由进行论证的"二阶证明"的中国式做法。由此可见,虽然《法律推理与法律理论》主要立足于英美法系的经验素材,但其中的真知灼见具有相当大的时空穿透力,能在相当程度上切入当今中国司法实践的问题状况。当然,我们也希望并且相信中国制度变迁的经验将进一步丰富和改进法律推理与法律理论——在这里,归纳推理或许是可以优于演绎推理的。

是为序。

季卫东

2018 年 8 月 18 日于东海之滨

目录

序

在本书中，我将描述和阐释在司法判决及提交到法庭的请求和抗辩中涉及的法律争论，并将这种描述和阐释同法律的一般理论联系起来；而且，所有这些工作将在主要由大卫·休谟所宣称的关于实践理性的一般理论框架中进行。我希望我的努力对于律师、法学家和哲学家们都将有所助益。因此，在写作本书时，我力求做到使之对于不擅长哲学思辩的律师和对法律事务不甚熟悉的哲学家来说都明晰易懂。也许他们都会发现，有许多内容在其看来都是基础性的和显而易见的，如果因此而让他们意犹未尽的话，我只能先行致歉了。不过，如果某些论题是读者所不太熟悉的，我也希望它们不至于过分艰涩难解。

本书的思想源于我 1966 年至 1967 年在邓迪的女王学院（现在的邓迪大学）的一系列

讲座,这些讲座是在 I. D. 威尔奥克教授的要求下所做的。书中的各个部分,在 1967 年到 1972 年于牛津大学和 1972 年至今于爱丁堡大学的多个讲座中已经成型。我曾打算在早些时候就完成此书,想必那样效果会更好一些,但是怠惰和繁忙的公务使我将这一工作推迟至今。

当然,我对许多难以计数的学生心存谢意,他们耐心地与我一同完善所讨论的题目方面的思想,并提出了诸多有价值的批评。我还要感谢许多同事,他们对本书的讨论和批评大有裨益,这些同事中我尤其要感谢 J. Bjarup, Z. K. Bankowski, A. A. M. Irvine, H. L. A. Hart, D. R. Harris, N. R. Hutton, Ch. Perelman, G. Maher, R. M. J. Kinsey, M. J. Machan, D. Small, I. D. Willock, W. A. J. Watson, 以及 A. Zuckerman. Karen MacCormick。他们在我最初将讲座稿整理为更加规范和可读的文字版本过程中曾为之殚精竭虑,并督促我最终让本书以现在的样子面世。Isabel Roberts 也给予了很多帮助。对于他们,我将永远心存感激。当然,对于书中仍然存在的缺陷,自当由我本人承担责任。

尼尔·麦考密克

1977 年 5 月 2 日于爱丁堡

前　言

本书旨在对法律推理做出阐释。我将法律推理视为实践理性得以应用的一个分支，所谓实践理性，亦即人们运用理性决定在特定情势下如何行动才算正当。本书表达了一个简单的思想，尽管它广受抵制，但实则合理。这一思想是，适用规则的过程对于法律活动来说是中心环节，所以研究这一过程中的理由构成，对于解释作为实践理性之分支的法律推理的角色来说，是至关重要的。尽管一些博学之士一直认为法律并未为演绎推理留有余地，甚至认为逻辑在法律活动中根本就没有用武之地，但是本书依然坚信，某种形式的演绎推理是法律推理的核心所在。当然，这并不意味着法律推理完全或只能借助演绎推理进行，或者完全排他性地使用一种演绎方式。从第三章到最后一章，本书致力于完成的一个富有魅力和挑战性的任务，就是重构与非演绎性的法律推理相关的各种因素。

这些因素在演绎推理部分之前和之后都有所述及，但一般都最终聚焦在演绎推理部分，并且，正是借助其与演绎推理的关系，它们才是可理解的。对这些因素的探讨是真正重要的事情。它们赋予了法律推理以特有的性格，并表明法律推理可以与道德推理相提并论。它们十分重要，但不是法律推理的全部内容，它们既不是充分的也不是自足的。

我对那些法律推理中非演绎性的因素的说明，表明了它们是何等的令人兴奋、富有挑战性以及精微细致，因此人们可以很容易地理解，为什么许多人会不由自主地夸大这类特殊因素中的一个或另一个。他们试图完全用非演绎的方式和反演绎推理的方式界定法律和法律推理的角色，而这些被夸大的因素，则成为迈向他们目标的基石。然而这种不由自主是致命的，它引诱人们滑入错误的陷阱。实定法体系，尤其是一个现代国家的法律体系，都内含着一个冲动，即将宽泛的行动原则具体化为相对稳定、明确、细致和可以客观地加以理解的规则形式，并提供一个应用于人际间的可信赖的和可接受的程序，以使得这些规则付诸实施。在私人之间发生纠纷的案例中，或社会秩序和正义观念要求公共机构去实施管辖以确保规则得到遵守时，这一程序的作用尤其明显。非经这种方式，那些规则可能不会被自愿遵循。在这些情势中，私人申诉者或者公共执法者必须就实际发生的事实提出一些主张，并努力表明它们立基于何种与所提出的事实相关的规则，以及根据这些事实将如何欲求法律进行干预。因此，在“法治”观念下强调尊重法律合理性的现代法律模式内，适用规则的逻辑就成为法律的核心逻辑。

或许,对于那些大理论家而言失望是不可避免的,因为相比而言,演绎逻辑显得太简单而直白了,“R + F = C”或者“规则加事实等于结论”这一简单明了但倍受批评的公式,就是演绎逻辑的精练表达。规则是假设的规范性命题,它确保一旦确定了特定情势(下文中称为具体的“有效事实”),那么相应的特定结果将要(或“必然”或“应当”)发生或得到执行。有效事实被典型地和普遍地表示为一种文字和符号可相互转换的形式,即“只要 F 表示的情形发生”,相应的结果通常也是同样稳定的——“C 所表示的结果必然发生”。我们可以把这种逻辑用公式表示为“只要 F 所表示的情形发生,那么与之相关的 C 必然会发生”。法律过程会把焦点放在任何可被公式化以适应上述模式的规则上面,它首先把自己的活动目标设定为,如果要相信那个主张的话,那么需要考察是否存在证明 F 情形已经发生的根据。一方会提出事例证明那个抽象的“F”,然后,通过举例方式证明 C 同样契合当下的情形,在此过程中,他会提出附带诉求的主张,认为裁判者应当采取行动或做出结论了。对方则可能希望通过任何可能方式来质疑、对抗或千方百计地拒绝该主张,以及挑战包含其中的请求所赖以成立的构成要素。裁判者必须在对抗的两方间做出裁断,并给出据以裁判的理由,以使得裁判在可预见的法律秩序框架中获得正当性。

正如刚刚所表明的那样,这些规则虽以具体而直观的形式存在,所体现的内容却是远为抽象的一些原则。或者说,体现原则正是规则应当具有的特征所在。一个秩序良好且或多或少奉行民主制的社会(或者甚至一个秩序良好并真诚仁慈的独裁政府或贵族政府),必须提供某种框架,依照若干令人接受的人类合作原则去管理公共事务。但是这些原则在社会内部是极富争议的，而当试图将可接受的抽象原则具体化为更具指向性的行为模式，以使得这种模式能够得心应手地以一种可以接受的平衡方式处理那些惯常发生的情势的时候，由此引发的争议同样很大。对于基本原则的分歧，以及在综合整体情况后考虑如何进行适当的平衡，或者对哪些原则应予优先适用等问题上存在的分歧，都需要立定明确的规则，正是根据这些规则，不同的情势采取何种立场才能得以确定。

如何对相互冲突的利益进行适当的平衡，如何确定将要适用的原则，以及这些决定对于不同的个人和阶层的利益将要造成何种影响，在这些问题上的竞争和分歧乃是政治活动的全部内容。而立法，就成了用规则将暂时的政治竞争结果加以确定的活动。其途径是，在一个既定的为各方所关注的领域内，借助制定规则的方式，把一种在原则范围内可以正当化的事物秩序的特定立场加以具体化，使之成为生效的规则。于是，这些生效的规则就成了应受尊重之物。虽然它们从来都不可能消除全部纷争，但至少能够在应对具体案例中所存在的争论方面有所作为。通过对规则进行解释而得出的结论，能够在解决争议时将隐含在规则后面的原则加以贯彻。类似的基于原则的推理方法，在借助先例来处理纠纷的过程中也能派上用场。当为了处理人类事务需要确定更加细致的规则时，使用先例是一个方法。

通过这种推理方式，并借助于一系列业已颁行的规则来组织法律秩序，是包括哪怕只欲求最低限度的自由政府的国家在内的所有国家的一个任务。自 18 世纪以来，大多数占主导地位的意识形态，已对这一关于法律和国家的图景表示了赞誉，而且许多国家正是以声称成功地实施了这一目标来证明其合法性。“法治”或者“法治国”的理念意味着，需要由规则来实施统治和限制权力的行使，并妥善调整公民事务。这一理念，已经无可争议地在现代和后现代国家的立法活动中扮演着关键角色。但是，此一状况绝非忽略一个事实，即合法性也可以轻易地被许多种类的政府所使用，而它们对法治的真正忠诚程度却是甚为可疑的。

就其自身而言，尽管“法治”时常遭到一些政府的冒犯，但它的确是一种值得尊重的美好观念。这一观念的正当性可以从两个方面得到证明。一方面，人是自治的和在实践上依据理性行动的动物，他们能够审慎地考虑自己的行动，而且人是社会的动物，他们的理性思考主要在涉及人际交流的场合进行。对恣意妄为的程序及其不良结果的审慎反思，表明了为诉讼和通过诉讼确认权利或进行谴责的活动设定理性原则的可能性。但是，在个体自治层面上的纯粹理性，并不能确保形成充分的合意，也不能确保在意见和行动方面的协调，而这种合意和协调对于实现社会共存目标来说是明显必需的。因此，还必须建立有权威的政治机构去制定一般性规则，并通过运用权力来确保它们得到遵守。当人们的个体理性不能确定地解决彼此间的分歧时，就需要外在的规则决定必要的行动程序。高位阶的规范通过设定相应的程序以保障低位阶的规范得到实施。这样，即使在法律需要对自治的个人进行规范和限制的时候，我们也认为这样做不失其正当性，因为法律是制度性、决定性、权威性和他律性的规范形式。

另一方面，法律所试图规范的那些个人，仍是自治性的个体。尊重他们就意味着要让他们有充分的机会知晓由权威机构所确定的公共规则，并由他们自觉遵守，即便这样会违反他们自己的偏好和审慎判断;否则,在法律与人们的个人偏好和判断之间的分歧达到极至的时候,那些知晓法律的人也会选择不遵守法律,而是试图寻找机会废除那些他们认为专断的规则。

这种理论,将法律推理视为实践理性的一个式样。决策需要理由,一如人们做出正当行为时需要进行理性思考。因此,如何寻求规则以证明选择的正当性,就成为至关重要的事情。如前所述,论证所做选择的正当性,需要借助于理性的实践话语赖以可能的那些基本原理。[这需要重新评价我在下文第三章中关于"基础性理由"的讨论。现在,我希望能够以罗伯特·阿列克西(Robert Alexy)在其《法律论证理论》一书中所体现的思想来观察那个论题,该书也是首次出版于1978年]这样,就能够找到背景性原则用来限制、击败甚至超越那种仅仅用规则作为理由表达方式的话语。独属于规则适用过程的那些问题(在本书中称为"相关性"问题、"解释"问题和"分类"问题)也要求我们谈及后面和前面的关于原则的争论,目的是解决那些涉及规则以及对规则的恰当解释和适用方面的难题。

这些都表明,演绎推理并非自足的、自我支持的法律论证模式。实际上,演绎推理经常被塞进一个由外部推理和内部推理织就的复杂网络中,它掺杂了许多不同的原则和价值,即使是一种最为纯粹的实用主义观点,也会疲于应对各种复杂的情势和例子,在这些情势和例子中,没有人认为应当为了实用的目的而忽略规则,因为比起依赖规则来讲其他方式更要费气力。尽管如此,那些把诉诸法律的请求加以正当化的原则,也把诉诸于原则的行为正当化了,这种情况只会发生在法治理念范围内,并且仅限于由规则组成的法律范围内。这种法律所拥有的那些形式特征，正如朗·富勒所做的令人瞩目的描述那样。因此，恰当的做法是，在本书中，把基于规则的推理放在中心地位来加以阐释。

另外，我们还要交代一下构成本书主要部分的那些论题。正如我所竭力强调的那样，基于规则的推理活动只能带领我们走这么远了，而且推理是仅仅属于法律活动内部的一个特征，因为，规则在适用过程中经常不能够实现自身的实际功效，对于给定的一个具体情境也起不到确定无疑的规约作用。人们在对规则进行解释，看能否确定一个不成文的规则来解决问题时，可能会争执不下；同样，在如何对那些偶然发生的事实进行适当的分类，以判定其是否属于规则所要求的有效事实问题上，也常常存在争议。最后，有时对于是否所有的规则都最终能够被明确化，以使得就所提出的事实谋求补偿或者实施惩罚的要求正当化，一致意见也难以形成。总之，对于规则的解释、分类、相关性等问题，都是独属于法律推理和法律过程的。这样，能够被用来解决这些问题的所有那些实践理性模式，对于任何试图阐明法律推理的全部内容的细致研究而言，就成了必须予以关注的主题。

我尽可能使讨论方式贴近现实。本书中研究的现实是指发生在法院尤其是英格兰和苏格兰法院里的真实争论。我将把探究限于实践理性和人类本性的范围之内，这一点是不可避免的。但是我也力求避免把我的见解当作纯粹的先验判断，因此我会时常在提出和阐明观点时援引真实的案例和法官处理具体问题时实际采用的推理方式。现在，我称这种方法为“合理重构”，亦即，这种方法不仅仅是要描述“事实”，还要努力在一个可通过理性加以理解的思想和行为体系内，展现那些丰富多姿的现实,该体系是通过本书提出的关于理性和推理的全面理论得以显现的。同样,通过使这一理论同具体案件中法官所做的实际推理情况两相对照,它的完备性也经受了考验。

将本书1978年的首次版本用英语或法语予以再版,可能仍是一个有些自以为是的举措。自从本书首次出版以来,已有许多关于法律推理的著作问世。尽管此书中的主要思想仍然值得关注,但有一些观点已经受到批评,当然批评多是建设性的。那么,这些观点是不是早就应当做出相应的修正并体现在新版本中呢?除了直接的批评之外,1978年以来,在各种哲学和法律传统视角下,以各种语言写就的关于法律推理的著述大量涌现。综合考虑这些情况,似乎应当对最初的版本进行大胆的修订。

当然,就本书各个部分涉及的论题而言,我已经做了相当多的更为深入的思考并将其发表出来,这些思考,主要是在学术会议或者其他学术研讨场合以论文的形式体现的。这些思想似乎应当以一种恰当的方式汇集整理,结成一个关于法律推理的文集,作为本书的续篇面世。就在本书中,我为每一章做了一个说明,列举了人们针对那一章论题的批评以及我自己的回应文章,有的也列出了我就该章内容所做的进一步思考。如果要全面了解我对相关问题的思想的话,是有必要阅读所有被列举出的文献的,我想这与了解本书的正文是同等重要的。

尽管有诸多不足,或许仍然可以说,1978年的版本在法律和法律推理思想的发展史上仍占据着独立的地位。尽管本书并非在所有方面都像H.L.哈特的《法律的概念》那样出类拔萃,但仍可以将之视为后者的姊妹篇。这样说的理由是,法律推理理论实质上是哈特理论的一个体现,它是以哈特对法律所做的实证分析为基础的，或者至少是与哈特的路径完全一致的。不过，哈特在法律理论上所推崇的分析实证主义路径正面临挑战，它被认为难以给予法律推理尤其是推理—判决活动一个令人满意的解释。本书就是对这一挑战的回应。尽管就本书所借鉴的哲学传统而言，它并不限于或者根本就不属于哈特理论的传统，但在它自己特定的时代、地域和知识背景内，它因为被当作支持哈特主义法理学的法律推理理论而受到瞩目。这本书被哈特编入克莱诺顿丛书，写作时也得到了哈特的鼓励。本书是在对草稿改进后完成的，草稿中对于来自哈特的敏锐批评做了回应。在本书中，基于规则的推理所占据的中心地位，与哈特的“首要规则和次要规则的统一”在其法理学中所占据的重要地位，可以说正相契合。

就我个人而言，我一直对赫伯特·哈特所给予的私人友谊和支持，以及他在我职业生涯的关键阶段给予的知识上的指导和引领怀有深深的感激之情。然而，正如我最近的一些著述所显示的那样，我已不再像 1978 年时那样多地接受他关于法律的一些论断了。经过在法律推理和相关问题上的不断争论，我已经超越了法律实证主义论调，现在这种论调在学术界也已经沉默了，而在 1978 年时我还对之赞赏有加。客观地来看，正是《法律推理和法律理论》一书所引起的众多批评，成就了我目前在被称为后实证主义制度法理论领域中的地位。不是要让新瓶装旧酒，看来更为公允的做法，是仍将本书视为对哈特主义的阐述，让它与哈特的那些主要著作相呼应，使之更为可读，顺便也可以用本书来反驳罗纳德·德沃金于 20 世纪 70 年代所做的批评。

作为总结，还是让我来简明扼要地指出 1978 年写作本书时的观点中那些最为急需予以重新思考的方面。第一,我将同意帕特里克·怀特的观点,他认为,第二章里将演绎推理作为法律适用逻辑的简洁代表,太过简单化了。对于所意图的目标来说,谓词逻辑比命题逻辑更为恰当。第二,第四章中提到的关于普遍性和普遍化的主张,需要更为认真地考虑批评者的观点,这些观点涉及实际判决的关键特征到底是什么。第三,第五章和第六章中对后果主义论辩的讨论,需要更为全面地考虑所谓"后果"的复杂性,并且需要把这个词语的含义更为清晰地与哲学著述中通常使用的那个"后果主义"区分开来。

第四,第七章中讨论的诸项原则和融贯性,似乎是对法律中的原则推理的一个说明,它们与类比推理存在关联,这是我至今仍然持有的态度。但现在我发现,在这一问题上有相当多的内容需要增补。第五,尽管我无意放弃第八章中对制定法和先例的解释问题上的立场,但还是赞同罗伯特·萨莫斯等人的看法,即在涉及上述两种解释的区别方面,应当有更加详尽的说明,正如在描述二者的相同点时所用的笔墨那样。但是,我不同意罗纳德·德沃金将法律自身视为一个"解释性概念"的说法,我仍然主张解释问题只不过是法律家们进行实践推理的一个因素,所以不能将讨论的内容集中于这一点。但是,第九章中相当一些反驳德沃金的论断,让我深深地意识到有些言过其实了。有些方面则有必要按照科纳德·哈康森和塞巴斯廷·尤宾纳的观点予以彻底修正。

最后,本书第十一章关于激进理性主义的一些判断,现在看来或多或少有些语焉不详。正如我在这个"前言"的开头所表明的那样,我被罗伯特·阿列克西(后来是尤根·哈贝马斯)的态度折服了,他认为,一种支持实践理性话语的理由是可以找到的，即从一般实践理性的危机中导出法律制度和法律推理的正当性，并将法律推理彻底纳入于实践理性的一般原则之内。这并不意味着，也不要求法律通常是或者应当十分确定，或者当法律不能做出决定时实践理性能够决定结果如何。但它确实意味着，我在最后一章所坚持的休谟立场需要重新考虑。而且，贯穿全书的对于理由证明的强调也需要修正。正如布鲁斯·安德森所表明的那样，理性发现的过程像理性证明过程一样，都需要深思熟虑。我相信这对于通过类比进行论证（第七章）特别有帮助，而且，这使得我有可能在某种程度上调整自己的论断以接近史蒂芬·伯顿的立场。

所有这些，都需要在相当广泛的方面进行反思。如果试图了解我对这些论题的完整思考，读者有必要阅读在后面的"相关文献"中列出的那些论文。尽管我承认需要进一步思考，但我不会否弃早些时候的那些思想。这本书过去是，现在仍然是对一些困难和复杂的问题清晰简明的探讨。既然如此，比之于作者思想的变化，这本书有着自身更为恒久的价值。

尼尔·麦考密克

1994 年 3 月于爱丁堡

第一章　导　论

一、研究的视角

一种由来已久的态度是,理性在组织人类事务方面起着很大作用。这种态度也认为,有些利益属于人类的“自然”权利,而其他利益则只能依据习俗或者立法享有。无论是否存在生效的法律禁止谋杀,任意剥夺他人生命总是错误的。另一方面,在没有明确的禁止性规则的情况下,认为将车停靠在某一街道是错误的行为,会叫人觉得奇怪。 1

如果有一些行为仅仅因人类的某些天性,或者更为一般性地,因为“事物的本性”而被认为是错误的,这意味着人们需要接受这样的观念,即理性的运用有足够的能力揭示哪些行为在本质上是正确或是错误的。即使在更为明显和武断的诸如停车规则所涉及的情形中,或者涉及如何衡量重量和尺寸的规则中,也可以认定,理性向我们揭示了确立共同规则的必要。

在停车根本不受约束的情况下,如果有足够多的私车或载重卡车等车辆,将会产生严重的拥挤,不能指望人们通过理性的自我约束来解决这一问题。通过对限制停车带来的不便和道路过分拥挤造成的不便进行权衡,应该能够制定出关于如何有序地停靠车辆的公共立法,以保障尽可能广泛的公众享有方便。如果有个商品市场,那就应当建立某种确定且通用的关于重量和尺寸的测量制度,使之适用于绝大多数商品的度量。

2 斯戴尔爵士认为"法律乃是理性的命令,它决定每个理性的人就其本性而言哪种行为是与其天性一致和自然的",[1]他的这一思想,至少与柏拉图和亚里士多德著作中表达的观念同样古老,并对西方法律思想的发展产生了十分深远的影响。在西方法律思想的历史中,这一思想曾以各种形式得以阐明或重述。无论这一思想的基础是否稳固,毋庸置疑的是它已成为一个久远的信条,并对发展于欧洲的诸种法律制度的形式和内容产生了深远影响,并且正将这种影响扩展到世界其他地方。

但是,这并非一个从未经受过挑战的信条,而且对它的挑战也并非没有产生影响。在无数挑战者中,最为重要的或许要数大卫·休谟了,他对于理性在处理实践事物的能力上持根本性的怀疑主义。[2] 概言之,他认为我们人类的理性能力仅在

---

〔1〕 James, 1st Viscount Stair, *Institutions of the Law of Scotland* (2nd edn., Edinburgh, 1898, or subsequent edns., also Edinburgh) I. i. 1.

〔2〕 特别是参见 David Hume, *A Treatise of Human Nature* (many edns.) Book II, Part III; and Book III, Part I, §§I and II, §§I and II;对这一立场的澄清和部分修正,参见 Hume, *Enquiry Concerning the Principles of Morals* (many edns.), Appendix I. Hume 自己将 *Enquiry* 视为自己对相关问题的最精彩和最后的论述。

给定前提的条件下才能发挥效用;假定特定的前提之后,我们才可以借助推理得出相应的结论。确实,推理能够在我们对关于事物的判断或者对现有的假定进行证明或者证伪时提供一般性的指导。但是在后一种情形中,推理扮演的只是一种辅助性角色,因为它只能结合外物给我们造成的各种感觉印象来发挥作用。

对于具体事务的处理同样如此:假定我星期三有一个约会,如果今天就是星期三,那么今天就是我赴约的日子。之所以得出这个结论完全是推理的结果。但是我必须守约吗?这个结论只有当存在特定前提时才对我有**实际的**强制力,我应当守约实际上就是前提中的一个,无疑,继续追问下去,它来源于或者可以来源于“人人应当信守约定”这一信条。但是谁又能提出对这一信条的理性论证呢?

或许可以发现的是,只要人们能够忠实遵守约定(或其他 3
形式的承诺)的话,通过各种形式的言语来与他人“缔约”的行为,对于人们安排各自的事务确实能带来巨大的方便。但是认定一种选择比另一种更方便,是靠理性就能完成的事情吗?为什么它不是一种建立在某种针对先前事态的偏好或者赞许情感之上的意志安排的产物,而只不过表现为我们所谓的“方便”?

在一些简单情形中也是如此:为什么理性告诉我们不可互相残杀?难道不是因为在通常情境下不杀人属于一个简单和直接的情感反应,这种反应促使一个人不要将暴力施于他人吗?如果事情并非如此,是否可以想象我们能**为所欲为**?能否想象,我们将践履契约或抑制将暴力施加于同类的冲动?或者能否想象,我们可以采取措施监督他人的毁约行为或者阻止他人将暴力施加于人？

这些问题，大体上就是休谟在试图证明他那著名的关于"理性"是"激情的奴隶"的论断时所进行的论辩。[3] 而且这些论辩也与证明从"实然判断"不能推导出"应然判断"这样的命题有着密切的关联。[4]

4 就休谟的论辩而言，别人只有过一次真正的回应，是由与他同时代但更年轻的托马斯·里德做出的。[5]（他曾接替亚当·斯密担任格拉斯哥大学哲学教授职位）里德认为，休谟所说的理性不能对最终的道德前提做出说明这一点是正确的；同样正确的是，在道德判断中并不存在可以支持我们作为判断最终前提的"纯粹事实"。另外，里德也赞同休谟所说的，那些最终的道德前提必然同人的情感和意志的作用混杂在一起。不过，休谟的错误在于，他认为那些混合之物也根本不能为人的理性所理解，因此也是非理性的。举例来说，我们对一般原则的奉行就是理性精神的体现，这跟我们那些纯然的冲动和对环境做出的动物性反应是明显不同的。对于里德来说，理性不是而且必然不应是激情的奴隶。（部分看来，尽管这是对里德思想的典型概括，然而把它作为一种反驳意见对休谟来说可能不够公平。例如，休谟一定承认，在我们对环境所做的更为恒长的"温和情感"和更为激烈、冲动的情感之间，是存在不同的。而且，对于我们在行动上所持有的那些更为冷静和稳定的态度

---

〔3〕 Hume, *Treatise* Book II, Part III, § III, 第 5 段。

〔4〕 Hume, *Treatise* Book III, Part I, § I, 最后一段。

〔5〕 参见 Thomas Reid, *Essays on the Power of the Human Mind* (Edinburgh, 1819), vol. iii, Essay V, (i. e. Essay V of the *Essays on the Active Powers*)；关于"是/应当"，见 1819 年版 Essays vol. iii, 第 578 页。

是否皆为“理性”使然问题上，两人也甚为不同。）

有必要提及诸如亚当·斯密、[6]亚当·弗格森、[7]约翰·米勒、[8]卡尔·马克思[9]等思想家们的贡献，那些为人类所持有的道德观念与法律规范之间的联系，以及社会和经济生活的变迁形式，在他们那里得到了令人信服的论证。例如，应当保障人们尽可能自由地通过自主缔约的方式处理私人事务，契约一旦订立就应得到公共权力机构严厉而不失公正的执行，这是他们的共同见解。尤其对于斯密所称的“商业”社会和马克思所称的“资产阶级”社会而言，这更是二者的共有特征。

休谟论调对此提供的解释路线是，社会环境简洁而不可抗 5
拒地构造了我们的情感和意志，正是在社会中我们才发现了自我。更易为人们接受的里德（或者说也是斯密和马克思的）解释路线是，理性只有在特定的环境中才获得充分发展。到底应当遵从哪种解释呢？这是一个我们无需即刻做出回答的问题。当提出这一问题时，我们就已勾画出问题的关键所在，亦即人类事务中的秩序在多大程度上取决于理性的力量。正如我们所见，对立的双方都提出了实质性的观点，而且各方的论证都影响深远。

在本书随后的几章里，我将重复对休谟和里德来说那个奉

---

〔6〕 Adam Smith, *Lectures on Justice, Police, Revenue and Arms*, ed. E. Cannan (Oxford, 1896)；由 P. G. Stein 和 R. Meek 编辑的新版本即将于 1977 年或 1978 年在牛津出版。关于斯密在这一问题上的观点的简介，参见 Andrew Skinner, “Adam Smith: Society and Government”, in *Perspectives in Jurisprudence*, ed. Elspeth Attwooll (Glasgow, 1977)。

〔7〕 Adam Ferguson, *Essay on the History of Civil Society* (1st edn., Edinburgh, 1767; a new edition by Duncan Forbes, Edinburgh, 1966).

〔8〕 John Millar, *The Origin of Distinction of Ranks* (Edinburgh, 1806)；与其他作品中的文论在 W. C. Lehmann 结集重印，*John Millar of Glasgow* (Cambridge, 1960)。

〔9〕 参见 E. Kamenka, *Marxism and Ethics* (London, 1969)。

为惯常的观点，即假定任何形式的评价性论辩都包含、依赖或假设某些最终不证自明的前提，这些前提无法经由更具前提意义或者终极性的理由进行论证。从这一意义来说，我们最终的规范性前提都不是理性作用的结果，不是一个合乎逻辑的推理链条所得出的结果。

正如我们将要说明的，我们奉行的这类终极性的规范性前提是不需要理性的，但这并不意味着我们据以行动和判断的那些“原则”也同样如此。但是，这里的理性运用在其本质上不是决定性的，对于不同的人来说其说服力也不尽相同。即便对于那些心地诚实和通情达理的人们，在最终的原则问题上亦可能存有歧见，每个人只是就他或她自认为正确的观点持有自认为正确的理由。

从这一意义上讲，我赞同休谟的看法，即不妨假定，决定我们对某个规范性原则表示赞同的决定性因素，实际上存在于我们的情感天性中，存在于情操、激情抑或由意志所左右的敏感倾向中——诸如此类的事物。人们有着不同的情感天性，不同的情操、激情以及倾向，这一事实可以进一步说明人们的那些基本的道德差异。不仅如此，我们的那些情感天性即便不完全是，至少也主要是通过社会生活来形成的，正因如此，我们也认为，个人态度所包含的内容，绝不限于对身处其中的社会经济形式决定的物质条件所做的反应。

6 尽管如此，里德以及晚于他的康德[10]指出的关于“实践理性”所具有的意义，仍然是不可忽视的。我们在价值的和规范

〔10〕 参见 H. J. Paton, *The Moral Law* (London, 1948)，是对康德 *Groundwork of the Metaphysic of Morals* 的评论和翻译；另见 Jeffrie G. Murphy, *Kant: the Philosophy of Right* (London, 1970)。

的领域所坚持的那些最终原则，不是源于对世上不证自明的事实或科学知识的推理，这是个事实，但不能因此就否认，我们坚持这类原则本身乃是人的天赋理性的表现。

人并非只是消极地对环境做出应激反应的有机体。我们在解释人类行为的原因的时候，不能仅仅像解释潮涨潮落那样地简单机械；同样，人在做出行动时总是**有理由**的，在对人类行为做解释的时候不能忽视对主观动因的考察，而人正是依赖这种主观动因采取行动，才使自己成为一个完整、充分的人的。各种各样的行为主义观点，大多公开或者隐含地否认这一点，它们认为对于人类行为来说存在一个终局性的解释方案，放之四海而皆准且简便易行。我们认为，用尊重人性的态度来研究人的行为更为恰当。

就那些我们所坚持的最终行为原则而言，无论其基础是什么，对于人类来说毋庸置疑的是，这些原则都是我们针对他人的行动进行反应，为行为、判断、批判、支持提供的一些理由。另外，这些原则并非只为了特定目的或者特定个人存在的，而是在其要旨和所关涉的人类行为类别上具有普遍性，因此我们有很好的理由把它们同针对环境做出的那些简单直接的情感或者动物性反应区分开来，甚至同休谟所谓的“温和情感”区分开来。这些原则代表着一种用某种合理化模式来分析人类行为的尝试——这与科学研究用一般模型来统摄所观察到的事件以便给出一个合理的和结构化的解释的做法十分相像。至少在形式层面上，通过对“实践”理性和“纯粹”理性进行类比，还是能够发现一些有价值的因素的。

试图阐明行动原则的努力，属于我们对生活中的具体事务 7
进行推理的活动领域中的事情，它主要涉及如何进行指导以做出决定、判决以及评估结论。这并不是说我们的所有行动理由都被原则化了,也不是说人们并不通常仅依据冲动行事。而是说至少在有时候,我们更多地依靠理性来采取行动和做出判断,而不是依据即时性的理由行事。这些行为,既表现了我们天赋的情感,也表现了天赋的理性。这种认识不会因为下面的情况而改变,亦即我们必须承认的是,并不是在所有原则中,而是在某些特殊的原则中,情感至少与理性起着相同的作用以支持我们一贯地奉行它们。[11]

因此,本书有两个目标。一是进行解释,使对象具体化,为那些已然以抽象形式出现的实践理性论题提供更为充分的论证理由。二是对立法和司法过程中人们针对有争议的法律事件所进行的法律论辩过程的性质提出一种阐释。作为一个法哲学研究者,我尤其希望能够对更好地理解通常所谓的"司法过程"有所贡献,如果我能够在这一目标上哪怕只是取得了部分成功,这本书也还算是有些价值的。但我并不认同这样一种判断,即如果没有我们已经描述的那种更为广泛的哲学视野,司法过程中的理性照样可以阐述清楚。同时,我也希望对阐述相关主题所涉及的实践哲学有所贡献。至少,对于那些不甚熟悉法律事务的哲学家们而言,我的阐释可以提供些许便利,使他们方便地了解这种或许是唯一涉及公共事务并公之于众的推理形式中的若干要素。本书也援引了许多法庭判决以及判决的论证意见,因此,本书中的丰富资料对哲学家们恐怕也是颇有助益的。

8

〔11〕 这里的"理性"显示了一个比休谟所承认的更加积极的角色,这个观点与附录 I *Enqui* 中所论述的无甚差别;但可另参见本书第十章。

二、研究的主题

我的研究主题，是法庭上做出的公开判决所赖以成立的推理过程。本书主要关注英格兰法和苏格兰法这两种我在学理上较为熟悉的法律制度，书中的许多案例就是从中引用而来的，但我也会对其他法律制度予以关注，如美国法以及英联邦范围内其他“普通法”国家的法律制度；除此之外，尽管我对罗马法和现代民法体系，尤其是对法国法的了解是有限的，但还是要把它们纳入研究视野中来。

我在书中得出的结论，只要是立基于特定证据基础之上的，其有效性都局限于特定的范围，我无意将其矫饰为关于法律推理的放之四海皆准的必然真理。不过，至于我根据具有一般性意义的哲学前提对特定案例所做的解释，我将努力给出有检验价值的提示性假定，以便也可以将其置于其他法律制度下进行解释，这项任务，需要超越当下的论述范围进行比较研究。通过这种途径，我想对现今联合王国的法律制度给出一个清楚的解释，如果解释难遂人意，这本书将一无是处；如果阐释尚且清晰明了，本书还有着较为一般性的价值和用处。

至少在过去的三个世纪中，在英格兰、威尔士和苏格兰逐渐形成了一种汇编高等法院判例的做法；在其他西方国家也有类似的情况。显然，汇编案例的一个特殊原因是，在英国的法律制度中先例乃是法院制定判决的重要和正式的法律渊源之一（从历史的角度来看，英格兰比苏格兰体现得还要明显些）；在法国等地的司法部门，也曾有过类似的判例汇编，但不存在遵循先例原则——至少从严格的形式意义上是这样。

9 这些判例汇编,通常包含对一些案件事实的叙述、各方就争议提出的论辩摘要等,不可缺少的内容还包括法庭对双方在诉讼中的对抗所做出的具体判决,以及在所有案件中(晚近以来)法官在论证其判决结果时陈述的法律意见。

英国法律制度的一个特征,同时也是大多数"普通法"制度所共有的特征,是几乎所有的民事和刑事审判在初审时都由一个法官来主持,在某些涉及事实争议的场合,它会得到一个专司裁决事实问题的陪审团的帮助。只有当案件当事人中的一方不服初审判决提出上诉时,才会由有多位法官组成的法庭进行审理。

与此不同,大多数民法法系制度的通常规则是,即使在那些无关紧要的案件中,也需要由不止一名专职法官做出判决,而且法庭自己只宣告唯一的恰当判决,并且无论如何这个判决都对法官内部的分歧守口如瓶,这也是共同遵守的规则。这项规则——或者说是惯例——在各级行使司法权的法院中都得到了贯彻,正因如此,甚至(例如)法国最高法院,作为该国民事和刑事案件的最高上诉法院,也只为它的大多数重要案件公布一个判决书,这是一个很典型的例子。

而在苏格兰法或者英格兰法中,上诉法院往往遵循着正好相反的模式。那里的法庭上几乎无一例外地坐着数位——三位或四位——法官,每一位法官通常要陈述各自对案件的独立见解,所以判决结果是根据法官中的简单多数规则做出的,对判决结论进行论辩时,他们的意见可能不同甚至针锋相对。

这是一种开诚布公的裁判风格。在一些颇有争议的法律问题上，不同的观点一目了然，让大陆法的裁判风格望尘莫及；人们可能会面对不同的判决结论，而且这些结论似乎都得到了“法律”的支持。大陆法的做法则是，在紧闭的房门后秘密讨论，将司法辩论限定在单一的正确或错误立场之内，所以，法院最终呈现的判决更多的有助于增进对法律的相对确定性的信心，而不是揭示法律的相对不确定性。[12]

对于我在下面提到的英国传统的一个优点，可能存在不乏 10
长处的替代性做法，但我不想在这里介入由此引发的争论了，还是直接指出这个优点来吧。长期的司法实践流传下来的做法是，允许每个法官公开地申明自己的观点，这实际上是让法官们在他们自己的群体内进行公共辩论：在一个疑难案件中，每个法官都可以对所支持的判决方式最为充分地提出自己的理由，并且可以反驳不同意见中列出的所有理由。解释这些对抗性辩论之所以存在的一个可靠依据是，持有异议的法官可能是精心来组织他的那些理由的，因而多数派观点有必要审慎待之，在反驳异议中使自己更加无懈可击。

合议制司法裁判体制中紧闭的屋门后发生的争论，与产生于苏格兰法庭上的那些公开的异议，除非我们认定它们在类型和理由上有根本不同，人们定会认为后者在法律论辩的诸方面比前者更具公开性。

当然，这种状况是英国上诉审独特性的一个体现，它具有典型意义。在有些制度中，为了得到一个多数决定，实际上只有一个可以充分论证理由的程序，既不需要听证也不允许反驳

〔12〕 对法国案例汇编中司法辩论的含混进行的有趣讨论，相关的改革建议，包括对反对意见的接受，可参见 A. Touffait and A. Tune “Pour une motivation plus explicite des décisions de justice”，*Revue trimestrielle de droit civil* (Pairs，1974)，p. 487。

任何可能的不同意见,但英国制度的特点的确是在一条途径之外再设定一条,以保证对论辩进行更为完整和彻底的检验。

我将要描述的英国法律制度,同大陆法律制度相比而言的另一个特点,是不存在一个职业法官阶层。然而在奉行"民法"传统的地方——除了苏格兰这样实行"混合"制度的地方以外——习以为常的是,那些获得严格资格的年轻人在完成了他们基本的法律训练之后就可以直接进入本国的司法行当(通常比我们经受法律训练的时间要长一些),英国以及"普通法"的传统则是,法官出身于那些已经积累了丰富而且成功的法律实践经验的人,他们当中即使不是全部,至少大部分是在法庭辩护方面训练有素的人士。在英格兰、苏格兰和威尔士,资深的成功律师直至人到中年时才荣升法官是一个引人注目的特征。

11 因此,如果有人说在这一传统中司法论辩的风格反映了律师的辩护风格的话,是不足为奇的。诚然,人们也期望两个群体能够在某种程度上相互影响;能干的律师通常要为他的当事人构建起一个稳固的立场,希望能够被法庭视为持之有据的论辩而予接受,当然有可能略加修正后被接受,而他的论辩,将成为做出对己方有利判决的一个充分和无可抗拒的理由。法庭上的那位或者那几位法官,必须在对立的论辩之间做出选择,为一方或者另一方做出判决,并根据惯例(如果不是像大陆法国家那样根据法律的话)给出判决理由。他们提供的判决理由中,也会说明为什么某一方的意见更为可取,而即使他们拒绝接受一种论辩,通常也会不失礼貌地告知缘由。

即使在找不到社会学证据（事实上存在这方面的证据[13]）的情况下，在某些情况中，对规范性抱有的共同预期，也可以作为一个相关的和可接受的法律论辩理由来支持某个特定观点。亦即，从双方都已提到的事实也可以推论出法官和律师们共同尊奉的某些规范，这些规范决定什么样的论辩种类正在或者应当在诉讼意见对抗中起作用。诚然，在每一个法律制度内进行观察，或在不同的时间观察同一个法律制度，就可以发现其中的共同论辩风格。如果变换观察对象和时机，风格上的差异或差异的范围也同样能够为人们所察觉。 12

在这里，尽管解说某个地方性的或者流动易变的风格亦不乏重要性，例如解说法官或者律师的角色的变化，但我不会把注意力集中在这上面。我要做的，是找到决定法律论辩的那些更为恒长和稳定的因素（对此我将提出理由说明为什么它们是和应当是稳定的）。

在提到风格问题时，我的观点毋宁是，要使得那些经由反思而认定为正确的东西变得显而易见：至少从公共辩论的角度来看，或多或少地，推理本身就是一种在模糊或清晰、含蓄或直率的规范性原则导引下实施的行为。对于给定的争议，涉及哲学、经济学、社会学上的争论，或最重要的，涉及法律争论的，我们需要区分出好与坏、言之成理与含糊其辞、相关与不相关、可接受与不可接受。只有当预先确定某种关于好和坏、关于合理、相关性、可接受性等诸如此类的标准时，这一切才成为可

〔13〕 在这一问题上，我非常感谢 A. A. Paterson 博士尚未发表的哲学博士学位论文“A Sociological Investigation of the Creative Role-Performance of English Appellate Judges in Hard Cases”（Oxford，1976），我有幸作为评阅人在 Paterson 博士的最后研究阶段读到了这篇文章。

能。从最表面来看，衡量可接受模式的那些标准也很重要，对这些标准的坚持，多多少少地决定了不同风格的特征。（在最为根本的层面上，人们应当遵守基本的形式逻辑规则，以区分因自相矛盾而不具合理性的论辩和那些无懈可击的论辩：正因我们认识到存在充分的理由以避免自相矛盾，所以我们应当拒绝不合逻辑的论辩。）

正因如此，任何关于法律推理的研究，都旨在探明和阐释那些判别一个法律论辩是好的还是差的、可接受还是不可接受的标准。

13 这样，就我们着手进行的研究而言，一个问题就马上提出来了：我们是在进行**关于**标准的研究，还是研究本身就应是规范性的？我要做的，只是简单地通过综合研究对法官和律师在法庭上实际运用的那些规则进行冗长描述吗？或者，我要对身处争议之中的人们如何进行法律论辩提出自己的见解？

在这两个选择之间还存在一条中间道路，而这就是我将要走的路：我不想专注于对在法庭上和判例汇编中法律推理中的每一个可能因素给出繁冗的描述，同样，我也不想因为离法律实践太远而使我对法官和律师应当如何进行论辩的探讨不着边际。我的努力毋宁是，对那些在判例汇编中的法律论辩做出自己的阐释，并说明为什么这些阐释结论应当是法律论辩为实现其功能而必备的特征。我还要解释，为什么这类特征在法律论辩的实践中是司空见惯的，这一点可以通过大量案例来证明。因此，我得出的结论具有两副面相：一方面，它们具有相当的规范性特征，另一方面，我相信，对于所研究的制度中规则实际运作的情况，它们也是描述性的。就后一个方面而言，我提出了一些不同寻常的可证伪的假设。如果它们真的错误地反映了任何制度中的论辩过程,必然能够找到大量的相关证据。当然,仅仅一个或者一两个反例,尚不足以使假设证伪,因为如果仅有的反例在数量上极少,那么我可以坦白地说,那只是偏离实际运作的规则的个例而已,我所提出的将那些规则视为有效规则的主张本身,是没有问题的。就我看来,那些反例只不过是一些糟糕的论辩例子罢了。

三、法律论辩的证明功能

我刚刚提及,法律论辩的特征"应当是为实现其功能而必须具备的基本特征",那么,这里所说的法律论辩的功能到底是指什么?我们所进行的全部研究,都要建立在某种朴素的功能主义原则之上吗? 14

实际应用中的论辩通常是用来说服他人的,论辩的目的是说服特定的听者做些什么,因此,论辩或多或少地要与听者和主题相关。对此,亚里士多德在《修辞学》中做出了说明,至少从有文字记载的历史来看这是最早的。而且,这一点在佩雷尔曼教授杰出的《新修辞学》那里也得到了巧妙的重述。[14] 人尽皆知的是,不同的风格,甚至论辩中的小伎俩,在陪审团审判和上议院的上诉审场合都可能派上用场。但是在每一个场合,律师都是在大庭广众之下竭力说服法庭做出对己方有利的判决的。

---

〔14〕 Ch. Perelman 和 L. Olbrechts-Tyteca, *La Nouvelle Rhétorique*: *trait de l'argumentation*(1st edn. ,Paris,1958;英译本,Notre Dame,Indiana,and London,1969);Ch. Perelman,Logique juridique:*nouvelle Rhétorique*(Pairs,Dalloz,1976)。

在我看来，劝说的最为现实的目的，是实现其证明功能，至少在表面上要言之成理，使人信服。例如，如果一位公民控告他人，就其所声称的由他人实施的伤害行为要求赔偿，一个逻辑上的条件是他必须证明自己的主张是可信的；如果另一方拒绝承担责任，他必须再行证明对方的抗辩错在何处，相应地，对方还要证明其责任豁免请求的根据何在。只要两造确实存在争议焦点，展现在裁判者或法庭面前的所有争议，都必须在证据基础上得出某些关于到底发生了什么的结论，并且根据这些结论判别是主张一方有理还是抗辩一方（如果有的话）有理。司法文书中的推理，实际上是用来为所发布的法庭指令提供理由的——是否如所主张的那样予以赔偿，全部还是部分赔偿，以及是否豁免被告——这类指令只有在确认事实和相关法律规则以及参酌其他考量因素之后才得以成立。

15 在这一过程的各个方面，伪善是一个明显的可能：一个律师也许连他自己对所支持的主张都将信将疑，但他完全有可能通过娴熟的技巧说服法官。一个法官可能（正如我们经常听说的那样）会做出对有着姣好容貌和良好出身背景的当事人有利的判决，原因也只是他喜欢那张脸，或者对某个阶级情有独钟（或者更为隐蔽地，因为不为人知的对于相貌或者阶级的偏见），但是从表面来看，判决还需如此这般，冠冕堂皇……（判决是由联结紧密和表面上没有瑕疵的法律理由链条来支持的）这些完全是有可能的，有时甚至必然如此。

但是，伪善甚至比真诚更能说明问题。一个律师的胜诉动机是为了金钱而不是真的相信理应获胜，为什么他不说明这一点？法官没有准予麦塔维什太太的离婚请求，又未提供清楚的理由，为什么原因其实只是她长了一个显眼而别致的上翻鼻子？因为，在制度中这些根本不能被作为支持主张和准予离婚的可接受理由登上大雅之堂。无论提出理由时是否竭尽真诚，只有那些显示了为什么应当被实施的论辩，才是它被要求实施或得到实施的理由。那些效力于这个制度的人士，正是通过使听众确信被实施是有着压倒性理由的来实施其劝说术的。或者至少，在那些可能要诉诸不可言喻的偏见和态度倾向来做出决定的案件中，除了这类其他因素之外，还需列出冠冕堂皇的理由。

这样，甚为重要的问题就成了对主张、抗辩和判决要给出（被认为合理和恰当提出的）好的论证理由；而值得我们深入研究的，就是这样一个作为证明过程的论辩过程。

在证明过程和发现过程之间是存在不同的，但对这一点无需赘述。[15] 阿基米德可能的确是在洗澡时发现了那个著名的定理，水从浴盆溢出的情景使他的大脑灵感突现，他沉溺于这个问题已经很久了（他甚至在跑到希拉库扎的大街上时得意忘形，兴奋不已地高呼“找到了”）。但是，许多突如其来的灵感在稍加检验后常常因粗糙不堪而光彩不在。身体浸入水中时上升的水位与排出的水重量一样，这一点之所以使阿基米德或其他任何人深信不疑，原因是它可以通过实验来加以检验（对于那些秉承卡尔·波普爵士思想的人来说，证明意味着许多实验证据支持它，并且没有任何反例来证伪[16]——不过，关于科

---

〔15〕 参见 R. A. Wasserstrom, *The Judicial Decision*（Stanford and London, 1961），特别是第 1 章和第 2 章的内容；D. H. Hodgson, *Consequences of Utilitarianism*（Oxford, 1967），特别是第 83 页到第 85 页的内容。

〔16〕 K. P. Popper *The Logic of Scientific Discovery*（revised edn., London, 1968）；还可参见 P. D. Medawar, *Induction and Intuition in Scientific Thought*（London, 1969），M. J. Lessnoff, The Structure of Social Science（London, 1974），第 1 章。

学的"证据"本身到底是什么的理论,却不是本书所关心的问题)。

16 同样的道理,促使法官认定一方胜诉而另一方败诉的真正原因是什么,与是否存在做出有利于一方而不利于另一方的判决的理由,也是全然不同的问题。

当然,应当在原则上承认,法律上的证明理由就其实质而言是这样的模糊和缺乏确定性,以至于可以为任何一个所意图的判决结果找到理由,在这一情况下,为了达到实际意图的"发现过程"往往比"证明过程"更加重要——这是杰罗姆·弗兰克在某些时候表达的一种令人不安的观点。[17] 但是,即使要确认这一点,也只有当我们首先对支持法律决定的那些表面上的证明理由进行认真探究之后才能做得到——如果我们试图证明这些理由不仅结构粗糙而且实际内容也杂乱不堪,那这也是一个必要条件。所以,即使法律中所有的证明理由所起的作用都不过是在装点门面,而法律结论仍然在其他一些不易为外人所知的原因的驱使下做出,那么即使我们要确定这一点,唯一可行办法也是至少要对那些表面上的理由到底如何进行彻底的研究和分析。

这样的态度,如果总是考虑对"制度"来说到底何为必需,那就有被指责为幼稚的功能主义的危险。

17 从某种意义上说,上述思想可能是功能主义的,但绝不可视之为天真幼稚,更不是错误。在人们之间发生争议,或者受到公共权力机构追诉的时候,法官总要摆出一副不偏不倚的仲裁者的姿态。之所以如此,至少是因为在主流的政治传统中他

---

〔17〕 参见 Jerome Frank, *Law and the Modern Mind* (New York, 1936), pp. 100, 128。

们被期待如此。他们受命维护"法律的正义",而那些公共利益的监督者,则总是像看门犬一样警觉地睁大眼睛,看法官有无违背职责之举。

即使从最低的层面上来看,由于需要证明理由,法官负载着巨大的压力——这显然是很奏效的压力——他们必须表现得如人们期待的那样。因此,他们为自己所作的判决公开申明的理由,也是为了使自己看起来符合期待中的形象。简言之,法官必须借助于这些理由表明他们的确是在维护"法律的正义",而且至少在达到这一目的的意义上,这些理由成为正当化的理由。

因此,同样的道理,那些千方百计想赢得诉讼的律师也必须明白,最好的办法是给出代表其客户利益的充足论辩理由。这些理由同那些必要的外观相互配合,一道来吸引裁判者的注意以对其施加影响。简言之,论证理由必不可少。

当然,也有一些糟糕的情况并非罕见,即仅仅根据表面上的诚实和精确就径直得出某个结论。那可能是真的,但是有待提出证据予以确认。我们似乎可以合理地推测,法官、律师同所有的人一样,在有些情势下难免有谎言和伪善,或者将根深蒂固的偏见解释为冠冕堂皇的公理,在没有相反证据的情况下我们容易做这种推测。但是,在更多的场合,他们秉持诚实之见,值得信赖,即使做不到完美无缺,亦尚能坚守公正与客观。此外,通过长期的实践,他们通常比那些在苛责他人中变得尖酸刻薄之人更容易养成公正平和的品格。

由他们所掌管的制度,是不是一个在整体上有失公允或者说不公正的制度,从根本上说不是一个事实问题。休谟指出,即使是审慎地从"是"转换为"应当",也将"颠覆整个世俗道德

体系”,[18]但他并不知道自己只说对了一半——因为怀有 18 世纪的人类进步观念,他并没有预见到普遍的世俗化即将到
18 来。

〔18〕 同前面注〔4〕中的文献。

第二章　演绎性证明

在第一章里我们已经说过，就法律推理 19
而言，“值得研究的是作为正当化过程的论辩”。价值判断无疑是极富争议的，但它划定了本书的研究范围。就出台法案、作出行动、提出主张和予以反驳这些活动而言，公众都需要就他们的所作所为提出法律上的理由。对于法官而言尤其如此，他们只能通过说明理由的推理活动来作出符合法律规定的判决。在法庭上，他们必须审慎思考，以确定在一个案件中当事各方中哪一方的主张更加可取。因为法官必须就他们所作出的判决说明理由，所以他们不能仅仅将结果列出，还必须对支持判决结论的相关理由予以明确阐释。我们也正是借助这些判决理由来了解法官的判决的。

正如在下文还要提到的那样，有些人士否认法律推理素来是严格的演绎性活动。如果这种否定走向极端,亦即暗示法律推理从来不是或者根本不可能是以演绎推理的形式存在的话,这种否认就是一个无可置疑的错误了。我们发现,在某些案件中一个给定的判决可能完全是借助演绎方式在法律上进行证明的。要论证纯粹的演绎推理的这种可能的话,只用一个这样的例子就足够了。下面我就会举这样一个案例。在引用时我尽量只关注与讨论的主题有关的部分,而避免其他案情细节分散注意力。对这一案例的分析无疑将有助于阐明“演绎推理”概念。

20 我举的例子是丹尼尔斯夫妇诉 R. 怀特和塔波德一案([1938]4 All E. R. 258)。基本情况是这样的:丹尼尔斯先生来到一家酒馆,要了一瓶柠檬汁(R. 怀特生产)和一罐啤酒。他把东西带回了家,自己喝了一些柠檬汁,给妻子也倒了一杯喝。不久他们都感到了严重的不适,而且病倒了。后来认定他们喝下的柠檬汁含有过量的碳酸。对剩余的柠檬汁也进行了检测,结果表明其中确实含有大量的碳酸混合物。

丹尼尔斯夫妇随即起诉了柠檬汁的制造商和销售者酒店老板,要求对于他们生病、治疗费用以及因病造成的收入损失予以赔偿。法院的判决是,被告制造商不承担责任(后面将说明理由),被告酒店老板负有责任,并被责令赔偿丹尼尔斯夫妇的损失。这个判决是如何做出的?

让我先把莱维斯法官的判决意见中所有相关段落列出,然后就判决的逻辑作一分析。

> 当然,她(也就是酒店老板,第二被告)在这一事件中是完全无辜的,不应受到谴责。她是在事发三天前从第一被告那里收到的那瓶柠檬汁,酒馆店员把它卖给了那位丈夫。当然这位

丈夫是唯一在这一契约中和通过契约主张全部权利的人。这位丈夫和塔波德太太对事实方面的问题都没有争议,他们都很清楚发生了什么:丹尼尔斯先生进了酒馆,当然酒馆是合法开业的,他说:“给我来一瓶 R. 怀特的柠檬汁。”然后塔波德太太就给了他 R. 怀特的柠檬汁。问题是,除此之外这瓶柠檬汁实际上还含有碳酸,因此柠檬汁并不符合商品的质量标准,无论第二被告是否有责任。

我认为,显而易见的是依据 1893 年《货物买卖法》第 14 条第 1 款的规定,塔波德太太不承担责任,因为丹尼尔斯先生根本就不是依据她的技能和判断能力实施购买行为的。他要买并且买到了想要的东西。如果一个人要买一瓶 R. 怀特的柠檬汁,或者某种特定品牌的啤酒,他并非依赖出卖者的技能和判断才这样做的。尽管第二被告律师已经提出应当那样,但我还是经过认真考虑认为本案不可参照 1893 年《货物买卖法》第 14 条第 2 款。判决的作出并不顺利——特别是看了被告提供给我的那几个先例,尤其是摩莱里诉费彻和戈伯斯一案([1928] 2 K. B. 636)以后。如果本案可以适用这一法案,那么必然有一个隐含的前提,即所销售的商品应当是符合适销性的。不幸的是,对于塔波德太太来说,尽管她没有犯错误,但她所出售的商品却是不符合适销性标准的。伯劳克先生(塔波德太太的律师)认为,有可能通过认真辨验,使得这一事件符合该法案 14 条第 2 款的但书情形,为了说明这一点,他引用了一个权威意见呈交给我,但我认为这一意见不足以使我认同他的立场。因此,我认为这是一个凭说明书进行的交易,不是但书所述的情形。让塔波德太太承担丹尼尔斯太太因饮用柠檬汁所导致的损害对她来说可能是难以接受的,因为她在这一事件的过程中是那样的无辜，对此我也深感遗憾。但是，正如我所理解的那样，根据法律我认为必须为丹尼尔斯先生做出裁决，他是唯一可以向塔波德太太索赔以恢复权利的人。

判决丹尼尔斯先生向第二被告的赔偿要求成立，第二被告向丹尼尔斯先生赔偿21英镑15先令，两位原告对第一被告的诉讼请求不能成立。

21 从莱维斯法官的判决意见中引用的这些段落，完整地反映了那位丈夫对第二被告酒馆老板的诉讼请求中的情形（而不仅仅是轻描淡写地叙述在判决意见前面部分提到的那些案件“事实”，这些“事实”我们已经概括过了）。如果要分析本案推理活动中的各种要素的话，引文提供的信息已经足够简明扼要了，没有理由认为这一引文的短小会妨碍它成为我们作为分析之用的恰当案例。

从表面来看，判决中的推理论证具有决定性的效力。那位著名的法官当然也是这样认为的，这从他对这一判决的些许无奈中也可以看出，他觉得“必须让塔波德太太承担责任”，尽管事实上她“在这一案件中当然是完全无辜的，不应受到谴责”。现在必须讨论的问题，是判决结论的表象是精确无疑的还是掩人耳目的。判决自身能否表明它的结论在逻辑上无懈可击？先前我已经把研究目标设定为证明演绎性论证对于判决的合理化是可能的，所以这里我想表明，从莱维斯法官的判决书中引用的段落是演绎性推理的一个有效例证，这可以用来回答我刚刚提出的问题。

一个演绎性判断，亦即一个结论性命题隐含于另一个或者若干个命题当中，后者是前者的“前提”。无论前提和结论的内容是什么，只要从形式上前提中包含着（或者等同于）结论，一个演绎性判断就是成立的。就此，当某人的判断中所包含的前提与他的结论抵触时，就会导致自相矛盾。

为了阐明和解释这一点，让我来截取上文莱维斯法官判决中的一句作为说明："这瓶柠檬汁实际上含有碳酸，因此柠檬汁并不符合适销性标准。"莱维斯法官实际上提出了两项命题： 22

丹尼尔斯先生所购买的那瓶柠檬汁里含有碳酸；

所以丹尼尔斯先生买的那瓶柠檬汁是不符合适销性标准的。

基于什么理由才使得法官如此自信地宣称第一个命题包含着第二个命题？答案自然是莱维斯法官想当然地认为"符合适销性标准"乃是1893年《货物买卖法》第14条第2款的一个法律目的。怀特法官在1936年格兰特诉澳大利亚纺织厂一案（[1936] A. C. ,85 at p. 100）中有过这样的法律意见：如果某件商品存在瑕疵，而"瑕疵使得它不能满足特定的恰当使用目的，但是这些瑕疵依据普通的检查方式难以被识别，那么该物品就是不可交易的"。怀特法官的这一意见，可以说是对丹尼尔斯一案的判决中类似词句的法律含义的一个注解。我可以把怀特法官的这句话重新表述为：

（A）无论何时，如果向他人出售的商品的瑕疵使得该商品不能实现其唯一的恰当使用目的，而瑕疵又不能依据普通的检查方式加以识别，那么它就是不符合适销性标准的商品。

莱维斯法官宣称丹尼尔斯案中柠檬汁里含有碳酸，让我们假设这一判断可做如下重述：

（B）在本案中，一人向另一人出售的商品存在瑕疵，使得该商品的唯一恰当使用目的不能被满足,而且该瑕疵又不能通过普通的检查方式被识别出。

很明显,在不承认下面的(C)命题为真的情况下,仅仅认定(A)命题和(B)命题为真是不可能的;认定(A)和(B),但同时又否认(C),是不折不扣的自相矛盾。

(C)因此,在本案中,出售的商品不符合质量标准。

23 需要强调的是,当承认(A)和(B)时否定(C)所造成的自相矛盾,并不依赖于(A)或者(B)在事实上为真这一条件。即使实际上(A)、(B)中的一个是假的或两个都是假的,在否定(C)的情况下宣称(在那个案例中是错误地宣称)他们正确的人都将导致自相矛盾。(A)和(B)结合的结果包含着(C),这是必然正确的,而且不管(A)和(B)在事实上是否正确,这种正确性仍是确定无疑的。

了解这些的目的是认识到这种推论在形式上是正确的。任何立论,只要采用了我们所讨论的论证形式,都是同样成立的,无论它们的前提实际上陈述的是什么。使用一些非常简明的符号对于揭示论证的形式是大有帮助的。对于上面的(A)命题,我们可以部分地用下面的符号来代替。

在任何情形中,如果 p 那么 q。

显然,p 代表(A)命题中前面的那一句("如果某人向他人出售的商品的瑕疵使得该商品不能实现其唯一恰当的使用目的,而瑕疵又不能依据普通的检查方式加以识别");同样,q 表示(A)命题中后面的那一句("它就是不符合质量标准的商品")。我们还可以发现,用符号"在任何情形中,如果 p 那么 q"分别表示的这两个命题的组合,并不表明承认 p 或者 q 命题的事物状态过去、现在或者将来就是真实可靠的。(当然,在我们引用的案例中，商品潜在瑕疵会使之不能使用，所以不能向他人出售这样的商品，至少这一结论是我们可以得出的，因为现实中的情况的确是这样的）。所有的“在任何情形中，如果 p 那么 q”判断表明的都是只要 p 为真，那么 q 也为真，并且当没有相应的 q 时，p 也不可能为真。英国的法律制度（例如立法）相信出售的商品不得存在使商品不能满足特定使用目的潜在瑕疵，但没有相应地用特定的用语将“不可交易”规定下来。如果立法者想到在偶然的情况下有瑕疵的商品会被卖出，他们也可能不会不厌其烦地把它规定下来，而是相信从一个命题可以推导出另一个命题来：这种商品不应被出售。这种想法甚至使得他们更加不愿意用详尽的语言把它规定下来了。

这就是为什么（B）命题中包含着（A）命题中所没有的信息 24
的原因。在具体的案例中，这就可以说，一旦有人真的出售了存在潜在瑕疵的商品，（B）就是有效的。这样，对那个案例而言（C）也为真。但是（B）和（C）都是判断性的，在这几个简单的命题中，把他们同（A）句连接起来的是“如果……那么……”形式。所以整个论证过程可以被典型地表示为：

（A）在任何情形中，如果 p 那么 q

（B）在本案中因为 p

（C）$\therefore$，在本案中 q

符号“p”和“q”被用来作为表示论证过程中的特定命题的标志。但是现在很显然，我们可以反过来用所有这类可能的命题来替代 p 和 q，无论是关于法律的、科学的、社会学的还是任何其他可能的命题都可以。在不需要考察命题内容本身真假的情况下，我们也可以断定一个基于上述形式的论证总是成立的。对于任何命题 p 和任何其他命题 q，如果认为**在任何情形**

中，如果 p 那么 q；在本案中发生了 p 但是不能得出 q 的话，那一定是自相矛盾的。

逻辑作为知识的一个分支，其特定的功能是检验判断得以成立的形式。至少从亚里士多德时代起，人们就已经认识到**如果 p 那么 q，因为 p 所以 q** 是一种可靠的演绎论证方式。亚里士多德之后斯多葛学派的逻辑学家们，称这一有效的推理形式为“肯定前件”推理。但是对“命题逻辑”的全面理解，直到本世纪罗素和怀特海提出对“命题演算”[1]的系统解释后才得以完成。依照这种演算，在给定更为基本的定义和公理的情况下，基于我们所讨论的逻辑形式的论证的必然是成立的。

25 不过，我们现在所关心的不是逻辑真理的证明，而是如何应用它们，即如何应用在逻辑上无懈可击的形式，以使得法律上的论证成立。因此，一个论断在逻辑上成立，并不能确保它的结论的真理性，强调这一点至关重要。如果前提为真那么结论必为真，这是一个有效的论证所需要的。但是，逻辑本身不能保证前提的真实性。前提是否真实乃是(或至少可能是)一个经验问题。就此，下面让我们再回到丹尼尔斯一案中的论证，看在什么条件下它的前提才可能是真实的。

(A)无论何时，如果某人向他人出售的商品的瑕疵使得该商品不能实现其唯一恰当的目的，而瑕疵又不能依据普通的检查方式加以识别，那么它就是不符合适销性标准的商品。

---

〔1〕 参见 Russel 和 Whitehead, *Principa Mathematica* (London, 1910)，和 L. Wittgenstein, *Tractatus Logico Philosophicus* (tr. C. K. Ogden 和 I. A. Richards, London, 1992)，并参见 Anthony Kenny, *Wittgenstein* (London, 1973)，第 2 章和第 3 章关于一般命题逻辑，可参见任何一本关于现代逻辑学导论的著作，例如 David Mitchell, *An introduction to Logic* (London, 1962)。

(B)在本案中,一人向另一人出售的商品存在瑕疵,使得商品唯一恰当使用目的不能被满足,而且该瑕疵又不能通过普通的检查方式被识别。

所以(C)在本案中,出售的商品不符合适销性标准。

如上所述,这个推理的"大前提"(A),是对怀特法官在格兰特案中所陈述的命题的复述,只不过措辞有所不同而已。怀特法官采用的方式,是对"适销性"一词进行权威解释以使之符合法律的目的。通过对词语提供权威解释,怀特法官为之附加了一个特定的含义。现在,确定无疑的是,怀特法官对词汇添附新意的行为本身是无所谓对错的。[2] 但关键是这一新意是由上诉审贵族甚至枢密院所赋予的,正是他的特定解释赋予了那个词汇以真理性,至少对于下级法院和那些法律事务专家 26
而言是这样,就实现法律的目的而言,他的解释就是那一词汇的含义所在。所以我们可以把前提(A)认定为真实的法律命题,至少在1938年时的情况是这样的。[3]

什么是"小前提"?或者(B)命题是什么?小前提并非一类可以由诸如大法官的意见或者议会立法等权威命令"赋予"真实性的命题。它是表示特定历史情境的命题,因此它需要借助于特定的证据加以证明。但即便如此,也很难说命题(B)就

---

〔2〕 可以对比这样一个例子:一位太太登上一艘船后随即宣布"我将这艘船命名为特洛伊海伦号……"这种给船只命名的行为,是无所谓对还是错的,只是说说罢了。但是,如果这一行为能够"生效",也就是说,由一个适格的人,给船起一个大家接受的名字,那么船真的就正式命名为"特洛伊海伦号"了。参见 J. L. Austin, *How to do Things with Words*(Oxford, 1962),以及他的评论"Performative Utterances" in Philosophical Papers (Oxford,1961,J. O. Umson and G. j. Warnock) pp. 220 - 229,特别是第222—227页。

〔3〕 参照当下的情况是重要的,因为法律规则和判决原则会发生变化。举例来说,1973年议会就曾对《商品供应(默示条款)法》关于适销性的标准做出了一个新的解释。见该法案第7条第2款的规定。

是直接为该案的证据所证明了的。因为各方对并未达成一致的事实是需要证明的,已经被证明了的,仅仅是塔伯德太太卖了一瓶柠檬汁给丹尼尔斯先生,并且柠檬汁里含有碳酸。由于碳酸是透明液体,通过肉眼很难被识别出来。法官确信柠檬汁的“恰当用途”是作为饮料喝,这一点是没有问题的。[4] 经过查证,就在喝了那瓶柠檬汁后,丹尼尔斯先生和丹尼尔斯太太都病倒了。如果不存在其他起作用的因素,看来就是因为柠檬汁里含有碳酸这一事实使它难以实现其“恰当用途”。因此,在本案当中,显然只有当下列命题成立时命题(B)才为真:(1)一瓶柠檬汁是可以归属于“商品”类的;(2)那一瓶柠檬汁是当事一方出售给另一方的;(3)含有碳酸混合物的柠檬汁是有瑕疵的,因为它不能实现其唯一的恰当用途;以及(4)这种瑕疵是不能通过通常的观察被发现的。

用一个简明的例子作为我们研究的开端,好处之一是使这四个前提显而易见,确定无疑。当然,后面还会论及另一个
27 值得关注的问题,即可能那些发生在丹尼尔斯案中的若干情况已经被弄得面目全非了。如果有毒物质使柠檬汁颜色发生变化了会怎样?那样的话就产生新问题了:本案中的那些“证据事实”,真的是支持如前提(A)所陈述的那样的法律命题的“有效事实”吗?如果存在这样的疑问,那么作为本案一个重要判断的命题(B)的真实性就大可怀疑了。

在命题(B)中,那些声称的事实是确定的,所以命题(B)是真实的,对于这一点,我们没有疑问。我们或许应当说,下列

---

〔4〕 确实,法官有权宣布某个判断属于“司法认知”(judicial notice),例如,在无需证明的情况下宣布某个知识乃是一个人所共知的常识。

的方式是可以接受的：在一个案件中，“证明”作为法律程序，其结果是那些有权威的人（法官或陪审团）在当事方提交的证据或双方认可的基础上进行的一系列“事实发现”活动。法官或陪审团所“发现”的“事实”随即被确认为真实的，这样做是为了实现诉讼的目的。除非在上诉过程中被上级法院法官“推翻”，这些“事实”必须被当作真理接受。“证明”是一个重建事实的过程，其间特定的命题将因为符合法律的目的而被采信，特别是为了实现当下诉讼的目的。

至此，我们的结论是，我们关注的这个论辩，一方面，要在逻辑上成立，它采用“如果 p 那么 q，因为 p，所以 q”的推理形式，另一方面，判断的两个前提依据法律目的的标准都是真实的，相应地，依据这一标准得出的结论也是真实的。

不过，我们迄今为止关注的这个论辩，只是莱维斯法官在丹尼尔斯一案中所做的推理中的一个微小环节。此外，单独来看，这个论辩预示了特定的法律结论，即那瓶柠檬汁确实是一个人“卖”给另一个人的。为了表明整个论证是一个有效的演绎性论证，有必要呈现每一步推理过程；出于简洁考虑，论辩同样以演绎推理形式展开，但要采取更为精练的形式。这一精练
形式的内容，是在满足两个（也许更多）结合起来的充分条件 28
下制定一个特定的法律条款的可能性如何。以 1893 年《货物买卖法》为例：

> 当依法从一个适格的销售商那里按照说明书购得物品时……其中隐含的一项条件是物品应当符合适销性标准。

要施行这一条的话，仅仅证明商品是按照说明书购买的还不够，仅仅证明出卖者是那种商品的适格主体也不够，显而易

见,两个前提都要得到证明。因此,陈述那一法案第 14 条第 2 款的一个更为符合逻辑且简明的方式可以作如下表示:

"如果某人从他人那里按照说明书购得物品,并且出卖者依法有资格出卖该物品;那么隐含的一个条件(卖方必须满足这一条件)是该物品应当符合商品质量标准。"

29 如果这可以用来贴切地表示已经适用的规范,它将采取如下的表达形式:

在任何情况下,如果(p 和 q),那么 r。

用逻辑术语表示,(p 和 q)是一个复合前题,当且只有当 p 和 q 中的任何一个都为真时它才为真。这样,就法律的目的而言,如果 p 和 q 中的一个在给定的案例中有待证明,那么这个论证过程可以这样完成:

在当下的案例中 p 和 q

所以在当下的案例中 r。

我们可以用象征性简写来表示推理过程,只要把每一个符号所代表的原初含义引入一个有效成立的逻辑结构,它对于我们的清晰理解就是大有帮助的。我们可以用符号"$\supset$"表示"如果在任何情况下……那么……"它可以准确地表示前题 p 和 q 之间的"实质蕴含"关系。[5] 这样,我们可以用公式"$p \supset q$"表示"如果 p 那么 q"。同样,符号"·"可以用来表示联合,所以我们用"$p \cdot q$"表示"p 和 q"。为了避免误解,在更为复杂

---

[5] 有人已经正确地指出,命题演算中的"$\supset$"在英语用法(包括法律用法)中,有着比"如果……那么……"更为广泛的含义。但是在这里,就是指"如果……那么……"见 David Michell, *A Introduction to Logic*, (2nd edn. , Oxford, 1964), 61—68 页,而且同样正确的是,以"如果……那么……"形式表现的法律规范,严格来说属于"开放性假设"那一类,因此并不属于严格的"命题演算"范畴。但在本书的用法中可不必计较这一点。

的公式中可以使用括号，"如果 p 和 q 那么 r"被象征性地表示为"$(p\cdot q)\supset r$"。这一表示可以区别于，也必须区别于表示"p，和如果 q 那么 r"的"$p\cdot(q\supset r)$"。符号"∴"也会用到，表示"所以"。

这些基本的要点确定之后，我们就可以展示莱维斯法官在丹尼尔斯一案中全部的推理过程了，只要它与原告丹尼尔斯先生和被告之间的诉讼有关即可。这个推理过程能够被以最为格式化的演绎推理形式进行重新表述，并且，推理的每一步骤，和推理活动作为一个整体，在逻辑上都是有效的。论证所包含的所有大前提，都是现在的权威人士所引用的法律规则，这些大前提并非都已经被明确表示出来。论证中涉及的小前提，或者是已被证实的"基本事实"，或者是通过推理从基本事实中得出的关于"次要事实"性质的结论，而其中所借助的推理活动，是经由某一作为法律规则的大前提所进行的。如果要重新考察从莱维斯法官的判决意见中摘引的段落的话，我们会发现，其中有三个属于"基本事实"的判断，从表面上来看，它们构成了整个逻辑大厦的基础。它们是：

（ⅰ）丹尼尔斯先生走进了酒馆……说"给我来一瓶 R. 怀特产的柠檬汁"并且（塔波德太太）给他的正是 R. 怀特产的柠檬汁。

（ⅱ）那瓶柠檬汁里实际上含有碳酸。

（ⅲ）卖方（塔波德太太）出售的商品（即那些瓶柠檬汁）符合上面的描述。

除此之外，我们必须指出一个隐含其中的事实发现，它是那样的不起眼，以至于它即便是被莱维斯法官的明确陈述忽视了，也根本无需大惊小怪。这一事实是：上面（ⅰ）中所描述的交易行为是双方有意为之，丹尼尔斯先生有意购买，塔波德太太有意出卖。这可以严格表述为：

（ⅳ）塔波德太太出于牟利的考虑，将她对柠檬汁的所有权转移给了丹尼尔斯先生。

我们可以发现，上面所有的命题都出现在下面由逻辑形式表示的判断中。在论证的每一步骤旁边，我用符号表示三段论推理，来表明这是一种有效的形式。大前提都是法律规则，我将对其来源简要说明。

30 （1）如果一个人出于牟利考虑将物品的所有权转移给他人，那么在买卖各方之间就成立了一个关于那些物品的契约，他们分别被称为“买方”和“卖方”。（见《货物买卖法》第1条第1款）

（2）在本案中，一人（塔波德太太）出于牟利考虑转移了商品（一瓶柠檬汁）的所有权给另一人（丹尼尔斯先生）。［见上文“事实（ⅳ）”］

$p \supset q$

p

$\therefore q$

（3）∴ 在本案中，针对商品（一瓶柠檬汁）的买卖契约在当事方，即“卖方”（塔波德太太）和“买方”（丹尼尔斯先生）之间业已成立。

（4）如果关于特定商品的买卖契约在买方和卖方之间成立，如果相关商品是某种形式的瓶装饮料，以及如果购买此瓶装饮料的买方索要一瓶某种被称为饮料的东西，那么这一被买卖的涉案物品就是符合说明书规定情形的。

(见[6]摩莱里诉费彻和吉博斯案，*Morelli* v. *Fitch & Gibbons*[1928]2K. B. 636)

$[(q \cdot r) \cdot s] \supset t$

$(q \cdot r) \cdot s$

$\therefore t$

(3) 在本案中，针对商品(一瓶柠檬汁)的买卖契约在当事方，即“卖方”和“买方”(塔波德太太和丹尼尔斯先生)之间业已成立。

以及：

(5)涉案商品是一种瓶装饮料(即一瓶柠檬汁)。[见上文“事实(ⅰ)”]

以及：

(6)购买那瓶饮料的买方索要过一瓶被称为饮料的物品[“丹尼尔斯先生……说‘给我来一瓶 R. 怀特产的柠檬汁’”]。[见上文“事实(ⅰ)”]

(7)∴ 在本案中，涉案商品(一瓶柠檬汁)的买卖行为符合凭说明书交易的情形。

(8)如果商品的买卖符合凭说明书交易的情形，而且如果商品的出卖者经营所描述的那种商品，那么其中隐含的一个条件(卖方必须满足该条件)是所出售的物品符合适销性标准。(见《货物买卖法》第 14 条第 2 款)

(7)在本案中，涉案商品(一瓶柠檬汁)的 31
买卖行为符合凭说明书交易的情形。

---

〔6〕 上面的一般性命题，是隐含于而不是明示于本案中的。如果要查找更为一般性的命题的话，可参见 *Grant v. Australian Knitting Mills*[1936] A. C. 85，100 页，赖特法官(Lord Wright)认为“尽管某物是[一件]特殊的[商品]，只要它不是仅仅作为特定之物而是按照说明书出售的，该物品就被视为凭说明书进行的交易”。

以及：

(9)商品的卖方(塔波德太太)是一个经营所描述的商品[即瓶装柠檬汁]的人。[见上文“事实(iii)”]

$(t \cdot u) \supset v$

$t \cdot u$

$\therefore v$

(10)∴ 在本案中,存在一个隐含的条件(卖方必须满足该条件),即所出售的物品符合适销性标准。

(11)如果一人向他人出售的物品存在违背其唯一使用目的的瑕疵,但该瑕疵就通常的检查而言不易辨别,那么该物品就不符合适销性标准。

(12)在本案中,一人向他人出售的物品(一瓶柠檬汁)存在违背其唯一使用目的(供人饮用)的瑕疵(含有碳酸),而且该瑕疵依据通常的检查标准不易识别。[见上文“事实(ii)”和第7页至第8页的讨论]

$w \supset x$

w

$\therefore x$

(13)∴ 在本案中所出售的物品不符合适销性标准。

(14)如果买卖双方之间的契约成立,并且如果存在隐含的条件(卖方必须满足该条件),即商品必须符合适销性标准,以及如果业已出售的商品不符合适销性标准,那么卖方就违反了契约所要求满足的条件。(同样,这里的“条件”取决于法律概念中“条件”的含义。)

(3)在本案中,针对商品(一瓶柠檬汁)的买卖契约在当事方,即“卖方”和“买方”(塔波德太太和丹尼尔斯先生)之间业已成立。

以及:

(10)在本案中,存在一个隐含的条件(卖方必须满足该条件),即所出售的物品符合适销性标准。

$[(q \cdot v) \cdot x]y$

$(q \cdot v) \cdot x$

$\therefore y$

以及:

(13)在本案中所出售的物品不符合适销性标准。 32

(15)∴ 在本案中,卖方已经违反了契约所要求她必须满足的条件。

(16)如果卖方已经违反了契约要求她必须满足的条件,买方有权要求其等价赔偿由于卖方违反契约条件而给他造成的直接的或者自然的损失。[见《货物买卖法》第 11 条第 1 款(a)项和第 53 条第(1)款和第(2)款;买方还有其他非本文所关注的权利。]

(15)在本案中,卖方已经违反了契约所要求她必须满足的条件。

$y \supset z$

y

$\therefore z$

(17)∴ 在本案中买方有权要求卖方等价赔偿由于其违反契约条件而给他造成的直接的或者合理导致的损失。

因此,对命题 17 所陈述的内容作一下翻转,可以直接表述为:“卖方有责任等价赔偿由于违反契约条件而给买方造成的直接的或者合理导致的损失。”这就是莱维斯法官所表达的精确结论，他说“我……因此认为……（塔波德太太）对丹尼尔斯先生因饮用柠檬汁造成的损失负有责任。”

因为每一步论证都是成立的，所以整个论证也是成立的；因为根据相关的法律标准，每一个前提都是真实的，这种真实性或者基于一个真实的法律规范命题，或者是一个发现的事实，或者是从这些前提中推导出的一些结论，这样，论证所得出的最终结论，由于演绎性推理的使用而有效成立。不仅如此，根据那些相同的标准衡量的话，论证所陈述的内容也必然是真实的。

33 当然，人们可能会指出，正如法官所说的那样，最终的结论不仅仅是塔波德太太对丹尼尔斯先生承担责任，还有“必须为丹尼尔斯先生做出一个判决”这一点。这是为什么？答案是提出大前提并非难事，从这个大前提可以推导出那个结论。法官必须遵照法律主持正义，这是个老掉牙的命题，我们的推理需要先从它开始。我们假定这个命题可以限定地表述为：“如果在任何情况下诉讼一方证立另一方对其应当承担法律上的赔偿责任，那么法官必须给出一个有利于胜诉者的判决。”借助前面的论证，可以再加上一个小前提“在本案中，诉讼一方业已证立另一方应当对其承担法律上的赔偿责任”。通过采用与先前一样的推理形式，就可以得出结论“在本案中，法官必须给胜诉者（丹尼尔斯先生）一个对其有利的判决”。

但是，对于这一问题须审慎对待。这里提到的“必须”并非因果关系中或者逻辑上的“必须”，它表示的是基于责任的“必须”。法官有责任作出那一判决。因为他有这样的一种责任所以才作出判决，这并不意味着或者断定他通常作出这样的判决，或者将要作出这样的判决，也并不意味着他已经作出了这样一个判决，这样说已经是老生常谈了。一个人不做他应当做的事情，或者违背职责行事，这在行动上、在心理上或者在逻辑上都不是不可能的。我们可以断定的仅仅是，如果法官拒绝做出判决的话，将是不可理喻的。

弄清楚这一点的意义是显而易见的。有一种看法是，在丹尼尔斯案中，法官通过做出判决，指令被告向原告支付赔偿金，这在逻辑上被其前提限定好了。这种认识是错误的。原告向被告所承担的赔偿责任，已经为论辩所确认；法官有指令被告履行赔偿责任这一职责，也已经为辅助论证所确定（如果推理的大前提没有问题的话）；但是，法官发出指令的行为，却没有为任何论辩推理所限定。就发出指令这一行为而言，法官可以实施，可以不实施，即在这一问题上，他可以选择履行或者不履行他的职责。此时，如何行动并非取决于逻辑，而取决于行为者的选择，或者取决于任何对他们的选择施加了影响的那些因素。衡量行为者所实施的或意欲实施的行为的规范性标准（好或坏，正确或错误，正当的或不正当的）是可以加以确定的，方式是要预先给定适当的、逻辑上的规范性前提，例如在何谓好坏、正误以及正当与否等方面确定相应的法律规则。逻辑本身是不能“设定”行为标准的。

法官在诉讼中关于可相互替代的各个判决（方案）被规范 34
性（理由）支持的程度的看法，不是形成判决态度或曰发出指令的一个动因，那么这将是令人费解的。毕竟，他必须在一个开放的法庭上公开申明他判决的理由。法律体系内部存在制度性压力，例如专业化的法律意见，上诉的可能性等，而吹毛求疵的新闻报道和议会批评，也对法官构成了外部压力。鉴于这些情况，一个法官如若依据可靠的法律前提和发现的事实，通过逻辑对所做裁决的正当性进行了论证，而随后发出的却是全然相反的指令，这种图景是不可想象的。因此，从制度的角度或是从心理的角度来判断，一个法官如此行事可能性极小，但并非没有可能。即便真的发生了这样的情况，这种不可能也不是逻辑上的。法院的指令不是使之正当化的论证过程的逻辑结果。

上面对于逻辑结论产生过程的描述，似乎是把简单问题复杂化了。的确如此。但令人惊讶的事实是，尽管道理显而易见，但仍饱受误解，并以讹传讹。例如，在《选择的逻辑》[7]一书中，戈特雷伯博士（Dr. Gorttlieb）列出了下面的一系列陈述：

"X 实施了 A"（事实）

"所有实施了 A 的人都犯了 B 罪"（规则）

"判决：X 犯了 B 罪"（判决）

但他断言"（那个）结论并不是从两个前提中得出来的"。这要么是在胡说，要么至多是离事情的本来面目相去甚远。任何一个思维基本连贯的人，都不会在承认前两个明显前提时否认"X 犯了 B 罪"这一结论。当前提为真时，作为一个假设的命题，结论必然为真。

35 当然，戈特雷伯博士是在以一种相当含混的方式让人相信，一个陪审团给出"有罪"或者"无罪"裁决，是在为审判的法律后果作出权威结论。为了实现法律的目的，陪审团确定 X 是否有罪，并且相应地，法官所能做的只能是要么对 X 裁量刑罚，要么将其释放。法律赋予陪审团的功能是根据证据和规则

---

〔7〕 London，1968：这一段引自该书第 70 页，但引用时做了修正，因为在出版的正文第二行原文是"所有实施了 X 的都犯了 B 罪"，显然是印刷错误。我发现该书从第 66 页到第 77 页的论证完全是语焉不详的。

决定被指控者应当被判有罪还是无罪。所以,陪审团在裁决中的意见是有效力的,即确定无疑的是,陪审团是基于另外的法律目的考虑裁定被告有罪与否的。[从这种意义上讲,判决宣告的内容正是奥斯汀(J. L. Austin)所谓的“行为式话语”:它是通过词语的运用实施一个由制度限定好的行动的例子,而不是通过运用语言去判定事实真伪的例子。]

正如已经说的那样,“如何行动并非取决于逻辑,而取决于行为者的选择”,一个法官会做出认可权利或者处以刑罚的裁决行为,陪审团宣告判决的行为是同样的情况。但是陪审团在宣判时所正当化的是一个什么样的结论呢?如果满足 X 实施了 A 且依照法律规则任何实施了 A 的人都犯了 B 罪这一条件,那么要是做出“有罪”之外的判决的话,在法律上将几乎是不能证明的。

但是,因为陪审员在做判决时不必、事实上也不会公开地给出理由,所以毋庸置疑的是,一个陪审团确实能够在表面上没有任何分歧的情况下做出“无罪”判决,即使在他们私下里认为 X 确实做了 A,并且实施 A 构成了犯罪。陪审员们在这种非公开场合的所作所为,在法律上是不经论证的,尽管这些所作所为也许在道德上是拥有极为充分的理由的(这里所说的法律可能是非常苛刻和压迫性的,而追诉可能多半只是报复性的手段,等等)。人们认为,陪审员正是通过采取此一方式,才能消除一部不正义的法律或者一项不公正的指控的消极后果,在某些情形中事实也的确如此,这被认为是陪审制度的一个独特价值所在。[8]

就我而言，我很高兴情况是这样的。但是，不能含糊的是，演绎性推理的逻辑在陪审团判决的法律正当化过程中也确实是必不可少的，这与一个法官的判决的情况没有不同。还有一种认识，认为陪审团宣告判决的行为与其他任何行为一样在逻辑上都不是必然的——它们只是恰好被实施或者恰好没有被实施而已，这一认识或许有些许道理，但不能否认我们对演绎逻辑在判决中的必要性意义。

36 同样正确的是，假定事实审法庭或者法律审法庭或者两者都须审查的法庭均有义务陈述判决理由，那么发生下面的情形就是令人费解的，即法庭本应根据事实发现和法律前题得出一个确定的结论，但是随后做出的判决或发布的指令就那个结论而言却是未经论证的。

有人可能认为，上面的态度只会使对问题的探讨变得倒退。法官通晓法律规范，他必须依照法律对案件做出判决。并且，判决在形式上要符合**如果 p 那么 q** 的模式。因此，法官知道如果他“发现”的事实命题限定性地包含了“p”，他将给出一个结论，忠实地认可 q 命题。但是，可能在一个特定的案件中，因为某种原因那个 q 并非法官想得出的结论，这时，他的知识就给他提供了一个十分方便的逃避门路，他可以径直说某些事实并没有得到有效的证明，这样在该案件中 p 就不能成立。同样地，如果他很想得出结论 q，他就只需要说在本案中 p 已然成立即可。这样，尽管法官的论证在表面看来是遵循逻辑的，

〔8〕 例如，可参见 Patrick Devlin, *Trial by Jury*(revised edn, London, 1966)，特别是第六章。

但不过是借助逻辑使判决合理化而已，因为他是通过“发现”事实这条路来决定证明的路径的。（所有这些关于法律的观点，杰洛姆·弗兰克称之为“事实怀疑主义”。〔9〕）

显然，法官**可能**这样做，而且有的时候法官的确可能这么做。但是，法官在通常情况下都如法炮制的可能性却是极小的。毕竟，在丹尼尔斯一案中，莱维斯法官对案件事实和相关法律规则使他不得不得出一个他认为有失公允的判决结论是表达了相当的遗憾的。当然，即使有相应的证据，莱维斯法官还是**可能**认定柠檬汁里没有碳酸，或者碳酸的存在并未使柠檬汁违反商品质量标准。我们可以较为合理地想象，莱维斯法官以及其他法官通常会尽心竭力地再现真实的情况，然后适用相应的法律规则。这种想象还是符合实际情况的。而且我们甚至有理由推想，法官只要是出于公正之心，他们发现的事实结论是绝少有差错的。

但是，严格来说，上面的讨论与我们正在讨论的主题并无 37
关联。这个主题是，法律证明的过程有时是纯粹演绎性从而也是合乎逻辑的。即便是法官所认定的事实经常是错误或者被歪曲了的（事实上很少有这样的情况），而他们借助法律规则根据那些事实进行推理和得出结论的行为是否真诚，都不妨碍演绎推理本身成为一个重要的问题。我们只要能够用一个案例来确定地表明演绎性论证是可能的，就能够表明它是可以时常被应用的论证方式。演绎性推理是否经常被使用，以及在不可能使用演绎性推理时、或者法庭由于其他原因而不采用演绎性推理时可能会采用何种推理形式，这样的问题还可以进一步

〔9〕 参见 Jerome Frank, *Law and Modern Mind*（见第一章注〔17〕）。

研究。

我在这里对上面的论证做个概括：只要法庭确实在从事“事实发现”的行为，无论实际上所发现的事实是否为真，法庭为了实现法律的目的而认定它们就是真实的；只要法律规则可以（至少有时可以）表示为**如果 *p* 那么 *q*** 的形式，并且在某些案件中，只要被发现的“事实”明确无误的就是那个“*p*”，那么通过演绎推理逻辑，就可以从作为前提的法律命题和事实命题中有效地推导出一个法律结论。这样，那个对法律结论的作出起关键作用的法律决定过程，通过演绎逻辑就可以正当化了。

38

“但这是不合逻辑的”

但是，让塔波德太太承担责任的决定真的是*合乎逻辑*的吗？有人可能会提出这样的异议：“认定酒店老板承担责任根本没有逻辑可循。她根本不该为一瓶密封的柠檬汁的质量负责，尤其是在本案中制造商被免除责任的情况下。毕竟，在瓶子被密封起来之前，只有制造商知道到底把什么样的柠檬汁装了进去。”这种异议使我们又回想起莱维斯法官对塔波德太太承担责任表达的遗憾了，正如他所说的：“在这一事件中她是完全无辜的，不应受到谴责。”

无论如何，如果让某人为他根本无法控制的事态承担责任乃是没有道理的，我刚刚提到的那个异议就的确是相当有力的。更重要的是，这个异议在使用“逻辑”这个词时，或许是从最通俗的非技术含义上来用的。但是，如果论证过程在逻辑上成立，它所论证的结论怎么会不合逻辑呢？答案显而易见，但是我们有必要把道德问题考虑进来。“逻辑”这个词至少有两个含义，这两种含义只是在部分内容上是重合的。从演绎逻辑（本章的关注焦点）的技术性含义方面来看，如果一个论证符合逻辑的要求，即结论必然是从前提中推论出来的，那么这个论证就是符合逻辑的。如果一个论证的前提中并不能限定性地包含着结论，或者结论与前提抵触，这个论证就是不合逻辑的或者说是有问题的。但是，可能存在一个例外，如果论证的一个前提与另外的前提自相矛盾，那么前提之间是谈不上符合逻辑或者违反逻辑的问题的。就技术性的含义而言，所谓“合乎逻辑”不过是论证本身的特性，它只是从自相矛盾的命题（如“p 并且非 p”）在逻辑上是错误的这一意义上来评价命题。

但是在日常应用中，“合乎逻辑”往往有着更为宽泛和灵 39
活的含义。一些行为或者事物的状态当其“没有”道理时，会被说成是“不合逻辑的”。销售者对于所出售的物品的瑕疵既不知道也无法知道时，可能在法律上仍要承担责任，不过一旦这样的情况真的成为法律了，有人可能会说“这样的规定是没有道理的，所以‘不合逻辑’”。“不合逻辑”的情形多种多样，有一种情形是，一个论证在技术上不合逻辑是因为它不合理，不合理的原因是由于论证时恰恰否定了自己。从这一意义上讲，“不合逻辑”的两种含义是重叠在一起的。但是，当说一条既定的法律规则“没有道理”时，通常的意思是这条规则设定的行为标准很无聊、不公平或者不可理喻。有的论证在大前提中包含着一系列不同寻常的价值判断，它们无法从技术上用“逻辑学”这门哲学学科上的“逻辑”标准加以认识。遇到日常使用中的这类情况时，一个法律论证的大前提会被贬斥为“不合逻辑”，同样，从它们推导出来的结论也会面临相同的处境。

这类对法律规则的批评，有多个加以正当化的途径，其中之一是指出这些规则与通常采用的政策和法律原则不相一致。在一个法律体系当中，如果“无过错即无责任”是被广为接受的原则，那就意味着，除非是基于他们自身的某些过错而导致对他人的损害，否则不应被要求承担责任。[10] 这样，如果适用的是关于货物销售的一项特殊规则，即使销售商没有过错，也因为商品中出现瑕疵被要求承担责任，这同那项原则是不相符的。观念因人而异。有人或许认为，这项特殊规则是“无过错即无责任”原则的一个合理例外，另一方面，有人或许会认为，那项原则本身糟糕透顶，于是欢迎制定特殊的规则，不过还有人可能会认为那项原则在法律中至关重要，故对任何与之相左的规则都视为“不合理”或者从某种从实体价值角度看认为它“不合逻辑”而予以抵制。我们将在适当的章节考察法律中完全的协调或融贯这一概念。但现在我们仅仅考察的是，“合乎逻辑”和“不合逻辑”这样的表示命题之间是否存在完全一致性的词汇，有时涉及法律价值和法律原则的用法，而这与我们此前一直关注的技术性含义用法是有所不同的，这时候，它们的含义更为宽泛些。所以，我们很难说，一个法律证明是合乎逻辑的和有效成立的，但是它的结论却是不合逻辑的；但是，如果在不同含义上使用“不合逻辑”，情况就不同了。这样，为了避免含混，我将只是在技术性意义上使用“合乎逻辑”和“不合逻辑”这两个形容词，除非特别申明使用相反的含义。

40 关于逻辑，区别其两种含义是有价值的，因为不同的人们

[10] 第七章 167—169 页讨论了这一原则。

使用的“非逻辑”、“不合逻辑”或者“合乎逻辑”更多地关心常识含义而不是技术含义，这在上文已经做过探讨了。在“奎因诉莱塞姆”（*Quinn* v. *Leatham*）一案中，豪斯伯里法官（Lord Halsbury）声称所适用的规则根本就是不合逻辑的，[11]他只是证明，该案的一项原则与“艾伦诉弗拉德”（*Allen* v. *Flood*）[12]案中的原则是不一样的（在该案中他是少数派）。当霍姆斯大法官断言[13]“法律的生命不在于逻辑，而在于经验”时，他已经敏锐地发现，由法官发展起来的盎格鲁—美利坚法，对于确保判决协调实际利益的看法，与那种将判决视为推导一般法律原则的产物的态度——这些原则保证法律规则之间存在明显的连贯和一致，至少是同等重要的。卡多佐大法官将“哲学方法”[14]赞誉为在原则范围内所采用的恰当方法，他确信通过类比推理把先例确认的原则运用到新领域中的做法，才真正地保证了法律在某一领域中广泛的一贯性。大体上，英格兰的律师和法学家们已倾向于将不合逻辑视为一个优点，并坦率地将其视为他们法律的特征之一；使用“合乎逻辑”的标准只是欧洲大陆的一种奇怪做法，有常识的英国人如果沉湎于其中，是要冒风险的。

相比之下，苏格兰人和苏格兰法律家们可以对他们已经使

---

〔11〕［1901］A. C. 495，506 页：“……（每一个）法律家都应晓得法律并不都是合乎逻辑的。”

〔12〕［1898］A. C. 1.

〔13〕O. W. Holmes，*The Common Law*（Boston，1881），p. 1.

〔14〕B. N. Cardozo，*The Nature of the Judicial Process*（New Haven and London，1921），Lecture I.

用了逻辑并拥有一个体现逻辑价值的法律体系倍感自豪,[15]这随之被解释为是一种所谓民族精神的体现,或许也是因为苏格兰人民被认为是有着特殊的哲学思想。几个世纪以来,这一状况已经成为我们在主要由法国和荷兰所构成的大陆法系法学家眼中引人注目的特性了。

正如前面已经说的那样,“逻辑”、“合乎逻辑的”以及其他这类词汇拥有非技术性含义并没有错;无论如何,在日常的语
41 言和写作中这类含义已深入人心,很难在哲学上加以责难。但是,还是存在一种危险,即当这些词汇在非技术性意义上使用时得出的那些正确见解,如果在技术性含义上去理解,可能就会导致错误。因此,如前所述,我们必须认真地去理解盎格鲁—美利坚的法官和律师们所持有的态度和见解。从上述意义来讲,盎格鲁—美利坚普通法是、或者部分得是“不合逻辑”的,但这并不足以说明普通法中的法律推理在技术意义上是或可能是“不合逻辑”的或者“非逻辑”的。

苏格兰的法律制度,甚或整个民法法系,更少可能犯那个错误。但是民法法系可能会面临陷入与上面相反的含混中的危险。既然法律推理是一种思维形式,那么它必须是合乎逻辑的才行,它必须符合逻辑的规则,否则就是非理性的和自相矛盾的。那就意味着,从技术意义上讲,法律必须是“合乎逻辑”的。如果承认这一点,我们或许就会断然得出结论说:法律在

---

〔15〕 例如,可以参见 Lord Cooper, *The Common and the Civil Law-A Scot's View* (1950),Harvard L. R. 468 at 471:“民法法系的专家们通常从原则中推导出结论应用到案例中,普通法的法律家们则从案例中归纳出原则。民法法系专家信任三段论,普通法的专家信奉的却是先例。”参见 D. M. Walker, *The Scottish Legal System* (3rd edn., Edinburgh, 1969),122 页。

其他的非技术意义上"合乎逻辑"也必然是一件好事。但是，关于法律在其他意义上"合乎逻辑"是否一件好事的问题，却需要不同的回答，并且需要对回答进行单独的论证；通常来说，这两个方面都不是唾手可得的。

免责逻辑与证明责任

在那个判决中，法官认定无辜的酒馆老板塔波德太太必须为所出售的商品中含有的隐蔽缺陷向顾客承担责任，无论这样的决定是否让人感觉良好，或者是否体现了良好的政策、共同的正义以及法律的一致性，我们至少已经认定，就其技术含义而言没有什么不合逻辑的地方。但问题是，免除第一被告——柠檬汁的生产商的责任符合逻辑吗？下面让我们重新审查一下丹尼尔斯夫妇对第一被告 R. 怀特和父子公司的诉讼中采用的论证形式。在这一诉讼中，他们以被告疏忽为由要求承担赔 42
偿损失的责任，"（被告）供应的那瓶柠檬汁里事实上含有碳酸，违背了对原告的义务"。[16]

正如莱维斯法官所说的："在这一案例中，原告唯一接受的被告辩护律师所提出的证据是，那瓶柠檬汁在交易时确已密封牢固，瓶盖顶部也贴有标签。但是，对原告提出的证据所说的瓶中含有碳酸并且是碳酸导致了损害后果这一点，双方存有分歧。"[17] 被告提出，原告未能证明被告的行为存在过错，所以起

〔16〕［1938］4 ALL E. R. 258 at 259.

〔17〕同上，260 页。

诉缺乏足够依据。不过,法官拒绝了被告的这一意见。被告于是将他们证明的核心转向瓶子清洗过程,目的是证明他们已经尽到了合理的注意义务以确保柠檬汁里不含有害物质。

至于适用的法律规则,法官说:

> “我必须重申,制造商对消费者或者最后购买者所负的义务,并非在于保证他的商品是无可挑剔的。他必须做的最为重要的事情,是注意确保不能对消费者或最后购买者构成伤害。换言之,他的责任是对商品可能引起伤害的瑕疵予以合理的注意。”〔18〕

法院采信了被告的证据,它们显示被告将那些用来装柠檬汁的空瓶子买进工厂以后用机器清洗,这个机器先把瓶子用腐蚀性苏打水进行一遍热漂洗,然后进行冷漂洗。从这道工序完成后瓶子又被人工搬运到填充设备中,装满饮料,然后加上瓶盖。法官认为“生产流程被描述得是如此详尽而有说服力,看来我不得不认为,如果被告提供了从清洁、漂洗到填装工序这么详尽的证据,还认为他没有尽到合理的注意义务以防止商品存在缺陷,简直太困难了”。〔19〕 唯一可以施以怀疑的地方是,那部机器是不是在充分的监控之下并由有相应能力的人操作的。不过,就所提供的这些证据而言,法官“为有充分的监控措施颇感满意”。〔20〕

43 基于以上判断,莱维斯法官得出了如下结论:

---

〔18〕 同上,261 页,当然,关于这项规则的权威判例是 *Donoghue* v. *Stevenson*, 1932 S. C. (H. L.) 31; [1932] A. C. 562。

〔19〕 同上,262 页。

〔20〕 同上,263 页。

> 原告……认为被告公司违背了对于原告的责任——负有合理的注意义务，以防止商品瑕疵对原告可能造成伤害的责任，但原告没有提供足够的证据使我认同这一点。因此，我认为原告对第一被告的诉讼请求不予支持。

法官得出结论的形式值得我们稍做考察。他并没有说已经有证据表明两被告对原告没有责任。他仅仅判定“两原告”对第一被告的请求不能成立，因为他们没能证明第一被告有任何违反对于原告的义务的行为。从法律上来说，这样的论证已经足以使得法官驳回原告的诉讼请求，免除被告的责任。事情之所以如此，是因为有一条法律规则，即发动法律程序的一方，无论原告还是公诉人，都必须阐明他们的主张并加以证明，大体来说这就是通常所说的谁主张谁就承担“举证责任”。

丹尼尔斯案涉及的问题是简单明了的，原告援引了既存的“$p \supset q$”形式的法律规范，声称在他的诉讼请求中某些事实已经成立，这些事实构成可以适用那些规则的“有效事实”。原告提出的事实相当于公式中的 p。（因为他和他的律师都知道那一规则，知道应当提出哪些事实并加以证明以成功地提出它。）如果他能通过必要的法律标准证明 p 已经发生，就可以证明 q 表示的法律结果适用于该案，由此就有权要求法律救济。法律程序的这一逻辑我们已经展示过了。

但是，假如原告在控告第一被告即柠檬汁的制造商时没能 44
证明 p，即没能证明制造商违背了那个公认的应当向作为消费者的原告承担的合理注意义务，那该如何？我们可以将相关的法律规范设想为这样：“如果因为商品的制造者违背了应当向消费者承担的合理注意义务而造成了损害，那么制造商应当对消费者的损失担赔偿责任。”这样的设想当然是“$p \supset q$”的翻版，但问题是，在我们讨论的案例中 p 没有被证明——根据相关法律，制造商并未违背他的义务。如果我们试图将这一论证用前面讨论过的逻辑形式表示的话，其前提是：

$p \supset q$

$\sim p$（即“本案中没有发生 p”）

但是从这些前提中得不出结论来。这样的前提既不能断定 q 是事实，也不能断定 q 不是事实，就这些前提的情况来看 q 是未知的。

（从那种形式的前提中得不出结论来，让我们再用一个例子来佐证：如果一个人吞下 5 克砒霜，他就会死，这是没有疑问的。如果有个叫史密斯的人，我们确切地知道他没有吞下 5 克砒霜。但是我们能说他不会死吗？尽管服用砒霜必然会导致死亡，但禁绝砒霜却不能确保他长生不老。）

这样，由于逻辑的要求，法律显然有必要制定某些规则，告诉两造在处理关系时如何行事，以确定关于一个特殊的法律规则，是否会产生“法律后果”q。证据法以及相关的法律恰好提供了这样的规则。法律要求原告陈述和证明他们的主张，同样，法律也要求公诉方追诉被告人时提出具体的指控，并证明该指控已经达到“排除合理怀疑”的程度，如果公诉方没能达到这一要求，就可以合法并合乎逻辑地免除被告的责任或者宣告其无罪。这也正是在丹尼尔斯一案中发生的情况。

45 法律中的“程序”法相当重要，其内容也纷繁复杂。程序法规定审判中哪一方有责任提出争论点，以及谁有责任对提出的主张加以证明或反驳。这里对适用规则的逻辑进行的说明，清楚表明为什么程序法应当被律师慎重对待。因为程序法为纠纷的处理提供规则，也正是由于这种原因，制定程序性规则就成为一种紧迫的需要了。法学家以及法律实践者们，都对程序法规则的重要性了然于心。

因此，那些否认法律结论的证明要遵循演绎逻辑的人面临的挑战是，他们必须从自己的考虑角度说明，这类程序法律规则为何会存在，而且具有如此大的实践意义。程序性规则的存在以及它们的重要性，与我们的论题也是一致的，这一事实佐证了我们当下的论题。如果持相反观点的人们不能说明为什么这样，他们的判断就是难以令人置信的。

所有的法律规则，无论是体现于成文法的还是体现于先例的，都意味着在确定了特定的事实和情势时总可以找到某个特定的法律后果，通过这种形式就可以对法律进行重塑，而不必对法律规则直接修改。[21] 对此已经是老生常谈了，也没有理由去怀疑它。对于那些所需的事实和情势，我们称之为适用规则的"有效事实"。要用我们标准的"如果 p 那么 q （$p \supset q$）"的形式表示，符号 p 代表确认有效事实成立的命题，q 代表相应的法律后果。先前我们对丹尼尔斯夫妇与塔波德太太的诉讼所做的分析就表明，根据这种标准形式可以列出许多规则；分析还表明规则之间也是相互关联的，因为如果一个命题申明了某项规则的"法律后果"，那么这一命题的成立本身作为一个事实，又可以成为另一项规则的"有效事实"。例如，如果特定的有效事实已然成立，商品买卖的契约就成立了；但是然后，按照《货物买卖法》第 14 条第 2 款的法律目的，该契约的成立连

〔21〕 例如，可参见 G. Gottlieb，前面引用的书，33—49 页；Twining 和 Miers，*How to do Things with Rules*（London，1976），51—55 页。

同一些其他有效事实的存在作为法律后果,又限定性地包含着一个隐含的规则,即所出售的商品必须符合适销性标准。这类的例子还有很多。

46 这样的一些规则安排,对于个人权利来讲是最后的法律方式,它们表明,个人拥有对抗他人的权利,以及当原初的权利受到侵害时可以寻求救济。法院有权发出强制性指令保证这些救济性权利实现。如果其他的一系列法律规范认定在某些情况下实施的行为属于犯罪或者违法行为,法院则有权力对那些实施了犯罪或违法行为的人进行惩罚。

在一个现代工业社会中,法律规则数量巨大,内容庞杂,以至于很难想象每一个侵权行为和违法行为都可以像上面所说的那样清晰可辨,确保人人守法也变得愈加困难。显然,徒法不足以自行。为了保证法律得到遵守,或进一步强化其强制性力量,的确需要有人去启动它。

可能发生的违法行为以及侵害他人权利的情况,是数不胜数的,如果让那个实施违法行为的人,或者那个以这样或那样的方式侵犯了他人权利的人去证明他根本没有犯罪或应承担什么责任,从表面上看是完全不可能的。从某种程度上说,必须依靠其他的力量来达到维护秩序的目的。

因此,法律制度必须制定相应的规则,以规定在私人权利受到侵害、公共责任没有履行或需要对所指控的犯罪行为予以追究时由谁在什么情况之下、依照何种程序启动诉讼活动。(显而易见的是,不同的法律制度会有不同的规则,即使在苏格兰和英格兰的法律中差异也是存在的,这在两地的刑事诉讼方面尤为明显)因为,发起诉讼或追诉活动的一个关键问题是,由于这意味着使用国家强制力追究另一方,所以这种权力可能往往以不为另一方所知的方式进行，以使得追诉者尽可能方便快捷地达到目的。即使不起眼的追诉，情况也是这样；在面临私人间的诉讼时，如果有一项规则认定可以做出不利于未进行答辩或者怠于抗辩一方的判决，情况就更是如此了。

在某种意义上，对那种权力构成制衡的，恰恰是这样一个 47
事实，即该权力的行使必然是一个有选择空间的行为。追诉者/原告或者检察官如认为必要，有能力启动一个诉讼或者检察活动。但是，只能是他才能决定启动一个什么样的诉讼或者检察行为。无论原告是以何种方式遭到另一方不法行为侵犯、虐待或侮辱，他都必须提出自认为在法律上有效的事实以对抗另一方。然后，他必须能够表明那些被证实了的或可被证实的事实是合法有效的。这至少意味着，达至此目的一个途径是要指出存在 $p \supset q$ 形式的法律规则，其中有效事实 p 是他必须证明的事实。

此外，在规则适用中，正是对演绎逻辑所进行的思考才使 48
我们能够以最便捷的方式弄清楚，对于正在进行的诉讼，一个人是如何可能在大量的事实中选择出所有那些值得主张的行为和事件以佐证自己立场的。在很大程度上（而不是全部，在有关章节会提到），正是关于法律规则的知识，指导着我们从纷繁芜杂的事实和事件中做出选择的，当然这种选择无疑是高度局部性和选择性的。这种状况，必然会使那些拥有法律专业知识或者获得法律专家支持的人，有更多的机会赢得诉讼。

对于那些对这一事实深恶痛绝的人来说，[22] 问题就变成了怎样使它有所改变。至少，首先要做的是理解事情为什么是

---

〔22〕 例如，可参见 Z. Bankowski and G. Mungham, *Images of Law* (London, 1976)。

这样的;我们当下的探究,就表明了为何事情是这样的。对这种事态的唯一补救方式,是尽可能地使规范的数量少些,内容简单些,否则我们只能通过对这些规范有更多的了解来解决问题。

前面的讨论已经表明,实践中为什么必须由那些提起诉讼或者启动检察程序的人对所认为发生事实或者事件承担举证责任。正如所述,只有建立在提起诉讼的一方或者提出指控的一方对所宣称的事实及它们的法律联系进行证明的基础上,才能对不法行为进行救济或判定有罪,除非如此,整个程序将缺乏逻辑上的可信性。

49 但是当然,对于所宣称的判断进行法律上的证明应包含哪些内容,逻辑本身并不能给我们提供答案。就证明过程中提出的可能主张而言,逻辑是没有发言权的(关于这一点,本书后面还会做简短的讨论)。甚至从严格意义上讲,如果一个正式确立的法律制度认定,除非被告能够提出反证,追诉者所宣称的 p 就是证据 p,这也没有什么不合逻辑的地方。全权性国家的一个特点就是,即使没有相应的明确理论,这类证据也会被堂而皇之地采信。然而,这种法律规则之所以应受谴责,除了其不公正和专断外,它还是非理性的,因为它总是将推理建立在未经证明的妄断之上。武断地说 p 应当被信以为真,或者就被认为是真的,实际上与凭空捏造没有区别;这样一种法律制度,仅仅是用捏造的幻象把适用法律的过程装扮成符合逻辑的形式,以在表面上不受指谪。

的确,逻辑的功用不在于界定真理和谬误的概念如何。但是,如果我们在未经证明的情况下将莫须有的判断矫饰为真理,那么逻辑就不过是一块遮羞布而已。说得再宽泛一些,强调论证需要遵循逻辑的形式，无非是体现对理性的尊重，它为刑事审判活动中“举证责任”概念的存在提供了强有力的支持，不管在实践中遵循逻辑的做法是何等不完美，但对理性精神的景仰一直是自由国家公共理论的信条。

如果我们无视逻辑在规则适用中的作用，将很难说明举证责任思想的重要意义。这一点已经做过阐述，下面还将详细解释。同样，如果无视逻辑的作用，我们就不会理解法律制度中的一些问题，例如对于原告持有的主张所需要达到的证明程度为什么要在民事诉讼和刑事诉讼之间区别对待，等等。

为了尽到责任以满足法庭审理的要求，启动诉讼程序的一方（正如我们已经看到的那样）需要展示证据，以证明某个或一系列有效事实存在，他必须在判决做出之前的某一阶段，对认为发生过的与被告有关的事实提供理由。如果这个制度是公平的（并不是逻辑意义上的），那么该理由应当在程序进行中的某个阶段展示给被告。（这里要重复的是，对于理性的尊重，应当意味着被告有机会提出一些事实信息，使他能够支持自己对事件所做的解释，这种对理性的尊重将为我们提供一种公正的信念。“听证的权利”虽然有点离题，但也或多或少体现了这一要旨。）

在一个诉讼程序当中，起诉方必须提出特定的理由以支持 50
它对案件事实的主张，而他的意图是否能够实现也全赖于此。正是程序性规则决定了这种状况，总体来看，这也构成了不同法律制度之间存在的差别的一个主要方面。起诉方提出多少主张，就必须提供相应的理由，他还要根据自己的主张找到适当的规则来对抗被告的辩护，以争取法庭做出自己所期望的判决。这些规则，既是用来支持法律加于原告方的举证责任，也是在相当程度上把他所承担的举证责任具体化的表现。

发生在苏格兰的汤普逊诉格拉斯古公司案[1962 S. C. (H. L.)36],恰好体现了这种程序性规则的重要性,就程序规则对当下论题的意义而言,该案也切中要旨。本案中的原告曾经在被告的一家公共洗衣房工作。有一次,在使用“脱水”程序时,高速旋转的甩干桶把她一条胳膊卷了进去。后来那条胳膊被切除了。她起诉这家洗衣公司要求损害赔偿,她说干活时她的裙子被甩干桶的轮轴卷住了。轮轴是随着桶一起旋转的,上面原来也贴有警示标志,这个标志本来是很牢固地贴在上面的,但事发时松动了。她称警示标志没有被保持在正常起作用状态,裙子因此被扯破,手臂也被卷了进去。

诉讼过程中,法庭逐步对是什么导致她受伤这一点有了明确态度,认定她的受伤不是因为她所说的原因,而肯定是因为别的什么原因造成的。所以她的诉讼请求被驳回了,洗衣公司不承担责任。她提起了上诉,打算在上诉中修正她的诉讼主张,这样就可以对事故的发生有一个新的解释。她认为事故的发生乃是因为洗衣公司的一个雇员的疏忽,这位雇员在甩干桶高速旋转停下来之前掀开了上面的盖子,而这是非常危险的。她要求在上诉审中修改原来的主张的做法遭到法院否决,诉讼请求也再次被驳回。

这样看来,如果原告在一开始就对事故的发生做出后面那种解释的话,或许洗衣公司就已经被认定要承担责任了。但是,一旦她选定了某种方式来再现发生在自己身上的悲剧性情形,使之作为支持适用某项规则的有效事实,但又不能从头到尾地坚持那种立场,那么洗衣公司就有权利免于承担责任,即使原告对事故的发生所进行的修正解释属实,并且依照这种解释洗衣公司理应承担责任，该权利也不能被推翻。

这无疑是一个疑难案例。对那个不幸的原告来说，那一程序性规则是很不留情面的。但是，任何对适用规则的逻辑予以严肃对待的法律制度，必然会有一些这样的规则来解决诉求确定化的问题。

刑事条款中这类规则同样重要，它们更多地倾向于保障被 51
告人的利益。我们可以考察一下汉姆莱顿诉卡琳娜案（*Hambleton* v. *Callinan*，[1968]2 ALL E. R. 943），该案提出了一个如何适用《1964 年（防止滥用）药品法》第 1 条第 1 款的小问题。该款规定，如果任何人持有为本法列表中载明的物品，并且所陈述的辩解理由（这与我们的论题无关）不充分的，都将被视为违反本法。案发时，苯丙胺是在表上明确列出的一种。该案中，除了其他被控的事项外，数名被告还被控持有苯丙胺，违反法案第 1 条第 1 款。他们被捕时，从身上采集到的尿样显示当时他们身体中有苯丙胺痕迹。伯恩茅斯治安法院认为，仅就这一方面的指控来说，尚不能认定其成立。他们的判决随后还得到了上诉法院的支持。法院认为，通过尿样检验证实一个人在当时体内存有苯丙胺痕迹，并不必然意味着他就“持有”它。相应地，尽管控方能够证明前一个事实，但他们并不能继而证明这一有效事实足以认定被告违反了《1964 年（防止滥用）药品法》第 1 条第 1 款的规定。基于此，那些仅受到该项指控的被告理所应当地被认定无罪——甚至，由于那项指控，所有的被告也都被认为没有责任。

不过，正如帕克法官（C. J. Parker）在判决书中陈述的意见那样：

> 我自己不明白，为什么不能从服用苯丙胺来断定他在服用之前已经持有该药品了，因为在我看来，尿样检测中发现苯丙胺的……痕迹［原文如此］已经确定无疑地证明那个人必然持有过苯丙胺，因为，他只有先把苯丙胺拿在手里，才能放入口中，然后吞到肚子里。（同上，第 945 页）

显然，在本案中控方所坚持的历史推论解释，本是可以被认定为法案第 1 条第 1 款所需要的有效事实成立的证据的。但是在本案中这种理由却显得不合时宜，因为它不是我们提到的那种与本案相关的有效事实。另外，那些要求对所提出的主张提供理由的规则，也加重了控方的举证责任。有人可能会认为，这种程序性要求过于苛刻了，并且也过于墨守法条了。但无论是否如此，毋庸置疑的是，在刑事诉讼和民事诉讼中同样重要的是，必须有程序性规则，来界定在什么时间控方必须提出特定的理由以使指控有效，并且这些程序性规则还要规定，控方的举证必须达到什么程度才符合要求。对控方如此苛刻的要求，恰恰增大了被告人证明自己无辜的机会，即证明自己没有犯所被指控的罪行。

52 总之，本章并不认为，演绎性逻辑在所有案例中的法律论证的各个方面都必然是唯一适用的逻辑，我只是论证了，演绎性逻辑有时可以用来作为证明法律结论的方式。另外，本章还说明，这种解释还使我们理解了“举证责任”这一法律概念以及相关法律原理的重要意义。谁若试图否认严格的演绎性逻辑在法律证明中的真实而重要的作用的话，必须指出这里给出的解释中有什么缺陷，还须提出替代性的、可以同样用来解释举证责任规则以及那些通常概括为“程序法”问题的理论。

前面的论证并不是主张这种推理是法律论证问题的全部。下一章我将讨论演绎推理包含哪些前提以及有哪些局限等问题。

第三章　演绎推理——前提与局限

53

一、效力论

实践要远比理论丰富和复杂。上一章里，我们已经通过具体的案例表明，演绎性证明乃是做出法律判决的一种可能的法律论证方式。因此，现在我们必须把讨论转向“是什么使得演绎性证明成为可能”这一问题。换言之，或者用凯尔森式的论调来说，在具体案例中，当需要演绎性论证为结论提供充足理由时，这种论证赖以成立的前提有哪些？通过检讨这些前提，我们还将对演绎性论证的若干局限进行讨论，这样就提出了本书的一个主要问题：“当演绎性推理并不能为判决结论提供充足的证明时，该结论如何证成？”

先让我回到第二章论及的一个问题：在

阐明了塔波德太太需要对丹尼尔斯先生承担赔偿责任这一判决结论的逻辑之后，我又提到，为了完成对这一问题的证明，还需要另外一个前提，即“无论如何，只要诉讼的一方证立另一方应当对给他造成的损失承担法律上的赔偿责任，那么法官必须做出有利于胜诉方的判决。”这看来是显而易见的原则，“显而易见”是因为那不过是在重复关于司法所具有的功能的老生常谈。在它的后面，隐藏着一些有人视之为法律思维的基本前提的内容，例如法治原则，以及法官的工作就是当那些规则与案情相关并具有可适用性时去适用它们，等等。借助于在第二章第一部分详细讨论过的（演绎性的）逻辑上的小前提，“相关并具有可适用性”概念是可以得到清楚解释的。一项法律规范就其一般含义而言，当一系列有效事实发生时（p），随即就会产生相应的法律后果（q）。[1] 法官在审理案件的过程中，发现的事实联结起来符合 p 的要求，法律规则的相关性就成立了，法律后果 q 也就可以适用了。

所以，实际上我们都不由自主地预测或者假定，每一个法 54
官的职责，就是当发现法律规则与他手头的案例“相关并具有可适用性”时，去适用那些“法律的规则”中的一项或者全部。这种看法是从司法的功能或法官工作的性质的角度来说的。这种描述又引出了一个相对次要的假设，如果没有这一假设的话，法官的“责任”就缺乏一种确认依据，即假定对于法官而言他总是有可能辨别出所有的规则，这些规则就是“法律的规则”。为了达到这一目的，必然会有一些既定的“法治”标准要求遵守。通过两个较小的跳跃，我们已经进入法律理论的核心

---

〔1〕 见前面第45页处对这种方法的使用。

地带了。我们触及到的,是实证主义法律理论的中心原则(尽管它也是许多自然法学派人士所坚持的),亦即每一个法律制度都是由可凭借通常的承认标准加以辨识的一系列规则构成的,至少法律制度中有一部分规则是这样的。至于承认标准是由什么构成的,就看那个法律体系的法官们接受什么标准了,他们的责任,就是通过这些标准去适用辨认出的规则。哈特[2]和约瑟夫·拉兹[3]曾异口同声地提出过这样的命题,并且也得到了其他一些理论家的附和。

但是,上面所讨论的内容当中,至少有一个地方有明显的循环论证成分,即如果我们问:在现在的英格兰、苏格兰或者威尔士这些地方"法官是谁?"我们必须提到一套复杂的、哈特称之为"裁判规则"的规范体系,例如,《苏格兰最高民事法院法》或者《最高法院司法条例》等。法官之所以是法官,乃是因为法律规范授权他们成为法官,而那些使他们成为法官的规则以及其他一些规则之所以是法律,乃是因为法官们承认它们是法律。

55 这种论证是不折不扣的循环论证。法院并非像它们自己所说的那样是由法律授权的自足机构,借助于自身的能量而变得有力。它们是由一个广大的社区通过正式的或者非正式的方式建立起来的,在这个大社区内,法院作为对立性利益的仲裁者,强化着自身的正统性和权威性。法院发出的指令之所以能够得到执行,首先依赖的是接受指令者对法院权威的认同,其次,依赖的是掌握某种程度(通常是相当大的程度)的集体性强制力量的官员们对司法权威的认同,后者一般是在历史发

---

〔2〕 H. L. A. Hart, *The Concept of Law* (Oxford, 1961), esp. cc. 5 and 6.

〔3〕 J. Raz, *The Concept of a Legal System* (Oxford, 1970), ch. 8.

展过程中的较晚阶段逐步形成的。

借用一个很有吸引力的古老用语来说，赋予法院正统性和权威性的那个大社区不必然是某个整齐划一的“王国共同体”[4]。这个大社区也许并不比由那些权力集团或者强大的统治阶级掌控下的区域更大，在那些由权力集团统治的区域，统治者可以通过控制暴力和散布恐惧等方式，在他们划定的整个王国共同体内维持足够的秩序。这种情况，印证了奥斯汀和边沁学说中所讲的人类所具有的“服从的习惯”，这一习惯满足了人类组成政治社会的要求，这一点还可以用凯尔森学说中的“大体上有效的”规范体系概念来表示，这一概念被凯尔森用来指称一个良好的法律秩序。

为什么会有“法官”存在，我还想采用一种十分简洁和非正式的方式来说明，我们必须假定，一个群体总是要把解决人们之间争议的权力交给一个人或者若干人。当争议无法在人们之间自行解决或者经由他们的朋友解决时，必须有一种为社会所承认的职能[5]把争议提交某个特定的人，或来自于某个特定群体的人，或者提交给由若干人组成的特定组织来协助解决；调处纠纷这一社会性的公认职能，使得某个“法官”或者那些“法官们”有责任将争议以一种既定的方式得到解决。同时，这一社会性的公认职能也要求争议各方接受裁决并遵

---

〔4〕 这是传统的苏格兰政制中的用语。参见 G. W. Barrow, Robert Bruce (2th edn., Edinburgh, 1976), pp. 23 – 24. etc. 。

〔5〕 “为社会所承认的职能”并不意味着它是为社会中的每一个人都“承认”或者“接受”的，而意指一个社会中某些人“承认”或者“接受”了它并把它应用到他们划定的“社会”的全体成员。当群体中掌握有某种权力的人或者有影响力的人持有这种意识的时候，对于其他人是有重要意义的。参见本书附录，并对照麦考密克：“Legal Obligation and the Imperative Fallacy” in *Oxford Essays in Jurisprudence, Second Series*, ed. A. W. B. Simpson (Oxford, 1973)。

守它。

56 在解决纠纷时，法官可能更多地依赖古老传统中传承下来的平等和公道观念，而不是求助于这样那样的正式“规则”。就我所知，初民社会中的人们就是这样来处理纠纷的。但至少有一种可能是，正如他们调处纠纷的责任乃是一种社会性的公认职能那样，他们自己已经或者将要被他人认为，在处理争议和化解矛盾的活动中有义务或多或少地应用法典规则。如果事情真的是这样，那将存在一些社会性的公认的裁判标准，且只有当那些被称为“法官”的人们也认为“法典规则”由他们以命令的形式推行时，这些社会性的标准才能真正发挥作用。另外，至少要在那些边缘性案件中，法官必须对裁判标准的精确含义做出说明。

无论这样的一种分析能否阐明与原初社会法律秩序之间的关系，确定无疑的是，它表明了现代国家建立的是何等精细和制度化的司法结构，至少从“西方”国家司法模式情况来看是这样的。我们法院里的法官，其无可推卸的责任，就是在所经手的案件中适用相关和恰当的法律规则，例如议会制定的各种法律。这已经成为一项准则，对此法官们也习以为常了。这一准则也是调整法官行为的标准。至于在疑难案件中这一准则的精确含义到底是什么，也全然由法官自己去判断。但是，这一准则的存在却不仅仅依赖法官自己的意志，它之所以被认可并为人们一直遵守，也是因为它是我们这个社会绝大多数人意志的体现，至少是那些最有权威和最具影响力的群体的意志体现。就解决所有那些没有明确排除在司法权之外的争议而言，法官被视为当之无愧的权威，对此，那些人们在这个问题上认识是一致的。这种对法官权威的共同认可，确立并维系着法官的正当性和权威性,当他们依照职权发出命令时,该命令必须得到遵守,必要的时候可以强制执行。

的确,(正如我在别的著述中论及的)[6]我们拥有"正式的"和"制度化的"法院体系,我们的法律中包含着明显的"制度性的""重要的""终结性的"规则,除了其他事项,这些规则将决定: 57

1."法院"的建立:需要具备什么样的资格,由谁来任命,在什么情形之下以及通过怎样的正式程序成为"那个法院"的"法官"。

2.重要的权力和职责——以及豁免权和特权——这些权力授予那些在"法庭"上担当法官角色的人。该权力有三项关键内容:法院的决定能力——亦即,授予法官听审并裁决特定当事方之间争议的权力;这一权力的必然推论是,法官行使权力时公民有责任遵守向他们发出的司法指令,如遇抗命不遵,法官有权指令其下属采用强制方式执行之,这种做法增强了法官的权力;对法官课以"根据法律听审和做出判决"的义务,要求法官遵照既定的法律程序听审案件,并且适用恰当的"有效"法律规则。

3.终止性规则涉及在什么情况下一个先前被任命为法官的人可能或者必须辞去职务——这里涉及两种长期以来一直处于紧张关系的价值,那就是如何协调公共官僚的责任与司法独立之间的关系。

这无疑是对复杂的实际情况进行的极为简化和概括性的

---

〔6〕 MacCormick, *Law as Institutional Fact* (1973), Edinburgh University Inaugural Lecture No. 52; 以及 (1974) 90 L. Q. R. 102。

描述,但至少它还是接近事实情况的,它的价值在于用简洁的方式说明了现代国家中司法机构和立法机构之间的必要联系。任命法官的一个直接的重要后果是,他在履行司法职能时必须适用在法律上有效的规则,这显示了审判活动与立法活动的关系——因为立法活动是制定有效法律规则的最为典型的程序。正是因为正式建立的法院的核心功能是根据有效的法律规则裁判争议,所以也就必然有正式建立的立法机关,通过制度性规则建立机构并确立其成员的资格。还要根据"权威性规则"授予它们立法的权力;通过实施正式确立的程序规则,立法机构能够使规则(取决于法律制定活动的风格和形式等所有条件)生效,以使之成为"有效的法律规则"。这样,司法机构和立法机构之间的核心关系就是,后者决定前者所负义务的内容,而前者在履行那一义务时必须划定后者权能的范围。

58 之所以说"立法活动是制定有效法律规则的最为典型的程序"有两个理由。首先,立法是法律的唯一源泉,因为它所产生的,是被人们恰当地称为"用确定的语言表述的规则"的那些内容。[7] 这些规则具有特定的权威含义,正如立法机关的原意那样确定无疑;另外,正因为立法权和立法程序是有章可循的,所以在这里我们或多或少地有了一个关于有效性的精确标准,这就把有效的法律与非正当成立的法律区别开来。

有一点值得特别注意,那就是把立法活动视为制定有效法律规则的最为典型的程序的态度,乃是一种不折不扣的现代观点。即便不回到比 17 世纪更为久远的时代,也会发现詹姆

〔7〕 W. Twining and D. Miers, *How to Do Things with Rules* (London, 1976), pp. 58-59, 72, 100, 105, etc.

斯·斯戴尔爵士(James,1st Viscount Stair)在《苏格兰的法律制度》中做过的下列论断：

是的,那些法律中包含着久远习惯的民族更感方便自如,这些习惯来自他们在具体案例中不断产生的争论所达成的一个确定的、广泛接受的稳定意见。一种处理方法是否合适,只有经过一段较长时间的尝试和摸索才能发现。所以,那些在某些案件中发现可用的做法,如果在其后的其他案例中发现并不适宜,会在它成为成熟的法律之前在时间的考验中被淘汰。但是在成文法中,立法者却需要马上在便利与不便中加以平衡,这样的结果,可能使立法者经常感到力不从心……(第 1 卷第 2 篇,第 31 节。)

这种论断,依赖于一些特定的关于世界以及人的处境等问题的看法,也与人们对法的自然本性的态度存密切相关,当然,这种认识在当今已经完全不合时宜了。作为这种认识基础的演绎性法律推理的范围的概念,与我们在第二章当中简要介绍过的是截然不同的。它所使用的这一概念,总是假定一些永恒的理性原则存在,包括上帝在内的所有理性动物都受其统治,而人们在生活中应用的那些法律,亦可从这些基本理性原则中发现和推导出来。同时,沿袭已久的习惯,尤其是由那些在处理实际问题中积累了丰富经验的人们(特别是法官)逐渐发展起来的"知识化了的习惯",比之于即时性的立法活动,能够更加可靠地显示出基于基本的理性原则所能得出的合理推论是什么。(或许,20 世纪的人们看的法律汇编越多,就越是认同斯戴尔的立场。)

这种观点虽不再时髦,但绝非谬误——事实上本书的后面 59

部分还将对“基本原则”在法律推理中的地位做一考察。不过在这里，我只是想猜测一下斯戴尔对我的观点怎样看。我认为，法院的基本责任，是适用那些在技术上有效成立的规则，例如那些名正言顺颁布实施的规则，同样，对法院提出的这一要求也是一项规范。这是我的态度，从他的角度来看，恐怕会认为这大错特错了。对他来说，实现法律的正义仅仅意味着做出与正当的理性原则、特别是那些已被该国的长期习惯证明为正确地那些原则相一致的判决（这样看来，对那些无所不在的和普适性的法则根据地方的特殊性做出些许修正就有理由了）。

有趣的是，斯戴尔的大作（部分地派生于文艺复兴以及现代欧洲早期的市民法和自然法传统，这一传统的成就在格劳秀斯的著作中达到顶点）问世之后的一个世纪里，法学家们实际上已经把他的理论完全颠倒过来了。到 18 世纪中叶的时候，像苏格兰的埃尔斯金[8]和英格兰的布莱克斯通[9]，在依然坚持残缺不全的自然法论调的同时，也坦率地承认理性立法的至上性，尽管这种理性立法受到一些宽泛的限制。自然法的诸原则语焉不详，并且在很多方面没有给出说明。而立法机关必须使得法律能够清楚地应对各种情形，并且必须在自然法所不关心的那些领域中为公共利益立法。立法机关至高无上，法官行使的只是从属和派生的权力。如果法官想让习俗和先例成为法律的渊源，也只能在立法机关的默许下才可为之。

60 自然法思想的成就所能达到的就是这样一个高度，但是它

〔8〕 J. Erskine *An Institute of the Law of Scotland* (Edinburgh, 1773), I. i *passim*, esp. at I. i. 2 and I. i. 19 - 26.

〔9〕 W. Blackstone, *Commentaries on the Law of England* (16th edn., 1825), vol. i, pp. 90 - 1, 160 - 1.

与边沁的彻底实证主义,或者是约翰·奥斯汀有条件的实证主义只有一步之遥。(说他是有条件的是因为他仍坚持神法[10]概念,作为"当然正当的法",这是实证主义者和唯意志论者对自然法古老的理性观念的重述,在约翰·埃尔斯金的《原则与制度》中,这种转变的迹象已经有所显现,而且在本书中有证据表明奥斯汀读过埃尔斯金的著述并深受影响。)

这些转变不仅是哲学上的,同时也是政治学上的。那种坚信法律乃是立法之产物的观点,也必然意味着法律也是可以随时变化的,对于那些热衷于法律变革的人们来说,这是一个至关重要的推论。反过来,政治进程对法律的变革又反映了社会经济基础的变化,这样说即便不完全正确,也至少说对了一半。但是,法律理论层面上的变化,都意味着要对作为法律之渊源的前例进行重新阐述。如果所有的法律都是立法的产物,那么判例法也是立法的产物,法官就是它的立法者。边沁[11]和奥斯汀[12]在这一问题上立场鲜明,与埃尔斯金否认特定先例的拘束力[13]和布莱克斯通在这一问题上的模棱两可不同。[14]

那种转变,对先例的应用产生了独特影响。实际上,正如 61
实证主义者所评价的那样,运用先例越来越被认为是一种委任立法,这倒也名副其实。这种景况持续了一个半世纪。但是,那种语焉不详的"判决理由"观念——在每一个拘束性先例中

---

〔10〕 J. Austin, *The Province of Jurisprudence Determined* (ed. H. L. A. Hart, London, 1964), ch. 2; 或 J. Austin, *Lectures on Jurisprudence* (5th edn., R. Campbell, London, 1985), Lecture Ⅱ。

〔11〕 例如可以参见 J. Bentham, *Introduction to the Principles of Morals and Legislation* (ed. J. H. Burns and H. L. A. Hart, London, 1970), pp. 8, 20–3, 308。

〔12〕 Austin, *Lectures* XXXVII—XXXVIII.

〔13〕 Erskine, *Institute* I. i. 44–7.

〔14〕 Blackstone, *Commentaries*, *Introduction*, § Ⅱ, division Ⅰ.

发现明确、有效的法律规则的观念,也或多或少地遭受了挫折。习惯法开始隐退,完全让位于私人契约,“衡平法”也不再是一个清晰可辨的法律渊源,它发生了变化,要么成为一系列司法造法的代名词,要么干脆被当作法官所行使的特殊立法权的代称。

最具讽刺意味的是,那些伟大的法学家们,他们的著作曾经只能建立在自然法的理论之上,而该理论的所有原则都与“理性”相协调,但就是这些著作本身,在实证意义上逐渐被划归为“法律的渊源”的一种了[15]。实际情况是,只要一个命题是斯戴尔或者布莱克斯通提出的,就会被当成法律命题作为根据(如果不与成文法或者前例抵触的话)。说它不是“法律”,是因为它上阐述的是一些实质上合理的规则,并且是基于作者个人的认识提出的;说它们是“法律”,是因为它们是由那个人在那本书提出来的——那本著作于是被当成(次要的)“正式法律渊源”了。这越发像是把一种委任立法权授予了已经不在世的法学家们。

我用一些极端的例子对实证主义者和自然法学家的分歧做了一个说明,或许这种说明已经言过其实了。如果真的是这样,还真是有些危险。从当下的争论来看,人们可能会说:每一个真诚的“实证主义者”都认为,之所以有些规范被称为法律规则,是因为它们属于某个特定的法律制度,它们之所以属于那个法律制度,是因为符合该法律制度经正式程序认定为有效的标准,而这个法律制度,正是一个社会的有效秩序之所

〔15〕 关于引用斯戴尔和布莱克斯通形成法律附带意见的例子,可参见 *Drew v. Drew* (1870)9 M. 163 at p. 167,和 *R.* v. *Sandbach*[1935] 2 K. B. 192,197 页。

在。[16] 法律制度所确定的立法程序所产生的规则，应被视为“有效的规则”，因为它满足公认的辨别标准，[17] 自然法学家们一般认为，这一点是可以接受的。但是他们补充说，尽管必须符合那些条件，但那不是使规则成为生效法律规则的充分条件。某些规则要成为法律，必须满足一些更为根本的法律原则的要求，或者至少不与它们相冲突，这些更为根本的法律原则之所以是“法律”，并不依赖于任何权威来制定、“认可”或者“接受”。这就难怪人们往往采用迥然相异的方式来阐释成文法或者证明这类基本原则了。不过，我们没有必要在这些问题上过多着墨。

这样我们就可以发现，在实证主义和自然法思想之间存在 62
着一个相同的地方，即法律制度的形成是有一个共同标准的，这个标准即社会的认可，只要某些规则符合这个标准，至少可以推测出，它们作为该制度的有效规则的存在就是充分的。（为了简洁起见，今后我将称之为“效力论”）我们之所以认为演绎性证明对于法律结论的作出是充分的和决定性的方式，正是以这个共同承认的“效力论”为前提的：只要给定**如果*p*那么*q***这样一个有效的规则，并且给定 p 已发生，那么得出 q（它代表一个法律后果）的法律结论就是一个正当的结论。

---

〔16〕 例如可参见 Hart 和 Raz 的论述，见前面注〔2〕和注〔3〕中的文献。

〔17〕 在当今的自然法学家中，例如 L. L. Fuller，是决不会否认这一点的。见 *The Morality of Law*（rev. edn. 1969，New Haven and London）. St. Thomas Aquinas 也持相同的看法，至于他的当代追随者，参见 Summa Theologica，Qu. 95，Art. 1 and 2，and following sections，or Aquinas：*Selected Political Writings*（ed. A. P. D'Entreves，Oxford，1959），127—145页。

二、实证主义的一个问题

继而，我们必须面对实证主义的一个问题：如果一个实证主义者的理论只是对法律制度到底是什么做出一个描述性解释，那么他们怎么看待与“证明”有密切联系的“效力论”呢？他们认为，判决就是判决，无论一个法律制度包含的有效性标准是什么，都能够根据事实适用相关的和可被适用的有效规则做出法律结论，并且给予支持，而且认定那就是正当的判决，也就是应当做出的判决。

63 当然，这个答案中的“应当”即凯尔森所说的“描述性”的应当。[18] 他没有对法律制度的价值问题做出评价，只是作为一个中立的研究者出现，他仿佛在说：“从这个法律制度的局内人的观点来看，理应做出那样的判决”——的确，“那是一个他们认为正当的判决。”看得出来，这位理论家并不是在赞扬或者提出自己的证明以支持这样的判决。

这样的观点一点也不令人费解，非常简单明了，而且正对问题。但是这也表明，对法律制度的实证主义描述，并不能回答恰恰从法律制度的内部提出的一个特殊问题：“为什么我们应当使得判决结果与特定的法律规则相适应，而这些规则的有效性是可以用我们的标准来加以证明的？”在一个疑难案件中，对法官也可以提出相同的问题，同时，这也是一个可以不时

---

〔18〕 H. Kelsen, *The Pure Theory of Law* (tr. Max Knight, Berkeley and Los Angeles, 1967), pp. 71 – 5.

提出的问题。对于法官,更容易提出但更难回答的一个问题是:“我们应当怎样去根据对有效性标准的阐释和适用对判决结论进行证明?”

就我个人的观点而言,很难仅仅因为法律必须阐释而将这类问题不当作法律问题来对待。正如在下一章中的几个案例显示的,它们是一些在法庭上提出来的活生生的问题,必须予以回答;有些问题,并不涉及是否存在有效性与否的明确标准,而是需要法官对一些难分谁是谁非的价值争论做出评价,这些争论往往伴随其他问题出现,它们同样有待法官们做出回答。实证主义者认为,这些争论不具有法律意义,是意识形态问题(这是凯尔森的态度,[19]实际上哈特亦然[20]),因为它们都是先验的。这种论调很难让我信服。

现在,仍然用一般性的语言,我足以做出这样的判断:“从内在视角”处于制度之中的官员或(至少是一部分)公民,对“承认规则”的接受,绝非一个平淡无奇的现象,也不是一个纯然粗糙的事实。他们有充分的理由接受一个既存的法律制度,如“法官在判决中适用的是众所周知的规则,并且,这些规则是可以依据共有的和易于理解的识别标准加以辨别的规则,这样的判决具有可预见性,并且有助于增进法律的确定性”;“法官最好还是待在宪法秩序为他划定的范围内,老老实实地适用既定的法律规范,不要越俎代庖创造新的法律”;“法律的制定权应当委托给人民选出的代表行使,而不应被非民选的和不可更换的法官所篡夺”;“现存的已被接受的宪法秩序,就是公平

〔19〕 同上,349 页以下。

〔20〕 Hart, *Concept of Law*, pp. 114 - 20.

和正义的制度，相应地，法律规范的识别标准也是良好的和正义的标准，应当被遵守”，等等。

64 上面倒数第二个理由，尤其与一个或多或少具有民主色彩的制度相适应，正是从那个意义上，法律的价值与政治的价值堂而皇之地融为一体了；最后的那个理由，则公开声明制度的正义乃是基于政治判断，当然更为精确地说，这种政治判断是由许多对法律制度忠心耿耿的男人和女人的态度共同形成的，他们必然会坚定不移、不折不扣地遵奉他们的法律制度。“从内在视角”，人们对规则的接受不会是非理性的，尽管不同的人群可能会基于不同的理由接受同样的规则。但是到此为止，我们会发现，这些理由反映了人们在原则问题上的分歧，这些原则分歧与法律也是密切相关的（这一点还将在第六章详细讨论）。

对于那些效力于一个特定法律制度并言行审慎的人士而言，上述那些理由将被广为接受，并被认为是法律制度理所当然的基本原则。对于这一点，我希望我所说的是没有问题的。从那个意义上，并且可以由那个立场推论出，如果哪个人竟敢声称法律是可以非道德化的或者非政治化的，那简直是昏聩至极。（当然我还不曾知道有哪个理论家这样主张过，哈特和凯尔森更没有这样做。）

但是，我们可以从这一角度出发来考察法律论辩，即“对于法律结论，到底什么是好的论证？”这一提问方式，与两种制度类型都相关，却有着超越于分类之上的一般性视角。这一提问所涉及的基础性理由，即接受制度的有效性标准的理由，其重要性是不可忽视的。但只有在一些十分特殊的案例中，这些基础性理由才会在喜欢刨根问底的辩论和司法意见中浮出水面，也正是在这些罕见的案例中，阐明这些基础性理由对于清晰地论证判决结论才变得十分必要。我们会在适当的章节讨论这类案例。

然而，难道不是经常需要求助于那些基础性理由吗？丹尼 65
尔斯一案的判决，以及不计其数的同样的案例（被纳入汇编的还不很多）中，都是采用最朴实无华和简洁明了的演绎证明方式来使结论正当化的。不难发现，法律判决都是通过把特定的事实置于与之相关的和可适用的“有效法律规则”的统摄之下，然后推导出结论，从而最终得到证明的。裁判者援引“效力论”的某种含义并假定其当然的合理性之后，就可以把证明过程赋予一种终局性意义了。但是，从那些接受和掌握该制度的有效性标准的人来看，也可以说，判决所依据的那些基础性理由（在一些刨根问底的诉讼中，**有的时候**这些理由必须被明确宣告出来）**在通常情况下**可以心照不宣地用来为判决结论提供证明，或者干脆就认为该结论是正当的。

现在可以回到我们的出发点了。丹尼尔斯一案的论证中隐含着一个命题，即法官必须根据当事人的法律权利和义务做出判决；换言之，法官必须从有效规则中推导出事件的后果是什么，或者更为一般地，法官必须使所有的有效规则得以实施。在一个法律制度中，负责法律实施的是法官，但是，法官为什么应当尊重法律为他确定的保证规则得以实施的义务？如果我们能够找到理由的话，那就是，原初的演绎性证明只有立基于那些更为基础性的理由，才具有决定性的作用。总之，接受演绎性证明，往往是因为已经接受了某些预先假定成立的正当性理由，虽然我们前面对于演绎性证明做了解释，但这些理由本身并没有得到说明。在适当的章节中，我将检验和讨论与接受一个法律制度的有效性标准所使用的演绎性证明方式相关的诸种特性。现在,对于本节开头提出的"实证主义的问题"已经足以表明,演绎性证明是在一个涉及基础性理由的框架中进行的,但它无法对那些理由做出解释。这是演绎性证明的一个局限,但是现在它还有其他若干局限需要进一步讨论。

三、演绎性证明的局限

66 一个显而易见的事实是,并不是所有的法律规则,都能对每个具体问题给出精确的结论,即使是那些"用确定的语言表述"的规则。涉及一些极富争议或者发人深思的诉讼时,人们还可能发现,几乎所有规则都模棱两可。由于法律规范都是用语言来表述的,所以它们(正如哈特指出的那样[21])一方面在含义上具有开放性,另一方面当结合上下文考察时又显得模棱两可。

例如,在《1968 年联合王国种族关系法》中,禁止"基于肤色、种族或者民族血统"的歧视,这一规定与住房的关系尤为密切。如果有人因为另一个人只是有着黑色的皮肤或者祖先是爱尔兰人而拒绝把房屋卖给他,很显然这一行为会受到该法案的干预。但是,如果一个地方当局从申请者当中选择提供市政用房的对象时,规定只有符合《1948 年英国国籍法》中所划定的具有英国国民身份的人才能被获准列入被选名单,这又该如何评价?地方当局的行为是否构成歧视从而违反了上述法

〔21〕 同上,120—132、233、249 页。

案?(在伦敦伊灵自治市委员会诉种族关系委员会(*Ealing London Borough Council* v. *Race Relations Board*,[1972] A. C. 342)一案中,这一现实问题被提了出来。)

有两个可供选择的答案:[22]那一行为属于非法歧视,或者那一行为不属于非法歧视。这两个答案中必然有一个是正确的而另一个是错误的,二者显然不可能同时正确或是同时错误。麻烦的是,人们对于法案恰好有两种截然不同的解释。一种是,“基于民族血统”的歧视包括对一个人法定国籍的歧视;另一种是,“基于民族血统”的歧视不包括对一个人法定国籍的歧视。(对案情了解越多,越发现每一种解释都有理有据,不同的法官态度也不同,也都振振有词。)

为了简便起见,我们把既定的相关法律规则转换为“如果 p 那么 q”的形式来表示。

如果一个人基于民族血统的原因歧视他人,那么他就构成 67
了非法歧视。

在我们引用的那个案例中,所涉及的问题实际上可以被解释为下列两项中的一项,而不能两项同时适用,这两项是:

(1) 如果一个人基于民族血统的原因歧视他人(包括歧视那个人的法定国籍身份),那么他就构成了非法歧视。

或者:

(2) 如果一个人基于民族血统的原因歧视他人(不包括歧视那个人的法定国籍身份),那么他就构成了非法歧视。

如要解决当事双方的争议并借助演绎性推理方式使判决

---

〔22〕 国会已经通过《1976年种族关系法》(Race Relations Act 1976)解决了这一问题。第3条第1款规定基于“民族”的区别对待乃是非法的区别对待。

结论正当化，只能当另一个问题解决之后才能进行，那个问题即：如何解释关于歧视的那条规则，是接受上面的第(1)项还是第(2)项。

问题是，生效的规则所包含的前提性命题有些语焉不详，因为可以把它更详细地表示为两个不同且相互抵触的命题，或许，我们现在可以把这两个命题分别表示为 p' 和 p''[也就是上面的(1)和(2)两个明确表述]。对于一些案件来说，无需指明对 p 做出哪种解释才是"恰当的"，但是，当争议的焦点恰恰是不同国籍人之间的歧视时，就必须追根问底了。

这里我只是给出了一个案例，好在这个案例还是具有很明显的一般性的。所有的法律规范都可以公式化为**如果 p 那么 q** 的形式，这样它就可以在发生了一定的有效事实之后确保能有一个相应的法律后果产生。p 命题的含义到底是什么，在某些情形中可能清晰无误，但在另外一些案例中会变得模糊不清，那条规则可能被解读为**如果 p' 那么 q**，也可能被解读为**如果 p'' 那么 q**。对于所发生的事实而言，如果 p' 适用而 p'' 不适用，则只有对那条规则进行那种特定的解释，才可以正当地推论出法律后果 q，但是，如果首选的是**如果 p'' 那么 q**，就无法使结论正当化。

总之，在特定的情境中，一项规则的含义可能会变得模棱两可，只有在这种模糊性消除以后，它才确定地这样适用或者那样适用。但是，消除模糊性的过程，实际上也是一个在两个相互冲突的规则中进行选择的过程(这两个规则也就是**如果 p' 那么 q** 和**如果 p'' 那么 q**)；一旦选择完成，就可轻而易举地通过演绎性证明方式得到一个确定的判决结果。但是，对判决结论的完整证明，必然包括对那两个相互矛盾的解释是如何进行选择的这一重要环节。这样,本书第二章里分析的那种纯粹形式上的演绎性证明,几乎就不可能了。那么,如何做出一个正当的选择就成了我们所面临的问题了。我把这个问题称为"解释问题",根据已经进行的分析,这个称谓还是有着明显而充分的理由的。

演绎性证明还有没有其他的问题而它们的解决必将克服 68
演绎性证明的局限?就某些法律制度而言,人们可能要给出一个否定的结论——不过,如果用这样的结论来评价英国法的话就有失恰当了。

在一个法典化的法律制度内,看来不可避免地要将每个争议和对之所作的裁决与一部法典的某项或者几项条款相互对照,以便做出处理。如果这部法典被认为涵盖所有的法律领域,那么,除非在法典的每一条款下面都注释出某种具体含义,否则很难据以得出正当化的法律结论来。法典具有综合性的特点,正是这一事实,使得法典从语言上来看有着更高的一般性,这样就给人们应用它留下了多种解释可能和选择余地。所以,在法典化的法律制度中,很难说推理和证明必然就是"形式主义的"或机械的。如果考察一下法国《民法典》(1382—6)处理"不法行为与准不法行为"问题的一些条款,以及对法院通过司法活动来修正侵权法而对法国法带来的某些发展,我们都会发现,在解决法典的"解释问题"的幌子之下,法律政策产生了基础性的和深远的影响。[23]

相比而言,那些没有法典化的法律制度,则已无一例外地

---

〔23〕 关于这个问题的有价值的论述的话,可参见 F. H. Lawson, *Negligence in the Civil Law*(Oxford, 1950), pp. 231 f;关于 1384 条的具体案例,可参见 Touffai and Tunc, "Pour une Motivation Plus Explicite des Decisions de Justice", *Rev. trim. dr. civ.* 1974, 489—490 页。

显现出了这样的特征，即许多争议的处理和对之所做的判决，是在不需要借助任何形式的制定法（或曰“成文法”）的情况下得以完成的。对这样的法律制度而言，司法先例承担着提供“有效法律”渊源的功能，既然如此，那么演绎性证明过程中对规则的适用，就理所当然地需要频繁求助于先例这样的法律渊源了，我们前面所讨论的“解释问题”，也就应运而生了。

69 但是有的时候，所产生的难题及其对它们的判决，无法通过对生效的拘束性规则所具有的不同含义做出解释性选择来进行论证。我所关心的这个问题，不能想当然地替换为：“这里有一个无可争议的法律规则**如果 *p* 那么 *q***，不过 *p* 究竟指的是什么？”这个问题毋宁表述为：“法律在任何情况下都能将保护一方反对另一方的判决结论正当化吗？”对于这类问题，采用对既定的法律规则进行演绎推理的方式来回答，必将力所不及。

70 我们都知道多诺霍诉史蒂文森（*Donoghue* v. *Stevenson*，[1932] A. C. 562；1932 S. C.（H. L.）31）案的大致情形：原告多诺霍太太对被告提起了损害赔偿诉讼，被告是一个汽水生产商。起诉的理由是：（按照她所声称的来说）她喝了一些史蒂文森生产的用不透明瓶子装的姜汁啤酒，之后，当她把剩余的啤酒倒出来时，发现酒里有一只腐烂的蜗牛；这使她得了胃肠炎，并引起严重休克；而且她认为，姜汁啤酒里面有蜗牛这一事实，表明在生产和灌装瓶酒时制造商没有尽到合理的注意。因为被告在这一事件中有对原告尽到合理注意的义务，而且她已经由于他未尽到这项注意义务而遭受了损害，所以，她有权就自己所受到的身体伤害和遭遇的严重休克请求损害赔偿。

没有成文法曾经（或现在）规定可以对这种伤害给予民事

赔偿。她的官司从苏格兰最高民事法院一直打到上议院，当时，尽管就本案的某些方面已有大量的先例（这些例子我们将在适当的章节提到）可以提供足具说服力的意见，但在两处法院那里，都没有针对这种问题提出一揽子处理意见的拘束性先例。

正如在苏格兰法院的诉讼中已经出现的那样，这样一个案件的难题是，就原告努力让法院所作出的判决结果而言，其主张是否有相关的规则来加以调整。如果她声称的事实被一一证实，法律中有相应的规则来支持她的索赔要求吗？

即使她可以按照自己的理解回答上面的问题（事实上她正是这样做的），论证逻辑还要求，那个她赖以得到赔偿的“法律理由”不能是自以为是的和个别化的，下一章我们对这一问题会涉及到。如果存在法律上的理由支持她基于伤害提出的赔偿请求，那么当别人因同样的原因受到损害时，那个理由必须同样可以作为正当理由支持其获得同样的赔偿。

继而，我们还可以说，原告若要成功地证明她的诉讼请求，必须援引一个在某种程度上具有一般性的命题，以作为支持她所意图的那个判决结果的充足法定理由[24]；而且，如果最终的判决与她的意图正好相反，那么法官在论证自己的判决结论时也必须给出否定那个一般性命题的理由。

为了论证有利于原告的判决，人们一定会说：“因为所宣称的事实确实发生了，所以她应当得到这种救济”；但是这样的命题只能被那些赞成“只要她所宣称的那些事实确有其事，那

---

〔24〕 我在此处和别处关于“正当理由”（warrant）这一概念的用法来自 Stephen Toulmin, *The Use of Argument*（Cambridge 1958），98 页以下。

么原告就应当获得救济”的人当作一个正当的法律命题。即使这样,这个命题也是一个不折不扣地符合**如果 p 那么 q** 这一我们一直讨论着的形式的命题。

接下来要说明的是,为什么情况是这样的;上面提到的问题可能会在法律中产生,要解决这个问题,演绎性推理注定是无能为力的,甚至这也超出了“解释问题”力所能及的范围。现在我们已经找到了一个表述这个问题的一般形式的路径,我们说的已经足够多了。这个问题实际上亦即,某个特定的命题**如果 p 那么 q** ,对于任何包含当下案件事实的 p 和任何包含特定的救济请求的 q,能否在法律上被证明或者证伪。

从现在开始,我将把这一问题称为“相关性问题”,尽管这可能或多或少违背这个词在苏格兰法上的技术性含义,但出于方便的考虑还是这样用为好。

沃克教授在讨论苏格兰法中的相关性理论[25]时,对苏格兰的诉讼制度做了如下描述:

> 就其本质而言,苏格兰诉讼制度包括陈述推论或者说陈述原告旨在得到的某种特定的法律救济的一般请求,这些内容通过一份起诉状或者声明来列举出原告认为真实并必须加以证明的那些事实,这些事实将为他寻求救济提供支持和证明。在原告陈述这些事实的过程中,被告对这些事实主张的回应交叉进行;各方都可以就自己所主张的案件事实提出法律诉愿,这样法官才可以采取某种行动,例如采纳或者否定作为某方依据的法令,以及拒绝对方当事人提出的诉讼请求等。

---

〔25〕 D. M. Walker,“The Theory of Relevancy”(1951),63 *Judicial Review* 1,at p. 3.

这个诉讼制度所清楚表达的，正如沃克总结的那样，是“为了使自己的陈述中肯，抗辩方总是努力建构一个有效的法律三段论形式。”[26]借此，他想要的不仅仅是一个合乎逻辑的三段论，更是一个合法的、有效的三段论。这个三段论必须不仅在形式上是规范的，而且在诉讼请求中亦应表明其大前提应当是在法律上有效的大前提；然后，只要那些案件的事实通过小前提表达出来，那么**如果 *p* 那么 *q*** 的形式将会成为宣称其诉讼请求的一个充足的法律“理由”。 71

尽管苏格兰式诉讼制度在某些方面比现在流行于英格兰和威尔士的诉讼制度更显严格和注重形式（正是这些方面成了沃克的关注重点），早先对“效力论”的讨论仍使我们认为，它最为直观的形式必然为所有的诉讼制度所共有。无论是谁，在提出了事实 F1、F2 、F3……Fn 并据此主张他所应得的救济 R 时，都会宣称他所要求的那种救济是有根有据的，并且，他所引为依据的那个理由，必须是某种实际存在的或者可以推论出来的法律规则，这一规则将一个既定的法律后果加于一系列经过概括性陈述的具体情形之上。而且，任何这种规范都可以换言为标准的“如果 p（即如果事实 F1、F2 、F3……Fn 发生的话），那么 q（即相应的法律后果 C）”的形式。

另外，就最为一般的情况而言，只要是已经找到了必要的“法律理由”，随后进行简单的演绎推理就可以将结论正当化了，尽管如此，同样明显的是，在证明“法律理由”自身为何成立时，如果涉及提出更为进一步的假定，这样的证明过程就不一定遵循同样的演绎形式了。那同样是演绎性证明所无能为 72

---

〔26〕 同上，14 页。

力的，在这种情况下，我们必须转而求助于其他论证方式来揭示一个完整的法律证明过程，这个完整的证明过程包含着对“相关性问题”的考虑。

这样，本章说明的问题有：无论是出于何种法律观念，或者是在何种法律制度之下，只要是适用“有效规则”，解释问题总会时有发生；我们还指出了，相关性问题至少会在某些情境中显现出来。因此，我们对法律推理的深入研究，必须将注意力集中于这些出现的问题以及能够妥善解决问题的论证方式上。但是，在解决这一问题的过程中，我必须回应可能的异议，它或许会以这样的口气说：你总是假定论证法律结论所必须依据的规则是存在的，但是没有对此做出相应的证明，你所面临的解释问题和相关性问题中的任何一个，都必然包含着对一般性规则的创制，这样的观点是在枉费笔墨，或者是在用未经证明的假定来进行论辩。在解释问题中，“是**如果** ***p'*****那么** ***q*** 还是**如果** ***p''*****那么** ***q*** ?”；在相关性问题中，“有相关的法律规则可供**如果** ***p*** **那么** ***q*** 使用吗？”。在下一章里，我将通过进一步探讨这一论题来对批评做出回应。

第四章　形式正义的约束

一、正义与证明

正义(justice)与证明(justification),是两个密切相关的问题,这当然不仅仅是从语源学层面上而言的。对作出 x 行为加以证明,目的就是使这一行为成为正当的和恰应如此的。尽管在绝大多数法律场合这并不是以极为抽象的面目出现的,但是关于在特定情境下什么是应当做的,本质上却是一个极富争议的问题。法官们必须做的,是实施“法律的正义”,而不是纯粹的和抽象的正义。法律制度的规则为正义提供了具体的含义,在通常情况下——即演绎性证明方式可以游刃有余地展现自己能力的场合,通过适用相关的和具有可适用性的规则,这些正义观念的要求是能够很好地得到满足的。

我将对正义的若干特定含义和正义概念

本身做出区分,这是沿用了约翰·罗尔斯的做法。[1] 二者的区别在于,正义概念是一般的和形式上的,形式正义要求我们对同样的情形同样对待,对不同的情形则区别对待,并给予每个人他所应得的;正义的那些特定理解,则会对实质上相同或不同的情形,以及关于什么是每个人所应得的,提出一系列不同的原则或者规则。可以用《货物买卖法》作为例子来说明。法官认为,该法规定了"按照说明书的买卖",这与那些没有特定说明(说明书可用来确认商品是否符合质量要求)的商品的销售是不同的,所以应当区别对待。这可以被视为正义在商品交易领域所具有的特定含义的一个体现。

74 正义的那一概念是不是一个好的或者合理的界定,往往涉及对规范性法哲学或道德哲学的一般原则如何理解,在这些方面,人们经常发生一些重要的争论。不过,就一般情况而言,这种争论在法庭审判的场合鲜有发生,因为法官的责任是专心实施法律正义,这使争论被搁置起来。

但是,我们所提到的解释问题和相关性问题所面临的又是什么命运呢?前面已经说过,引发这些问题的那些案件,法官难以单单借助既定的规则进行演绎推理来使判决正当化,因为,判决所援引的规则的含义到底是什么仍是一个关键的待决问题。对这类问题的解决,很难说是一个轻而易举就能发现"符合法律的"正义到底是什么的过程,更不是一个可以轻易发现"合乎有效法律规则的特殊所指"的含义的问题;在这种情况下,我们的讨论通常需要超出直观的法律规则所能给予指

---

〔1〕 J. Rawls, *A theory of Justice* (Oxford,1972),ch. 1. 参见 Hart,*Concept of Law*, pp. 155-9。

导的范围。

不过，至少应当承认这样一个事实，即在这一层面上，坚持正义的形式含义本身，对于判决的证明形式而言可能是具有决定性意义的。一种老生常谈的论调是，形式正义为人们遵循先例提供了好的借口，的确如此。在摩莱里诉费彻和戈伯斯(*Morelli* v. *Fitch & Gibbons*, [1928] 2 K. B. 636; [1928] All E. R. Rep 610)一案中，当买者说："……给我来一些斯通造的姜汁酒"，销售商随即给了他一瓶姜汁酒；在丹尼尔斯夫妇诉怀特(*Daniels* v. *White*, [1938]4 All E. R. 258) 一案中，双方当事人都承认原告"……曾经要过R. 怀特产的柠檬汁"。为了判定后一个案例不是一个关于"按照说明书的买卖"，就不得不将这一案件同实质上与它相似的前一个案例区别开来。如果一个案例被当作"按照说明书的买卖"来对待，那么对其他案例也应当这样；如果一个案例不被当作"按照说明书的买卖"来对待，同样对其他案例也是这样的——这就是形式正义所关心的东西。(当然，如果前例的判决立基于某种实质上不公平的理由之上，或者因为某种其他原因是不可欲的，那么最起码还有一个极有价值的问题需要讨论，即当两方的当事人各持己见时，到底是把维持一定的实质不公正当作满足形式正义所付出的代价，还是为了保证实质正义而以丧失形式正义作为代价呢？关于这个问题，还没有唾手可得的答案。)

形式正义的要求，至少构成了遵循相关先例的一个前 75
提性理由。形式正义不但要求判决与先例一致(回顾性要求)，还在做判决时考虑到对未来类似案件的影响(前瞻性要求)。[2] 尽管后者并没有被很多人认识,但其正确性与前者相比毫不逊色。

法官在处理手头的私人纠纷时,理应慎重对待其所负的责任,最起码的责任,就是遵照与当下案件的要点相同或相近的先例裁判。至少,形式正义要求法官裁断当下案件的理由与实质上与之相同的其他案件不能有太大的出入。同样,法院在判决时,难道没有责任考虑对这一案件的判决也是为将来发生的案件确定先例吗?答案是法院有这样的责任,它必须对同样的案例同等对待,这意味着判决现在某一案件所采用的理由可能也为将来同样案件采用。这两种含义都意味着秉持形式正义的原则,而且任何赞同法官应当坚持形式正义原则的人,也都不会反对上述含义。

有一种观点认为,法官应当把坚持形式正义原则当作实现正义尤其是“法律正义”的一个最基本的要求。从我的观点来看,当然对此深信不疑。不过,我还想进一步指出的是,判决的前瞻性考虑比回顾性考虑更为优先。之所以这样说仅仅是因为,在遵循先例所代表的形式正义以及裁判当下案件所意欲坚持的实质正义之间,的确是存在冲突的。但是当一个案件没有明确的法令或者有拘束力的先例要求它必须做何判决时,则不存在这种冲突,在这种情况下,法官就尽可依照自己的理解为手头的案件和将来的类似案件找出判决理由来。今天做判决

---

〔2〕 正如我以前在“Formal Justice and the Form of Legal Arguments”, *Etudes de logique juridique*, vi (ed. Ch. Perelman, Brussels, 1976), 103-18。我的观点实际上与 K. N. Llewellyn 在他的 *Common Law Tradition* (Boston, 1960) 中讨论的“典型情形”(type situations) 是非常接近的,尤其是与该书第 426—429 页的讨论更是相近。但我对这一事件的解释与他不一样。

是没有冲突的，但是，也许在将来处理类似案件时，现在的判决理由可能变成实质上不正义的理由，或者成了不合时宜、不可欲的理由。出于这样的担心，法官不得不审慎决定如何对当下的案件做出判决。

除了坚持上述立场之外，我还注意到，在当今英国以及在 76
所有我熟悉的西方法律制度中，司法和法律职业都确信，对于前面已经做出简要勾勒的形式正义原则，应当赋予更为精确的含义。这种态度的一个明显表现是，他们提出了一些更为具体的形式正义原则，并在实际案例的辩论中予以发展。对此我也深表赞同。我们会在适当的章节里详细讨论这个问题。

因此，作为研究者，我的结论有两个，一是那些在这个法律 77
制度中效力的人们都对这样一项规则深信不疑，即对同样的案件应当同样对待。二是在他们这样做的时候，也会承受将正义当作一个纯粹形式上的价值所带来的那些局限。作为这个法律制度的参与者（以一种适当的方式），以及作为这个国家的公民，甚至是仅仅作为一个人，我也认为他们理应如此。托马斯·里德认为，这样看待形式正义，实际上是处理人类事务过程中在理性和专断之间做出的选择。[3] 他把形式正义作为人们必须遵守的一项理性原则，在处理公共和社会事务时，应当遵循理性的而不是专断的原则（在处理私人事务和私人之间的关系时，自发性和专断意志往往发挥重要影响，但是，哪些事务属于私人事务的问题却不是一个私人问题）。对于这一态度，我是甚为赞同的。对于那些反对形式正义原则的人，我只能用休谟的方式回应：我们的社会要么是一个依据理性价值组织起

〔3〕 Reid, *Essays*（前引第一章注 1）, Essay V, ch. 1 *sub. fin.*

来的,要么不是。我很是厌恶专断社会的不确定性和不安全感,在这样的社会中,各种决定都出于某人的一时兴致和奇思怪想,他做决策时根本不考虑过去和将来的情况。

所有这些都表明,我的论题是兼具描述性和规范性的,描述性是指对现实法律制度内实际上有效的规则进行描述,规范性是指我因此吁求妥当的判决制作和证明过程。关于这个问题,我已经在本书的开头部分做了坦率的说明。[4] 或许,我在论题的某个方面或者两个方面都会有所欠缺,但我希望批评者能够把观察上的错误和在规范性问题上的分歧区别开来。只有当不把两种角色相互混淆的时候,一个人才能既是解释者又是批评者。

78 到此为止所进行的理论上的讨论,都旨在回应那些对上一章阐明的"解释问题"和"相关性问题"可能存在的反对意见,并为我的立场进行辩护。另外,也可以找到实际发生的案例来帮助进行原理上的讨论。

在伦敦厄灵自治市委员会诉种族关系委员会案([1972] A. C. 342; [1972] 1 All E. R. 105)中出现的那个问题,就是一个有关"解释问题"的例子,这种问题确实会在诉讼过程中产生。在该案中,厄灵自治市委员会拒绝将蔡斯柯先生的名字列入其住房供给名单,因为他是波兰公民而不是英国国民(尽管他已在英国居住了很久);这样,委员会所奉行的行政规范是,只有"英国国民"才能被列入住房供给名单。种族关系委员会站在蔡斯柯先生一边。自治市委员会向高等法院提起了诉讼,希望法院宣告他们不是在搞非法歧视,没有违反 1968 年法案。

---

[4] 第一章(二),最后两部分 (第 13 页)。

结果他们败诉了，案件又上诉到了上议院。

正如蒂尔霍恩勋爵在发言（在这个发言中，他与上议院的大部分议员都支持种族关系委员会对法案的解释）中指出的那样，“上诉需要解决的问题是，根据《1948 年不列颠国籍法》对英国国民概念的界定所产生的歧视，以及因此造成的对外国侨民的排斥，是否属于基于‘民族血统’原因的歧视”（[1972] 1 All E. R. at 111）。

上面讨论的问题是，就法案所界定的相关含义而言，自治市委员会的行为是否构成了歧视，这是一个由于现存法律规则而产生的相当具体问题。但是，蒂尔霍恩勋爵提出的却不是这样一个具体问题：他认为需要判定的是，所有那些因为不是英国国民而造成的**私人之间**的歧视，是否构成基于“民族血统”的歧视。那不是一个特定的关于歧视法案的问题，而是在逻辑上具有普遍性的问题。

（也可以把这个问题视为“一般的”而不是“普遍的”问题， 79
或许这与通常的说法更相一致，但是，正如希尔所指出的，[5]“普遍”是指一个相对而言更为抽象的概念，对于仅仅是程度上而不是逻辑类型上的差别，最好用“一般”来表示。这样我们可以说，“所有私人之间的歧视都被禁止”是比“所有基于‘民族血统’原因的歧视都被禁止”**更为**“**一般**”的判断；但是，这两个规则对于所禁止的内容来说在逻辑上都是普遍适用的。从现在开始，我会在讨论问题的时候对二者予以区分，但是还要承认的是，在通常的用法中我会或多或少地将“抽象的”等

---

[5] R. M. Hare “Principles”, *Proc Arist. Soc.* 1972-3, p. 1 [并参照 *The Language of Morals* (Oxford, 1952) and *Freedom and Reason* (Oxford, 1963)].

同于“普遍的”，这两个词都区别于“一般的”。同样，对这两个词的反义方面也从程度上做出区分，分别用“特殊的”和“具体的”两个词来表示。)

蒂尔霍恩勋爵认为，对于任何基于法定国籍进行的歧视是否属于基于民族血统进行的歧视，有必要给出一个抽象的或者在逻辑上普遍适用的裁判规则，即使这个判决就是针对那个特定的委员会是否构成歧视的问题做出的。这佐证了我上面的观点。关键问题是，如果上议院自己认为任何其他人都不能基于同样理由判断某种情形是否构成歧视，它就不能做出那个委员会有没有进行非法歧视的判决，因为这违反形式正义。

自治市委员会宣称他们的行为不属于非法歧视，而且振振有词。种族关系委员会则一口咬定自治市委员会构成非法歧视，也提出了诸多理由。法院必须决定支持哪一方，它要么能够判别哪些理由是解释本案的妥善理由，要么不能。如果法院能这样做，那么哪怕通过含蓄的方式，它也要说明“基于‘民族血统’的歧视”到底做何解释，因为这一标准是任何这类涉及歧视问题的案件都须予以明确的。如果法院做不到，它就无法满足形式正义的前瞻性要求。所以，对于法院来说，最好还是对这样一点有着清醒地认识，即对一个特殊问题的判决结论的证明，在逻辑上要求先期解决与之相关的一般性问题，这也是蒂尔霍恩勋爵(以及他的同事们)所深信不疑的。

80 然而，这只是对法院应当在两项矛盾的规则间做出选择这样一个事实的别样表达而已(正如我前面提到的)。对于已经颁布的规则，可以做出两种更加具体的解释，它们在用词上也更为特定化一些(且两者从逻辑意义上来讲都是“普遍”的)，但是，这两者之间又是互不相容的：

“如果一个人基于民族血统的原因歧视另一个人(包括歧视他的法定国籍),那么这个人就构成非法歧视”,

和:

“如果一个人基于民族血统的原因歧视另一个人(不包括歧视他的法定国籍),那么这个人就构成非法歧视”。

这样转换表述问题的价值仅仅在于,它能清楚地表明法院只能在这两种解释规则的方式中选择其一来完成对判决结论的证明,当然,法院对所做出的选择也是要说明理由的。我们还可以将这种表述转换为更为简洁的公式形式,**如果 p' 那么 q** 和**如果 p 那么 q**,这样做的好处是:(a)简洁明了;(b)这是一种命题形式,而不是表达具体的命题内容,因而适合于表示任何涉及解释问题的案例,而不限于表示一个案例。

毋庸置疑,如果我们对上面的道理做一下适当的变更,也同样可以很好地说明判决中存在的相关性问题。前面我曾举多诺霍诉史蒂文森案的例子,现在我还以此为例来说明。埃特金勋爵(当然,他是支持多诺霍夫人的三比二判决意见中多数派中的一个)以其特有的清晰在论辩中说:

本案所要决定的问题纯乎法律上的:如果原告所言属实,那么他们在起诉状中声称的内容是否阐明了起诉的缘由?在此我无需重复一些具体事实。关键问题是,一种饮料的经销商、最后的买家或者消费者,在难以凭借一般的辨识能力发现产品的瑕疵时,该饮料的制造商是否应当向其最后的买家或消费者承担合理的注意义务,以使其瑕疵不致损人健康。([1932]A. C. 578—579 页;1932 S. C. (H. L.) 43 页)

同样,在发言的结尾部分他又回到了这个问题:

> 81 如果阁下承认原告的诉状所阐明的相关诉讼理由,将会愈加同意这样一个主张,即根据苏格兰和英格兰的法律,一个制造商试图将其产品卖给最后的买家时,知道在销售过程中可能不会再进行合理的中间检验,也知道如果不在生产和销售环节中尽到合理的注意的话就会导致对消费者人身或财产的损害,那么,他就有义务对消费者承担尽到合理注意的义务。([1932]A. C. 599 页; 1932 S. C. (H. L.) 57 页)

麦克米兰勋爵和萨克顿勋爵都异口同声地支持埃特金勋爵的意见,他们在陈述所坚持的"主张"时清晰有力,甚至使用了与埃特金勋爵相同的词藻。同样引人注目的是,作为少数派的巴克马斯特勋爵和汤姆林勋爵持反对意见,他们对多数派的主张明确表示反对。

归结为一点,就是为什么特定问题变成了普遍问题。埃特金勋爵认为,辩论从诉讼中的一个具体问题转移开,是再自然不过的了,这里的具体问题是:这个原告的主张是相关的吗?那些主张阐明诉讼的缘由了吗?——这是一个在特定的案件中针对特定的原告提出的一个特定的问题。但埃特金勋爵认为,从这样一个相当具体的情形出发,会自然而然地提出更具一般性的问题,即如何处理"一种饮料"的"制造商"同"最后的买家或者消费者"之间的关系。正如他在判决结论中直言不讳的,本案需要解决的问题,关乎所有的制造商。对此,汤姆林勋爵在其发言的开始就切中要害:

> 我认为,如果上诉人要胜诉,必须立基于这样一个前提:任何一种物品的任何一个制造商,或任何物品的维修者,对于任何后来合法地使用该物品的人都承担责任……从逻辑上说这

是不可回避的。([1932]A. C. 599 页；1932 S. C.(H. L.)57 页；着重号为引者所加)

为什么必须在逻辑上确立那一前提？原因当然是，汤姆林勋爵所关心的(正如每一位法官所应当的那样)不是那个原告事实上应否胜诉，而是从正义的角度来看她应否胜诉。这个逻辑是形式正义的逻辑：如果被告有义务向她承担责任，理由就在于她是消费者而被告是制造商，那么就可以说：任何人，只要他是一个制造商，都需要向任何消费其产品的人承担责任。通过把原告归于消费者这一抽象群体，把被告归于制造商这一群体，就可以确定用以处理将来类似案件的标准。从抽象的层面上来看，都可以判断案件之间是相似的还是不相似的，甚至是根本相同的还是不同的。案件之间是否相似，往往取决于它们能否被归于的特定种类。在确认多诺霍夫人有权要求史蒂文森先生承担责任时，法院确认她的确使用了后者制造的产品，这实际上又提出了一个一般性问题：如果是这样的话，像他那样的制造商是否应向任何使用其产品的消费者承担注意义务？显然，任何对发生于消费者和制造商之间的纠纷的判决，都必须对这个问题做出回答。

针对一个特定问题的回答所做的证明，需要首先对一个与之相关的普遍性问题做出回答——对这一回答本身，也需要进一步的证明。不过，对普遍性问题的不同回答，可能会产生两个相互矛盾的"命题"，确认一个意味着否定另一个，埃特金法官就指出了这一点。在这个过程中，需要给出一个关于适用何种规则的清晰立场。正如解释问题一样，相关性问题需要解决的就是如何在两个相互矛盾的规则之间进行选择，发现可适用

的法律命题。简言之,要么:

82 产品的制造商有责任对这些产品的消费者承担注意义务;

要么:

产品的制造商没有责任对这些产品的消费者承担注意义务。

用公式表示为:要么“如果 p 那么 q”,要么“法律没有要求‘如果 p 那么 q’”。

当然,就我的研究目的而言,多诺霍诉史蒂文森案是一个好的例子。该案事实清晰明了,那几位勋爵正是由此出发展开各自的论证的。但或许正是由于这一案例已经被他们说得这么明白了,它仅可作为支持我的抽象论题的一个较弱佐证。不过,正如在后面章节中将要看到的,还有很多例子同样是非常清晰明了的。

83 另外,我相信多诺霍诉史蒂文森案所清楚显示的问题,在任何包含着相关性问题并且要对判决结论进行谨慎证明的案例中,都是必然存在的。关于这一点,我已经给出了明确的理由。这些理由来自对形式正义原则含义的分析,在这里,我是把形式正义当作对任何证明过程而言在根本上都十分重要的原则来对待的。

如果前面的讨论不够简洁明了,那我不会感到满意。毕竟,简洁明了的论述是有着相当优点的:对于曾经使人们陷入困惑,而人们又曾以复杂的方式着手解决的那些问题,它指引着接近问题答案的方向。本书的读者将会了解到,在遵循先例过程中,关于如何界定和识别判决理由这类难题是什么样子的。当说一个先例有拘束力时,并不意味着法官在证明判决结论时说的每句话都是拘束性的,只有判决理由有拘束力。麻烦主要在于，在关于判决理由到底是什么以及如何发现判决理由问题上，法官之间往往很难达成一致。[6]

本章简明的讨论使我们认识到，由相关性问题所导致的解释问题一旦产生，如果要使所宣称的判决得到证明，就必须满足这样的条件：对可适用的规则进行“恰当的”解释以给出裁判规则，或者，给出（或否决）能够适用于当下案件和其他可能发生的相似案件的某个一般性法律“命题”。我们已经提出的证据虽然不是很多但已能够说明，有的时候，明确的规则可以为特定判决提供部分证明。

我的一个大胆想法是，只要了解了这些情况，就能使我们探查到那些令人难以捉摸的判决理由的轨迹：当法院对某一法律规范的含义做出了详尽的阐释，认为完全可以用来对某个具体的判决进行证明时，那么，我们可以理所当然地把那个阐释视为该案的判决理由。

根据形式正义的逻辑，任何正当化了的判决意见中，都应至少有一项无可置疑的裁判规则，尽管如此，令人遗憾的是事实上并非所有的判决都是由明确和详尽的阐释来支持的。更糟的是，当坐堂问案的法官不止一人时，那些最后出具判决意见的法官就可能会融汇不同的论证思路于判决结论中，所以，无论融入判决意见的诸多阐释是显而易见的还是委婉含蓄的，都很可能在整体或在部分上存在不相协调的地方。（参见 *Chaplin* v. *Boys*，[1971] A. C. 356；[1969] 2 All E. R. 1085。）

这种状况，对我的那个想法来说是个挑战，但是只有当我

---

〔6〕 关于这一问题的详尽著述，可参见 Rupert Cross, *Precedent in English Law* (2nd edn., Oxford, 1968)；还可参见 R. W. M. Dias, *A Bibliography of Jurisprudence* (2nd edn., London, 1970), pp. 33 – 8。

们坚持每个先例必然只有一个明确的判决理由这样一个教条时，这个挑战才成立。但我认为，这一教条纯属一个幻象，而且是一个不折不扣的有害幻象。这种幻象会在相反方向上促生一个谬误，即当上述教条的信徒发现有些案例并没有清晰可辨的判决理由时，会干脆认为所有案件都没有明确的理由。这一错误也是不言而喻的。

本章已经表明，我们可以找到强有力的原则理由说明，为什么法官在裁决具体案件时所应当遵照的是那些不仅适用于该案而且适用于所有其他类似案件的裁判规则，之所以说它们是类似的案件，原因也在于这些案件也遵照同样的裁判规则。

现在和后面提供的证据都会表明，法官们在论证判决结论时，在确认应当遵循什么规则问题上争议颇多；因此在某些案例中，证明一个具体判决所遇到的关键问题，是当事各方对某个一般性规则的特定含义到底是什么往往存在分歧。即使在有不止一位法官的上诉法院那里，争论也会发生，在相同的争点上赞同适用相同的规则的人，才能形成多数派。

84 多数意见一旦形成，裁判规则就会成为案件的判决理由，被后来的类似案件所沿用，这无疑是理所当然的。即便是法官对于相关的法律问题没能形成一个明确的认识，或者对这种问题的解决不知所措，他们也会十分含蓄地让这一点难以为人所知。假定厄灵案中一个法官说："法令禁止基于民族血统原因歧视原告，拒绝供给其房屋，但是本案的具体事实是，自治市委员会仅仅是基于 X 先生现在的法定国籍才实行区别对待的，与他的民族血统因素没有任何关系。因此，上诉必须驳回。"把这些话作为驳回上诉的论证理由，相当于将其视为可普遍化的理由——尽管这段话本身是纯粹以特定化的词汇来表达的。就非法歧视这一问题而言，它不可能仅仅是“具体的”，即只是这个自治市委员会考虑了申请者的国籍，而当其他市委员会或者房屋的供给者面临同样问题时不同样行事。从这一意义上讲，论辩理由所揭示的其实是一个确定无疑的和一般性的裁判规则，对于给定的特定事实来说，它可以将判决结论正当化，对于相关的制定法规则来说，它是一个更加具体的解释。

古德哈特认为，[7]通过探明哪些事实被法官认定为关键性事实，再将其与判决对照考察，可以抽象出整个案件的裁判规则，这样，所有案件的判决理由都能被发现。这一认识在某种意义上说是相当精辟的。但是，当法院未能给出明确的判决理由时，他却不承认这种办法不过是一种不得已而求其次地发现判决理由的办法了，至于他的理由是什么，尚不清楚。而且他显然是排除了一种相当明显的可能情况，即法官或者法院对于何为一般性问题以及其正确的一般性答案是什么不能给出明确说法。

所以可能的情况是，在那些尖锐的法律分歧上，有些先例 85
包含着较为确定的裁判规则，而有些先例虽然包含着同样确定的裁判规则，但是不太明显。还有一些先例，由于法官意见的分歧或者仅仅是因为语焉不详，根本看不出有什么确定的裁判规则。如果说这种先例中也存在判决理由，那不过是一种武断的虚构罢了，事实上就这类先例来说，即使最为严格的遵循先例原则，也难以迫使法官从中发现某种“解释性”主张，以使该

〔7〕 A. L. Goodhart, *Essays in Jurisprudence and the Common Law* (Cambirdge, 1931), ch. 1.

主张与先例的判决和当下案件的判决都相一致;如果法官的“解释性”主张在某种程度上也沿袭了那些先例的混乱和冲突,情况就更糟了。

还需予以关注的一种观点是,即使先例给出了明确的裁判规则,正像埃特金勋爵在多诺霍案中总结自己意见时所说的,先例原则仍然允许后来的法院有“阐释性的”自由裁量权:有拘束力的最好是一般性的命题和主张,而不是该命题所寄身的某个具体请求。据此,后来的法官可以根据案件的新情况或者条件,自由地对先例中的命题重新阐述。制度的规范留给运作者自由裁量余地,不过这给后来的制度解释者带来一个难题,这一难题有时被错误地认为不只是一个语词含义问题:多诺霍诉史蒂文森案中,认定了关于制造商对其消费者负有责任的主张;在海斯丁诉德奥(*Haseldine* v. *Daw*, [1941] 2 K. B. 343; [1941] 3 All E. R. 156)案中,认定疏于维护有缺陷的起重机的情形受多诺霍案原则的拘束,维修者有义务对那些因其坠落而受伤的人承担责任(我们注意到,汤姆林勋爵和巴克马斯特勋爵的反对意见中提到过维修者,而肯定责任存在的多数派反倒没有提到维修者的责任问题);那么,多诺霍诉史蒂文森案中的“判决理由”,是法官在多诺霍案中就已给出的明确裁判规则,还是在海斯丁案中经过重述和延伸之后才变得明确的?

86 对此我只想说,对这一问题的回答根本无助于增进我们对于真实情况的了解。它只是告诉人们如何去使用“判决理由”这个术语的精确含义罢了。实际上,人们使用这一术语时并不苛求其精确含义,因为它的含义在不同的场合难免有所变化。有时,“判决理由”是指案例的原始判决中确认的命题,有时又指在后来的案件中根据新的条件对那个原始命题重新做的诠释。

我是决不会对术语的用法做出自己的限定的，我只能说，对于法官和其他法律从业者来说，“判决理由”这一术语主要的可操作性用法，是指在那些有记载的判例中，法官在论证判决意见时对法律命题所做的明确阐述；（如果我的这一理解没错的话）那这就是关于这一术语所能找到的最少含混色彩的用法了（这一问题在后面的第八章中还有论述）。

总之，即使通过这样简单的解释也能表明，为具体案件的判决寻求具有普遍性的证明理由，能够使我们更好地理解遵循先例原则的特征，否则就会被它所迷惑。我们的基本思路是，与那种从刻板和拘束性的感觉上理解遵循先例原则的做法不同，我们更注意到，形式正义对法官构成了某种限制，它使得法院在裁判时有义务专心于为法律争议给出一般性的裁判规则，而这正是对具体判决进行正当化的关键所在。上述理论所拥有的解释力量，使得它在描述性方面也更具合理性。

二、“对事实的认定”

但是，有人可能会提出疑问，说我所关注的问题只是投合我自己假定的那些问题，没有对其他一些同样重要的问题做出解释，而对这些问题的回答也必须在法庭上通过推理给出理由。尤其是，人们可能会说，我仅仅在所提供的案例中关注关于“法律问题”的争论，完全忽视了那些同样重要甚至更为重要的依靠案件“事实”来做出判决的案例。在这一问题上确实值得驻足，但是我们最好先区别一下关于“事实”的两类裁定。

(一)证明问题

87 我们已经注意到,所有的诉讼都包含这样一个假定,即我们可以自以为是地陈述过去发生的事情,并把这种陈述当作事实。有的时候,比如在丹尼尔斯一案中,当各方对发生的事情没有争议时,这样的事实能较容易地获得。例如,丹尼尔斯先生和塔伯德太太对他们两人之间发生的事情——他在她的酒馆买了怀特产的柠檬汁——所做的解释完全相同。厄灵案也是相同的情况,人人都知道蔡斯柯先生向自治市委员会申请将自己列入住房供给名单以及遭到拒绝的原因。大致而言,能够发现过去发生的事实,显然是在法庭上“适用”法律规则的一个必要前提,因为适用规则的逻辑被下面的公式表示为:

如果 p 那么 q

因为 p

所以 q。

要么在通常情况下从原则上,要么在个别情况下从事实上,总之只有能够证明某个过去的事件 p 是否为真时,适用规则才是可能的。

法律证明的过程——即使是基于当事各方的承认,也不能保证一定能发现事实。即便一个人很诚实,他的记忆或者理解也可能失之偏颇。经验已经表明,当事人举证和质证的对抗性程序看起来是多么的令人生疑,而且,证据法上的排除规则也往往饱受那些要求对“科学的”立场给予起码尊重的观点的批评。[8] 尤其是,在那些以目击者的指认作为证据来作出有罪

〔8〕 例如可参见 L. R. C. Haward, “A Psychologist's Contribution to Legal Procedure” (1964) 27 Mod. L. R., 656; Paton, *A Text-book of Jurisprudence* (4 edn. by G. W. Paton and D. P. Derham, Oxford, 1972), pp. 603–5。

判决的案例中，也确实发生过一些令人触目惊心的冤假错案。（尽管如果我们认为已经发现了某个无可置疑的可信途径来发现过去的事实时，我们就能肯定地指出哪儿出了错；有的时候，那些对法律方法怀有最少信任的人们，看起来有着更为明显的自信。）

对过去发生的事情所做的陈述，如果要进行证明的话，必 88
然依赖于我们基于当下对事实主张所持有的看法。关于过去所发生的事件的争论，要么是当下的案情到底如何，要么是可以从这些已知的案情中能得出什么结论，或者二者兼有。这样的争论在法律活动中有明显的和无可替代的重要性。如果人们在“如果 p 那么 q”规则的存在与否上没有争论，在应当对该规则做何解释上也没有争论，他们就会对 p 是否发生进行争论。如果有人基于事前的蓄谋杀了人，他的行为就构成谋杀。即使是大多数争议颇多的谋杀案件审判，也没有对界定谋杀的规则有所怀疑，控方和被告人的分歧更多地集中于他是否杀了人以及他这样做（如果他这样做了）系是否基于预谋。

由于篇幅和时间的原因，有些更为深入细致的思考内容已经从本书中去除掉了，它们涉及证明过程、基于证据的推理过程、基于证据所得出的结论的证明，以及对决定何者构成证据、何者不被采信而排除在外的规则的证明，等等。这些内容恐怕可以单独用一本书来论述，相信这样一本书的写作既会吸收科学哲学和历史哲学的知识，又会对那些学科做出自己的贡献。

现在，我只想对主题做一些简要的评论。首先，正如前面已经提到的原因，法律制度中必然会存在某项或者若干项关于举证责任的规则。如果我们把当下的诉讼建立在相信过去曾经发生的事件之上，那就必须有人承担责任来证明事件的确发生过。

89 那么接下来,“证明”是指什么？这是第二个需要讨论的问题,同时也是一个非常基本的问题。证明需要借助对证据的使用。所谓“证据”是这样一些东西,它们能使我们:(a)确认当下所持的判断是正确的;(b)根据它们可以推断过去。如果证据符合下面的条件,就会被采信:(a)有助于得出一个推论或有助于确认一个案件事实;或者(b)没有因为不可信或者不正当而被证据规则排除。但是,我们怎样得出“推论”？

举个例子说明:一个案件目击者的证词称,一天,有人在里根广场发现了一具遭肢解的女尸,尸体装在一个袋子里,上面系着一张纸条,写着“Bladie Belgiam”。除非轻信证人的陈述,只有当我确信下面三点时,才有理由相信一个装有女尸的袋子在那一天、那个地点被发现了这一事实:(a)目击者对他记得的事情做了**诚实地**描述;(b)他**正确无误地**陈述了所记得的事情;以及(c)他的记忆力是**可靠的**。一个人在多大程度上怀疑证人的诚实、精确性和可靠性,他就可以在多大程度上怀疑其陈述的真实性。我所**知道的**全部就是证人说了他所说的那些话。

如果证人还作证说,某一天被告人在警察局被要求在一张纸上写下“Bloody Belgian”(残忍的比利时人),被告人无法拒绝,然后就在纸上写下了“Bladie Belgiam”(布莱蒂·贝尔杰姆),只有身处同一情境下,一个人才有理由相信证人的陈述是真实的。而法官或陪审团或许干脆直接根据他们自己的感觉来断定两张写有“Bladie Belgiam”的纸上的笔迹是否相同,等等。但是,至于哪张纸条是在尸体旁发现的,哪张是被告人在警察局写的,法官和陪审团的判断就只能完全依赖于鉴定文书的结论了——所有这些都提醒法官和陪审团，他们所能推论出的只不过是，那里发现了一具尸体，旁边有一张纸条，另一张纸条是被告人在警察局写的，等等这些情况。

甚至在 *R* 诉沃尔森（*R.* v. *Voisin*，[1918] 1K. B. 531）这样的案件中也会出现同样情况。该案中，有证词称被告的房间和受害人的房间都发现了人的血迹；有证词显示，被害人的头颅和两只手在被告的地窖里，被告和一个叫罗蒂的女人有被害人房间的钥匙，在他被捕时，上诉人从他的口袋里找到了地窖的 90
钥匙——尽管如此，仍有人会说，即使有完整的证人证言，所陈述的事实也可能根本就没有发生过。因为，证人们也许诚实但头脑含混，或者他们弄错了，或者他们根本就是在撒谎。即使（我们永远不可能确切地知道）他们所说的都是真的，也不能肯定地推论说路易斯莫里·沃尔森杀害了埃米利斯·基拉德。因为这可能纯属巧合，也可能是精心构筑的骇人陷阱。

但我不这么认为，很难再找到一个比这一案件中更具说服力的控方证据了。那么，为什么说这些证据是令人信服的？

答案在于，那些证词之所以看似合理是因为它是融贯的。证据所描述的案情就像咬合紧密的齿轮一样。我们从“证据”中没能发现的，是“路易斯莫里·沃尔森杀害了埃米利斯·基拉德”，但是这一点与其他所有证据似乎都没有不一致的地方，这时候如果再得出“可能是路易斯莫里·沃尔森之外的 X 杀害了埃米利斯·基拉德”的结论，倒是有些欠妥了。“可能是 X 杀害了埃米利斯·基拉德”与整个案情的逻辑应该说是不矛盾的——正如我们看到的，在逻辑上完全存在一种可能，即别人杀害了埃米利斯·基拉德。但是，在没有相反证据的情况下，是难以在逻辑上提出“合理怀疑”的。

我认为,如果要对陈述过去事件的相互矛盾的证据进行鉴别,唯一的检验方式是看证据是否具有“融贯性”。把那些实物证据以及鉴定文书放在一起,我们可以把它们连接起来,看起来像一个融贯的整体。当然,这个过程包括如何理解所直接看到和听到的证人表现、出示的证据,做这样的理解需要依赖人们秉持的某些一般性假设、信仰和理论——当然是有些不精确和不十分科学的理论。

怎样才能确信关于过去发生的事情的某个陈述为真呢?迄今我们能够找到的最好的理由是,相比于其他陈述,该陈述与我们关于人类行为因果关系和动机的那些普遍信念更融贯,并且与一系列其他具有内在融贯性的关于特定事实的命题相
91 协调,在这些事实命题中,有一些是奠定在当下的感知基础之上的。不过,这种理由并不具有最终的决定性意义。

那是我们所能找到的验证关于过去事实的判断的唯一方式,这是一个事实,但这样发现的事实并不必然是“真实的”;就真理的“符合论”和“融贯论”等理论之间所存在的古老争论来说[9],看来很难令人满意地去界定何谓与事实相对应的真实陈述,因为那些事实的存在与如何陈述是没有关系的。只有在进行某个现在时陈述的时候,我们才能通过检查是否存在这种对应来检验陈述的真伪,例如:那只猫是否正趴在垫子上。而在别的情况下,我们的验证就不那么具有决定性了,我们只能通过看故事陈述是否融贯来进行检验,当然,故事的某些部分与现在的某些事实如果相互对应,是能够直接予以确认的。

---

〔9〕 就我们现在所讨论的问题而言,参见 Nicholas Rescher, *The Coherence Theory of Truth* (Oxford,1973),特别是 pp. 1 – 24。

这样,事实上"对应"的效力就被翻转过来了:我们相信"沃尔森杀死了基拉德",并不是因为现在就有一个可以观察到的事实与这一陈述相对应,而是我们相信有一个可探究的过去的事实对应那个陈述。之所以如此认为,是因为我们有足够好的理由相信那个陈述是真的。

很难对"融贯"给出一个精确定义。但通过仔细观察沃尔 92
森案中的一个细节,至少可以找到一个合理的清晰概念。沃尔森被要求写下"Bloody belgian",他写下的是"Bladie Belgiam",而且,尸体袋上的纸条上写的也是"Bladie Belgiam",这至少看起来沃尔森与这张纸条是难逃干系的。但是为什么?因为下列命题之间存在协调性:写了尸体袋上的那张纸条的人 x,也就会写下"Bladie Belgiam";当警察要求沃尔森写"Bloody Belgian"时,他却写了"Bladie Belgiam";沃尔森和 x 有可能是同一个人,因为写下"Bladie Belgiam"的人数必然极其少;沃尔森必然是极少数有可能写尸体袋上纸条的人中的一个。将所有的证据联系起来,就构成了一个完整的"事件",这个事件的各个部分由于上述命题的存在而具有了相当的融贯性。

当出现证据相互冲突的情况时,关于过去发生的事情的陈述,可能会产生两种截然相反的融贯版本,一种版本说被告人实施了犯罪行为,另一种版本则予以否认——比如提出不在现场的证据。当这种情况发生时,关键问题就要看裁决事实的人对于所直接接触的证据的可信度持什么态度了。被告人和他的两个朋友都宣誓作证案发时他不在现场,而是在一艘游艇上;克朗则说在银行打劫的就是他。双方陈述的事件经过,都构成了一系列命题和主张,它们(a)不存在自相矛盾的地方;和(b)与一般的因果关系和动机命题相一致;亦即(c)它们都是融贯的。如果一个版本中的关键事实是由一个在法官或者陪审团看来不可信或者记忆力很糟的人来提供证据的,那将使整个事件的可信度减弱。只要有理由相信命题 q、r、s 是真实的,而命题 p 与 q、r、s 是融贯的,就有理由相信 p。

93 最后,诉讼中的主询问和交叉询问程序的全部意义在于,迫使证人在申明立场时不得不努力使主张之间相互融贯,然后,通过交叉询问,陈述的内在一致性和证人的可靠性又受到检验。融贯性观念在这一法律证明的过程中所表现出的核心角色,是其他任何方式都不能比的。

限于篇幅,这方面的阐释不能再深入展开了;诚然,只要诉讼的重点放在了事实而不是法律争议上,就不会产生解释问题和相关性问题——因此,证明性规则的普遍化问题与这类诉讼就没有什么关系。证明问题旨在确立小前提,它通常是具体的命题,不涉及具有普遍性意义的大前提问题。但是,确定无疑的是,如果法律论辩的逻辑结构不是一般性的——正如第二章到第四章所描述的那样,那么,在各种事实主张中进行选择以查明案情的过程就没有什么理性可言,而且裁判者也将无法在事实陈述间进行选择,除非有法律规则来决定事实证据的效力并以此来论证一个可欲的法律结论。

(二)"二级事实"问题

有的情况下,即使对有争议的事实做出认定消除证据冲突之后,以及在当事各方消除了对事实的争议之后,关于"事实"的问题仍可能存在。

例如,在麦克伦南先生诉麦克伦南夫人(*Maclennan* v. *Macelennan*,1958 S. C. 105)一案中,麦克伦南先生向最高民事法庭提起诉讼,要求与妻子离婚,理由是她与人通奸,尤其是,他们最近会面是在一年前,而在这之后她生了一个小孩。在他妻子的陈词中,她承认这些事实,但说孩子是通过人工授精怀上的,精子来自志愿捐献者,并没有不贞洁的性行为发生。丈夫请求在法律上认定她的辩解不成立,并判决离婚。

魏特利勋爵面对的问题是,如果他妻子的辩解被证实,她的行为就不构成通奸。从一个角度来看,这可以作为我所谓的"解释问题"的简洁例子。"通奸"在苏格兰离婚法中到底指的是什么?但是从另一个角度来看,人们可能会说,这里的关键问题不是通过解释法律认定事实的问题。如果那个女人通过人工授精怀孕了,是否构成通奸?如果特定的"基本事实"已经被证实,或者如果能被证实的话,那么这些基本事实能被认为是所需的"二级事实"——通奸——以使得离婚的理由得以成立的情形吗?

当然,那是观察一个既定的法律问题的惯常方式。其规则是,如果特定的事件发生了,就附随着一个特定的法律后果——如果 p 那么 q。在 r、s 和 t 等情形中,假定所陈述的事实可被证实,但这些事实命题能够足以被认定为是 p 成立,并且使得规则适用于它的情形吗? 94

那么,这个问题是不是以前一直被人们忽视了呢?尽管这一问题很重要,但我们仍可以说,它确实是一个被忽视的问题。

当我们考察魏特利勋爵在麦克伦南一案中的判决意见时,我们会发现,这是就一个有争议的法律问题所能做出的明确判决的典型例子。在考量了对通奸的法律概念的一些权威界定之后,他接着说:

就我看来,相应地我们要得出的结论是,用一个志愿捐赠者的精子进行人工授精,并不构成我们法律上的通奸……毋庸置疑的是,这一行为构成了对婚姻的冒犯,对于不知情的丈夫而言是一种极大的伤害。但是,法律确定了允许离婚的若干理由,其中之一就是通奸……尚未有足够的根据将这种情形加入到现有的离婚理由当中,我们也难以在逻辑上或者生理学上确认该情形属于任何一种准许离婚的理由,因此也无法对原告提出一个相应的救济。(1958 S. C. 114 页)

事实上,如果你提出问题"r、s、t 可否被视为 p 的情形?"或者"'如果 p 那么 q'可不可以解释为'如果 p' 那么 q'或者'如果 p'' 那么 q'",那么形式正义的约束在这两个问题中的体现是同样严格的。**本案被告**认为,通过志愿人工授精生出小孩不能被视为通奸,法官若是认可这一态度的话,只能也一般地认为任何实施人工授精的行为都不能被视为通奸。

从纯粹逻辑的观点来看,两种提出问题的方式其实没有差别:

(1) 通奸可以作为离婚理由的规则,可不可以被解释为"通奸(包括通过人工授精怀孕)可以作为离婚的一个理由"?

(2) 为了适用通奸可以作为离婚理由这一规则,首先要解决的问题是,妇女通过人工授精怀孕是否属于"通奸"行为?

因此,这里打算将这种第二类的问题——是否对业已证实的基本事实再行分类,看它们是否构成"二级事实"的问题——视为我们已经讨论过的解释问题。"二级事实"将构成适用规则所需要的"有效事实"。

95 但是,"分类问题"(权且这样称谓)与解释问题尽管紧密相关,还是有所不同的,我们能够找到将二者区别开来的法律原因。所以，我们打算将问题"r、s、t 可否被视为 p 的情形，以能够适用'如果 p 那么 q'规则？"视为分类问题的标准形式，并使之区别于解释问题的标准形式，尽管二者在逻辑上实际上是一样的。

这样做的法律原因是，在大量的法律活动中也通常需要区分到底是分类问题还是解释问题。例如，如果从一个法院上诉到另一个法院，而上诉的范围又局限于法律问题，法院就可能说："分类问题"（正如所界定的那样）乃事实问题而非法律问题，因此是不可上诉的。正如许多其他的考虑一样，之所以做出这样的限定，可能仅仅是出于别让高等法院被蜂拥而至的上诉案件淹没的考虑，或者是防止下级法院的裁判规则侵占法律争议裁判者的地位。法国最高法院为了维护自己在司法职能上的至高地位所采取的措施，就是值得关注的例子。[10] 该法院的职能是防止下级法院的判决违背它自己的判决，这样的话，它对于纠正对事实认定结论就不怎么关心了。

大体而言，当上诉法院认为面对的是关于"解释问题"的判决时，它会坦然地视之为自己所拥有的纠正任何错误行为的权限范围之内的行为而做出裁决。但如果上诉法院将其视为"分类"问题，通常是不会介入的。另一方面，正因为在分类问题和解释问题之间并不存在任何真正意义上的逻辑区别，法院可能会把分类问题当作解释问题来对待以维持它的权威，并且这也可以作为法院在某些相关问题上行使发言权的机会。

同样，在其他将上诉范围限于法律审的制度中，法院也是 96

〔10〕 参见 O. Kahn-Freund, C. Levy, and B. Rudden, *A Source-Book on French Law* (Oxford, 1973), pp. 81－2, 256－7, 437－40。

有相当的“回旋余地”的。[11]

另外,基于遵循先例原则,法官可以将一些案件按照“分类”方法加以甄别,认定当下的案件“在事实上”区别于前例,这样就可以排除有拘束力的先例。在夸克斯特(伍尔福汉普顿)有限公司诉海恩斯案(*Qualcast* (*Wolverhampton*) *Ltd.* v. *Haynes*, [1959] A. C. 743; [1959] 2 All E. R. 38) 中,法官所关注的问题是,雇主对雇员是否应当通过提供适当的防护性服装以及安全的工作环境来承担对其人身安全的合理注意义务。上议院判定,这是一个“事实问题”[12],正如丹宁勋爵所说的:

在这一案件中,合理的注意义务要求雇主做什么呢?这不是一个法律问题,而是一个事实问题。为了解决这一问题,事实审法庭……可以在判决时参考所有基于良好判断力而得出的与具体情境相符的处理意见,但需要注意的是,切勿把本案视为一个法律命题来处理……([1959]A. C. 759 页)

在本案中,郡法院法官已经找到若干先例,来确定在类似事件中合理注意的所指,以对面前的案件做出处理。丹宁勋爵说:“我们可以很清楚地发现……他是如何犯错误的。别人给他提供了许多案例,在这些案例中高等法院的法官们列出了得出事实结论的诸多理由。他认为那些理由是如此得明白无误,以至于可以把它们作为法律的观点来看待;然而,事实上这些理由都不是立基于良好的判断力之上的。”([1959]A. C. 762 页)

---

〔11〕 关于这类上诉的规定在英国行政法中随处可见。可对照 J. F. Garner, *Administrative Law* (3rd edn., London, 1970), pp. 163-4,以及其中引用的案例。

〔12〕 当然,衡量行为是否“合理的”行为,不是要进行事实上的调查;之所以说这个问题是“事实”问题,是因为在陪审团法庭上这类问题需要留给陪审员们根据他们对合理概念的感觉做出判断,而不是由已有的规则来判断行为合理与否。

丹宁勋爵给出了两个理由来说明为什么这类问题不能被视为纯属“法律上的裁判规则”：理由之一是，如果它们是，那么法律将会“在我们自己庞杂的案例汇编重压下分崩离析”；另一个理由是，“关于‘合适的工作环境’到底指什么，是需要证据来证明的，而不是靠法律条文就能够说明的问题。它是要随着工作条件的变化而变化的：随着人们变得越来越开明，其标准也会不断地提高。它不像法律那样有时顽固不化。”

总之，我们有诸多理由认为，关于具体行为，何为“合理 97
的”——或者再附加上诸如何为“公平的”“适当的”“恣意的”等评价，不应成为先例规则中有拘束力的部分。从这一意义上讲，评价性判决对“合理”“公平”等标准的适用，在法律的范围内只宜被视为对案例“特定事实”的处理方式。但是，什么是实现遵循先例原则的最佳策略，与证明的基本逻辑是没有关系的。谁能够在本案中决定何谓“合理注意”，谁必然会在情形相同的案例中在同样意义上应用这一概念。普遍化要求是内在于裁判者的，他在这一案件中对判决这样证明，在别的案件中亦将如此。[13]

另外，正是因为一种可被理解的——事实上也是极为细致的法律上的区别，而不是因为任何重要的逻辑区别（丹宁法官实际上承认这一点），使得“分类”问题与“解释”问题在旨趣上也存在若干差异。

我们已经充分说明了，无论二者的区别在实践中多么明显和重要，都与我们一直强调的论证所具有的一般性不相冲突。

---

〔13〕 这并不意味着我认为衡量合理性与否的诸种标准不能随着时间的变化而变化。

三、最后的挑战:衡平法

要结束本章的讨论,还必须对另一个针对形式正义的可能挑战做出评论和回应。本章可能面临的一个批评是,没有对采用衡平法解决问题的可能性做出说明,而是更多关注严格司法问题。有时人们认为,衡平法是一种根据案件的特殊性而不是一般的法律规则或原则来解决问题的方式。在我看来,这样的界定没有任何意义。对我来说,无论如何也不能理解的是,如果处理某个单个案件的理由是个很好的理由,它为什么就不能成为在处理类似案件的一般性理由呢?也就是说,任何个案的"特点",实际上也是与之同类的案件中的每一个都有的"特点"。

98 毋庸置疑,一个生效的实定法体系是具有相当的一般性的,但是,在将一般性规则适用到具体案件时,可能会显得很不公正。之所以不公正,是因为规则所适用的情形列举得不甚精细全面。在此情况下,当然有充足的理由不再按部就班地适用规则,法官可以做出一个特别的判决。例如,一项准许以遗弃满三年作为离婚理由的法令,可能会进一步详细规定只有符合下面的条件时,才能构成所谓的"遗弃行为持续三年":最初被遗弃的配偶一方,在三年里仍一直愿意与遗弃方维续婚姻,如果对方愿意或者提出与自己恢复同居状态的话。但是,在某些情形中,遗弃方的行为在遗弃发生后是如此过分,以至于如果还要期待被遗弃方愿意与之恢复同居,即使是遗弃方同意与之恢复同居,都将是十分不近情理的事情。在这样的情况下,适用上述规则还能否令人信服?[14] 看来,对这一问题的回答只能是否定的。如果要求一个请求离婚的人符合法律所规定的那些苛刻条件,显然有失公平。但是请注意:在这个案例中,如果说这些特殊情形已经不再适用严格的成文法规范了,因而可以做出一个特殊的判决,也就必然等于说,在所有那些遗弃方的所作所为十分恶劣的案例中,都可以堂而皇之地做出相同的判决。那种认为在某些案例中严格适用现行的实定法规则将会违背案件特殊性的态度,并不能使我们得出结论说,根据一些神秘的衡平法概念做出判决就能使个案的特殊性得以保全了。我要说的是,与形式正义的普遍性相比较,衡平法的特殊性是语焉不详的。二者的比较也正如制定法与衡平法,只有在适用制定法的形式性规则可能造成不公正时,做出特殊的判决才是正当之举,这个时候,才有理由对业已宣告和正式颁行的成文法暂时置之不理。

因此,这里所讨论的问题是明显和直截了当的。形式正义 99
概念要求对个案判决的证明必须立基于普遍性的命题,法官应对此奉行不悖,用该普遍性命题作为决定其他类似情形的根据,并把与当下案件相同的处理方式应用于类似案件。

---

〔14〕 这在苏格兰法中曾是一个实际问题;参见 *Borland* v. *Borland*, 1947 S. C. 432; 但是,法官们拒绝放宽“维续意愿”的条件,他们把这个烂摊子留给议会去收拾。参见《1964年(苏格兰)离婚法》。

第五章　二阶证明

100 让我们首先对讨论过的要点做个回顾：

有的情况下，我们可以借助演绎推理来对判决进行证明，推理的前提必须是存在有效的法律规则和“已经证实的”的事实。只有承认关于法律制度本质的某些假定，并且执法官员恪守职责时，演绎推理才发挥决定性的作用。但是，即使我们用尽所有的规则，恐怕也难以满足做判决的所有要求——因为规则通常是模糊的，或者那些试图根据规则对相关事实做出严格区分的努力总是招致争议，甚至也因为，连对于某些诉讼主张和判决在根本上有没有法律依据这一问题，人们都难以达成一致。所以我们发现，关于法律证明的真正引人注目的问题是：从上述意义上说，如果我们真的“用尽了规则”仍不能解决问题，应如何行事？

迄今为止，我们的讨论仅仅涉及一个形

式方面的问题：任何为判决寻求正当理由的努力，都必须先确定一个“裁判规则”，（从严格的逻辑意义上看）这个“裁判规则”是“普遍的”或者是“抽象的”，即使当事方自己的争论及其事实是不可化约的个别的和特殊的，也必须将规则明令于各方，以维护秩序，定分止争。基于形式正义观念，人们会说判决理应如此。也有人会将司法的一贯性当作形式正义的价值，并作为如下预测的根据：（1）他们将用这些理由使判决正当化；（2）他们将按部就班地（有根有据地）预见到，律师和法官会用这种“原则化的”辞藻展开论辩。足够多的案例说明，这种预期通常是不会落空的。

但是，我们对问题的形式方面所做的说明，只是讨论中的 101
一步。我们是如何通过对特殊的和具体的判决进行证明来完成对一般性裁判规则的证明的呢？如果到头来这个裁判规则不过是专断意志的产物，那么司法证明中的“正当理由”观念将变得不堪一击，任何指导这一证明过程的所谓理性概念，也都会变得荒唐愚蠢，不足为信。不过，事实上这个证明过程并非独断专行的结果。

延续前面章节的讨论模式，下面我简明扼要地提出若干一般性的论点，这些论点将：（a）告诉我们为什么论辩会按照特定的路线展开，以及（b）表明人们或许会把这些程序或理由当作制度中的规范性内容。然后，我将引用一些案例进行说明，这样至少会使这些一般性论点看起来清晰明了。而且，还需强调的是，这些例子会使那些一般性论点的（b）方面更加坚实可信。

我将把下面考察中涉及的论证类型称为“二阶证明”，我将努力使所做的说明清晰无误。

一、二阶证明

对某个具体判决结论进行证明的过程,如果要宣告一些有关的“普遍的”裁判规则,那么从逻辑上来说,二阶证明所要解决的问题是如何在若干这样的裁判规则之间做选择。多诺霍案的规则是在否定了对立意见后确立的;厄灵案的裁判规则所要解决的问题是“民族血统”是否包括“国籍”这一含义;麦克伦南案的规则解决的问题则是志愿人工授精能否被视为通奸。可见,各种各样的“难题”案例的一个共同特征,是它们都面临对立的意见——是认定这项规则还是那项规则,对某一规则是做出这种解释还是那种解释,将 F1、F2、F3 都认定为 p 的具体情形还是只认定其中之一,都是不无可能的。

因此,二阶证明必然意味着对做选择所依据的理由进行论证,即论证如何在对立的裁判可能之间做出选择。而且,这些选择只能在一个有效的法律制度所许可的范围内做出,不能超越它;特定的法律制度内容对证明过程施加了明显的限制。

102 借助于波普的科学证明理论来推进我们的分析,将是十分有益的:[1] 对于卡尔·波普来说,科学发现中的逻辑因素就是指的逻辑检测。科学家对某一特定现象做出解释,会与可能存在的对相同现象的其他解释形成对立。逻辑检测的过程,就是对对立解释各自的那些假设进行检验的过程;科学家从两个对立的前提中得出的结论,经过检验会发现至少其中一个结论的

---

〔1〕 参见 Popper, Medawar 及 Lessonoff 的著作,见第一章注〔16〕中的文献。

前提是假的。通过这一过程，没有任何理论能够一直经得住检验而成为永恒的真理；但是，如果一种理论通过检验得到确证，而另一种理论却被证伪，我们就有理由更相信前者而不是后者。

因而，检验过程中的一个考量因素是，现实中到底发生了什么：经验证据是什么？但是还有另一个相关因素，即如何使用假设。因为，对于证据的解释必然关系到怎样使用假设，而假设本身属于科学的范畴。[2] 一个十分浅显的例子是，为了验证厨房中的盐会溶解于水这一假设，我放一些盐在玻璃试管里，加上水后摇晃。盐溶解了，但只有在我认为用试管作为容器来装水不影响测试结果的情况下，我才会把它当作证实假设的有力证据。不过，我又怎么知道，玻璃器皿里没有混进某种液体，而正是这种液体使盐溶解的呢？从技术上说，检验通常意味着对"附属假设"的信赖，这种假设在一个特定的试验中被认为是理所当然的东西。但是，它们本身也可以成为直接的验证对象——当然，在验证过程中，它们自身也会包含一些附属假设。

所以，在任何时候对科学假想的验证，都不可能是在真空中进行的。通常是并且必然是在一个理论框架中对它们进行验证的，科学假想与这一理论框架是混为一体的，而且，只有把它们从整体上来理解才有意义。不仅如此，我们还认为，科学"发现"——在智慧闪现的瞬间，诞生一个全新的理论假设——只是发生在特定的科学知识范围之内的事情。当然，牛

[2] 参见 Lessnoff，见前面引用的文献，第 18—19 页。

103 顿和爱因斯坦影响深远的革命性发现可能是个例外。[2*]然而，为什么在克里克(Crick)和沃森(Watson)之前别人都没有发现DNA分子的外形是双螺旋状的呢？要是找理由的话，我只能说，那时我甚至都不知道世上还有DNA是什么形状的这种怪问题，更不用说在相关的知识领域内那还是一个重要问题什么的。在某种意义上，是知识中的“未知领域”指导着人们探究和解释的方向。即使你知道将要探究什么，在此之前你也必须先知道很多别的东西——你现在的知识，也会在相应程度上在各个方向上“引导”你弄清到底什么才是值得进一步思考和尝试的。**就那一程度而言**，即使是最激动人心和光彩照人的创造性发现，都必须从已有的知识领域获得启示，然后沿着既定的理论知识确定的路线有所进步。

法律制度与此不同，它在一些重要的方面甚至根本不同于自然科学。但是从论证逻辑来看，两者还是有下面两点联系的：法律判决和科学假设一样，都是用以处理“现实世界”中的问题的，而且，它们在解决问题时都不能在真空中而只能在由“知识”所构成的整体情境中进行——既如此，我们这里的“知识”指的就是全部的规范性法律制度，而不仅仅是那种描述性的和解释性的理论。

大致来说，法律判决必须对现实有意义，并且在法律制度的文本内容中有意义。我们举出的疑难案例中的所有判决，无一例外地立基于整个法律制度中有据可查的裁判规则之上。科学论证需要对对立的假设进行检验，被证伪的假设会遭抛

〔2*〕 可对照 T. S. Kuhn, *The Structure of Scientific Revolutions* (2nd ed. Chicago and London,1970)。

在我看来，Kuhn 的论题相对于波普的思想来说没有什么创见。

弃，与此相同，法律活动中的二阶证明也必须对相互对立的规则进行检验，排除掉那些不能通过检验的规则——这些检验关注的问题是，遵从何种法律规则在现实中更有意义，以及适用何种规则在法律制度体系内是有据可查的。

当然，我们并不是在任何描述性意义上使用"有意义"一词的。说法律规则是对现实世界的精确描述，或者对自然发生的事件进行的预测，都未切中要旨。法律规则既不是对现实所做的描述，也不是对未来情况的预测。

法律规则是规范性的——它们并不是要陈述事实，而是要设定行为的模式；并不是要探究既定条件下的行动后果，而是要制定关于给定条件下会产生何种后果的规则；并不是提供一个本属于现实世界的模式，而是要为现实世界提供一个模式。 104

继而，在两个相互抵触的规则之间做选择，也意味着在两种被认为是相互对立的社会行为模式之间做选择。对于一种消费品的生产者来说，法律要么责令他应在生产和包装产品时尽到合理注意义务，并在违背这项义务而对任何人造成损害时承担赔偿责任，要么做出相反的规定，不要求生产者承担该项义务，也不对任何人承担可能的损害赔偿责任。如果对这种区分认真对待，视之为在一个现实的社会中所做的现实选择的话，我们必须追问，区别到底是什么？答案是，在具体的社会情境中，适用这项还是那项规则获致的后果会大为不同，正是这种后果的差异决定了区别的内容。

在多诺霍诉史蒂文森案的发言中，麦克米兰勋爵提出了这个问题：

设想，一个粗心的面包师误将大量的砒霜掺杂进一炉面包里,致使那些吃了面包的人中毒,听审时,他能说对消费者不承担责任吗? 或者,他能说因为根本不知道面包里混进了毒物,自己唯一需要为之承担的责任的行为,不过是违反了对那些从他那里购买面包的人的契约保证吗?([1932] A. C. ,620 页;1932 S. C. (H. L.) 71 页)

但是,姜汁酒瓶子里出现蜗牛的危害要比砒霜小得多了,什么原因使得那个问题在本案也成了一个相关的或者重大的问题? 使它变得相关的恰好是,上议院的法官们必须对两个相互冲突但都有采用可能的规则进行检验,在这两个规则中,一个认定制造商承担责任,另一个则基于过失与合同要求没有关联认定制造商没有责任。

105 面包师因疏忽大意导致众多消费者中毒,要是他不承担任何责任的话,意味着同样情况下对消费者造成损害的那些人都可以不承担责任,而这将是令人"难以接受的"。[3] 承认这一点的话,那么如果那个面包师真的那样做了,就成了拒绝采纳那种免责规则的可靠理由。被告的辩护律师所主张适用的规则——消费品的生产者在生产过程当中对于最终的消费者不承担注意义务,也就不会被采纳。

我们来对下面三个相关的要点进行一下考察:

(1)虽然在某种程度上给人以是在严格适用规则的感觉,这仍是一个后果主义的论辩模式。至少,这种论辩方式要对各种裁判可能进行仔细辨别,通过考量各种裁判规则可能引发的情势来决定做出哪一种判决。从这一意义上来看,后果主义论

---

[3] J. Esser 在 *Vorverstandnis und Methodenwahl in der Rechtsfindung* (Frankfurt,1970) 和 Perelman 的 *Logique juridique* § § 43 - 4,也使用是否"可接受"标准来讨论问题。

辩模式所关注的，是不同判决方式带来的后果如何。

(2)后果主义模式本质上是“评价性的”，因为它关心的是后果的可接受性和不可接受性如何。但是，没有理由认为它只是在借助单一的指标进行评价。边沁主义者就坚持单一的评价标准，他们据以判断的指标，就是可测量到的快乐和痛苦总量是多少。法官们则通常借助诸如“正义”、“常识”、“公共政策”以及“便利”或“权宜”等标准来权衡案件，以确认或否定特定的裁判规范。[4] 除非有证据，不应认为这些裁判标准归根结底指的是一回事。因此，不能把后果主义论辩称作一种“功利主义”的论辩方式，尽管它与另外一个有时称为“理想的规则功利主义”[5]的论辩有明显的相似之处。

(3)至少从部分上说，后果主义论辩模式是主观性的。法官们需要在对立的可能裁判方式所造成的后果之间进行权衡，这就需要对不同的评价指标确定不同的权重，采纳或拒绝一项规则将会导致何种程度的不公正感，或者带来多大的效用，都可能作为考量因素。当然，司空见惯的是，法官们之间也常常产生分歧，在有的场合，当对裁判规则进行审查以决定是接受还是否决来做出最后判决时，争论得还相当激烈，甚至情绪激昂。关于这一点，价值偏好常常在其中起作用，偏好告诉我们要使用推理，但是它自己却从不需要推理来证明。在这一层面上，出于善意和出于理性的判决意见之间的差别，并不具有绝

[4] 可参见 Lord Reid, “The Judge as Law Maker” (1972), 12 J. S. P. T. L. (N. S.), 22。

[5] 但是此处的用法颇为含混。参见 Lyons, *Forms and Limits of Utilitarianism* (Oxford, 1965), 173 页关于“理想功利主义”的论述。Lyons 所谓的“理想的规则功利主义”又有所不同。我想最好还是在这里的讨论中避开使用“功利主义”这个词汇。

对的意义。

106 将上述三点综合起来,可以说二阶证明事关"在制度中究竟什么是有意义的?"这样一个问题,原因就在于它所进行的**后果主义**论辩实际上是**评价性**的,而且在一定程度上也是**主观性**的。这是二阶证明的第一要素。第二个要素正如前面提到的,关注"在制度范围内有什么根据?"这一问题。对此,我们做一个初步的解释即可。

我的解释是,法律制度乃是作为一个一致和融贯的规则整体存在的,人人守法能保证那些既定的重要目标以明晰可见的方式得以实现。

我是在严格意义上使用规则的"一致"体这一概念的:无论一个给定的规则是多么的符合后果论考虑,只要它与一些生效的和具有拘束力的制度规则相抵触的话,就不能被采纳。当然,对于表面上与当下案件看似抵触的前例,是可以通过"阐释"和"区分"来避免冲突的,对貌似相互抵触的成文法规则,也可以通过解释尽可能地回避冲突。但是,如果这种谋求和谐的努力失败了,对于那些与既定的有效规则之间存在无法调和的冲突但同样有道理的规则,根据一致性要求,也需要予以排除。

"融贯性"的含义则比较宽泛。人们可以想象,在一系列任意规则之间没有任何相互抵触的内容,不过,这些被集合起来的规则也未必体现某种明晰可见的价值和政策取向。举一个简单的例子:一项规则规定所有黄颜色的机动车必须遵守最高时速 20 英里的限制,另一项规则规定所有的红色、绿色或者蓝色的机动车必须遵守最低时速 25 英里和最高时速 70 英里的限制,这两条规则并不冲突,或者说在逻辑上没有冲突。从表面来看,也看不出两种规定的不同是出于什么原则性考虑。如果目的是保证交通安全,对黄色汽车的时速限制是为了体现这一目标,那么对红色、蓝色或绿色汽车分别确定不同的时速限制,就很令人费解。因为,对实际上都不影响交通安全的两种情形予以区别对待,实在看不出有什么理性原则可以做出解释或使之正当化。

“效力论”认为,法律是由一套应对各种事态的有效规则 107
构成的,至少,法律中要包括这样一些有效规则。这些规则必须满足一致性条件,至少,如果出现了不一致的情形,应当有一些适当的程序来消除。但是,如果“秩序”也意味着可理解的和相互协调的组织状况这项价值的话,作为确立社会秩序的一种方式,有的制度内部的规则虽然相互一致,但在整体上未必是协调的。从这一意义上说,无论规则的内容是什么,或者规则被人们理解为什么,或者无论更多的一般性原则所涵盖的具体情形如何复杂,制度都需要某种程度的融贯。当相关性问题、解释问题或者分类问题随着制度的运行接踵而来时,那些以前未曾使用过的裁判规则,只有在同既存的一般性法律原则体系不相矛盾的情况下,才能不失其与整个制度的融贯性。

那么,为什么融贯性是进行法律论证的一个要求呢?理由之一是,司法活动是要受到限制的:法官们需要遵从法律来实现正义,而无权对他们自认为理想的社会公正模式进行立法。尽管这不会、也不能简单说他们只能通过演绎既定的生效法律规则来做判决,但这的确意味着在某种意义或某种程度上,无论一个判决在后果考量看来多么易于接受或者令人心驰神往,都必须同时找到法律上的依据才行。现行法律制度中的那些具体规则，其合理性往往能够通过更加一般的原则得到说明，当然这些原则的含义不必局限于已经确立的规则所体现的那些内容，就这一意义而言，这些原则也可以成为充足的法律理由，使某个新创生的裁判规则以及根据它做出的判决得以正当化。

通过上述简要的介绍，我们已经了解，二阶证明包含两个基本要素——一个是后果主义论辩，另一个是一致性和融贯性论辩，旨在对所提出的裁判规则进行检验以确定是否与现行法律制度相一致和协调。由于后果论辩本质上是评价性的，而且上面所阐述的"协调"也包括评价反思制度价值的意思，所以两者是相互作用和交叠在一起的，关于这一点我们会继续予以说明。虽然如此，二者尚未等同如一，这一点在适当的章节里也会再予说明，不过，我们在抽象层面上的分析已经足够多了。为了使前面所做的讨论更为明晰和有意义，必要的是进行更为细致入微的讨论，提出说明性的（同时也是证明性的）例子有助于我们接近这一目的。比之于解释问题和分类问题，相关性问题在本质上是一个有着更为深远意义的问题，既然如此，最好还是对它进行举例说明的好，我们可以对较为熟悉的多诺霍诉史蒂文森案继续进行深入分析，以求方便地达到目的。

二、后果主义论辩的例证

108 首先，让我们考察一下埃特金、麦克米兰和萨克顿三位勋爵发言中的主要段落，作为上议院法律贵族中的多数派，他们投票接受多诺霍夫人的请求。

埃特金勋爵如是说：

在英国法的一般观念中，必须存在，而且事实上也确实存在一些抽象的法律概念，肯定注意义务的存在，从案例汇编中可以发现这样一些案例……无疑会有这样一些场合，在其中，很难判定设想的那种关系是否如此明显以至于产生了注意义务问题。但是，就当下提交法庭的这种情形来看，却不难做出判断。生产者将某种食品装入一个容器，他知道消费者在吃了里面的食物时先要打开容器。但购买者很可能不会对它进行检查，消费者也不太可能在食用前先期进行合理的检验。在生产过程中，由于疏忽大意，毒物被混杂在食物中。据说，英格兰法和苏格兰法认为中毒的消费者无权要求有过失的生产者赔偿损失。如果这真的是从先例中推出的结论，那我将视之为法律的一个严重缺陷，所以我不会接受任何带有那个意思的判决，这样的判决不能成为本院的意见。我要指出的是，在先例所设想的状态中，消费者不但无权要求生产者赔偿，而且无权向任何其他人主张赔偿，因为在所声称的情境中，不会有表明除生产者之外的其他人存在过失而据此要求其承担责任的证据。而且，除非一个人既是消费者又是购买者（多诺霍夫人不是），是没有任何契约和适当的瑕疵担保来保护他的，而在根据特定许可或者经过商号购买的某种商品，例如某些食品或饮品，甚至都不能为既是购买者又是消费者的人提供瑕疵担保。还有另外一些商品也是直接供消费者使用的，例如一些用来去污的商品，在这些场合，可能存在同样的责任。下面的判决认定的原则，不但否认有过失的制造商应当向因食用瓶装啤酒或巧克力而中毒的消费者赔偿损失，而且否认制造商应向无害的专卖药品、药膏、肥皂、清洁剂或清洁粉的使用者负有赔偿义务。而依我之见,商品的许多用途恰恰是在日常家用中体现的,在这一场合中,包括生产者在内的每一个人,都知道商品可能会被最后购买者之外的很多人使用,例如他的家人、仆人,甚至有时是他的客人。我并不认为我们的法学是这样地不完美,以至于法律中的那些原则与一个文明社会的通常需要如此相去甚远,而且,在存在如此明显的社会不公的情形中,法律的原则竟然难以为社会成员提供必要的救济。([1932] A. C. 562, 580—583 页; 1932 S. C. (H. L.) 44—46 页)

109 麦克米兰勋爵的发言内容明显与上面的意见相似,下面是部分引文,其中的一些内容已经在前面出现过了:

在本案中,被告制作姜汁啤酒的时候是清楚这些酒是供人饮用的。如果他没有意识到在造酒过程中即便是极尽谨慎仍可能会对消费者造成损害,我们能否因此说他不应被当作一个明智的人来看待?造成伤害的可能性非常明显,不能原谅他没有预见到。设想,一个粗心的面包师误将大量的砒霜掺杂进一炉面包中,致使那些吃面包的人中了毒。听审时,他能说对消费者不承担责任吗?或者说,他能说因为根本不知道面包里混进了毒物,自己唯一需要为之承担的责任的行为,不过是违反了对那些实际上从他那里购买面包的人的契约保证?……我不会相信,事实上也不相信的是,在英格兰法和苏格兰法中会都没有对该情形施行救济的规定……被上诉的那个判决所体现的原则是,对食品将用于消费有着清醒认识的那个制造者,对于消费者并不承担注意义务,甚至对食品将造成毒害的可能亦可心不在焉……我高兴地认为……[苏格兰和英格兰法中的]那些原则对上诉人谋求予以确认的那些诉讼主张是承认的,这一结果与我们的正义观念和常识十分吻合。([1932] A. C. 620—621 页; 1932 S. C. (H. L.) 71—72 页)

萨克顿勋爵也站在同一立场上。他将本案与先前在戈登诉哈代案[*Gordon* v. *M' Hardy*(1903)6 F. 210]中的判决进行了对比,在该案中,最高民事上诉庭驳回了原告的请求。原告声称他的儿子死于食用一罐鲑鱼引起的尸碱中毒,鲑鱼是从被告——一家食品店那里买的。原告说装鱼的罐子买来时就有凹痕,但他没说就是食品店损坏了罐子或者弄坏了里面的东西。法院驳回了原告的诉讼请求,理由是食品店不可能对那罐鲑鱼"在不损坏制造者为保护鲑鱼而做的包装"的情况下进行检查。[同上,212 页,见金斯伯格法官(Lord J. -C. Kingsburgh)的意见] 110

[萨克顿勋爵说]显然,鲑鱼出卖时制造者贴的标签已经脱落,根本无法根据标签对商品加以辨识。我只能遗憾地认为,这样的态度是不可接受的——即在本案中,制造者尽到的审慎注意已排除了食品店打开包装进行检验的必要,在制造者不承担相应责任的情况下,也可以免除食品店对消费者的任何责任。([1932] A. C. 604 页; 1932 S. C. (H. L.)60 页)

这三段较长的引文表明,多数派法官阐明了,如果拒绝原告诉讼请求的判决,在他们看来是何等得难以接受,并且,他们据此指出,恰当的裁判规则应当是制造商对消费者承担相应的注意义务。需要强调的一点是,如果这些争论不是产生于他们之间,这种辩论几乎是没有任何意义的,他们对这样一个问题之所以如此关注,目的是针对制造商有无责任确立一般性规则

(所以他们佐证了我们在第四章中提到的观点)。同样需要引起我们注意的是,这些论辩必须被视为对确认适用规则来说所不可缺少的,正如后面还将看到的,双方都在努力援引权威意见,而且双方都在就一般性原则展开论辩。在这些问题上,案件是开放性的,只有后果主义的考量方式能得出一个结论。实际上,看得出埃特金勋爵对此是直言不讳的:"如果[这些后果]真的是从先例中推出的结论,那我将视之为法律的一个严重缺陷,所以我不会接受任何带有那个意思的判决,这个裁决不能成为本院的意见。"

111 但是,为什么说免除制造商责任的规定是一个"严重的缺陷",并且是"如此地违反原则"?上面引述的三段文字都有着差不多的直观性,似乎只要对这些结论略加思考就可以即刻发现它们是不可接受的——或许是这样的。但通过仔细观察,我们会发现,他们是依据三个不同的理由得出完全不可接受这一最后判决结论的,正可谓殊途同归。

第一个根据,正如埃特金勋爵所说的,是"文明社会的需要":确保那些给他人带来伤害的行为以损害最小的方式运作,以维护一般性的公共利益。准确地说,商品的生产者是知道并且希望这些产品将用来消费或被与他不存在契约关系的人们使用的,也只有他能保证产品用于消费或者使用时是安全的,其他任何人都难以提供这种保证。因此,确保产品安全符合大众的利益,是公共政策的一个正当目标。

第二个根据事关原则,麦克米兰勋爵提出的是"正义"原则。很显然,三位法官都秉持矫正正义观念,根据这一观念,任何受到伤害的人都有权从责任人那里获得赔偿:之所以承担责任,是因为他本来是能够合理地预见到他的所作所为有可能造成损害后果的(在这类案件中,制造商的目的是让产品在市场上出售时能够包装良好,排除中间销售商对之进行检验);使之承担责任的另一个理由是,他本可施以更审慎的注意以防止损害后果的发生,但实际上他没能做到。

第三个根据是"常识",正如麦克米兰勋爵直言不讳的,尊重常识与遵守正义观念同样重要。我认为这一点取决于法官对于当下的实在的道德观念是如何理解的。法官应该会认为,"有着健全理智"的人们都明白制造者因为疏忽大意而对他人造成损害乃是一个过错行为,如果他没有尽到合理的注意而引起损害,使之免于承担任何责任将十分荒唐。

对这一问题的分析已经足够详细了。显然,尽管这些用来评价的理由是连接在一起的,但仍可以将他们各自的面目分辨出来。通过分析,我们也能清楚地知道,恐怕坚持这些理由的人都会像法官们那样得出"不可接受"这一结论。

同样明显的是,法律秩序是对正义观念的集中反映,法官 112
就是为这个秩序效力的。之所以这样说,并非是在诉诸某种大胆而激烈的新颖冒险思想以回到正义的原初理论,而不过是严肃对待矫正正义概念罢了。但是,现行的法律制度对矫正正义的体现却不尽如人意;卡姆斯勋爵(甚至所有苏格兰法律家们)会理所当然地把这样一个原则当作衡平法原则:"有过错必有救济。"〔6〕我们在前面也提到,在后果论辩与"融贯性"论辩之间,是存在一种交错关系的,现在来看一下其中的原因是什么。用于衡量后果的那些正义观念,事实上体现的或许正是已被人们接受的诸多法律原则——事实上,我认为情况通常如

〔6〕 Henry Home, Lord Kames, *Principles of Equity* (1st edn., Edinburgh, 1760).

此。当然,一个律师看待“常识”的态度,肯定会沾染上一些作为律师独有的色彩。

但是,绝不能因此认为,关于“公共利益”、“正义”或者“常识”的司法观念是由某个唯一的标准来衡量的,也不能认为这些为不同裁判者所运用的价值尺度,是同一的和具有客观确定性因而像堡垒一样坚固的东西。我们需要重申的是,这类价值判断是难以客观地加以测量或者“权衡”的(“权衡”一词非常普遍地被法学家们比喻为厚道屠夫那杆公平秤)。[7] 这些判断至少在部分上是主观性的,无法再追根问底。不过,巴克马斯特勋爵和汤姆林勋爵提出了自己的意见,尽管采取了大家发表意见时共同遵循的形式,内容上却完全反其道而行之。

巴克马斯特勋爵说:

其中包含的原则必然是这样的——制造商,甚或任何商品的维修者,除了遵守契约义务以外,对于任何合法地使用该商品的人都承担着一项义务,这项义务即必须谨慎地注意商品的状况是否良好……但这一原则不能适用于难于检验或者根本无法检验商品品质的那些情形,否则就是误将侵权法原则用于买卖关系。

113 侵权法的原则完全与本案的那些考虑无关,而且,如果那项义务存在的话,它必须延伸到每一个在合法的情境中使用产品的人。在所有那些受契约和法令约束的人之外,不存在仅仅属于食品加工商的义务。如果这样一项义务确实存在,在我看来它必须涵盖所有的商品制造者,我不知道为什么它不能适用

[7] 例如 Ronald Dworkin 在 *Taking Rights Seriously* (London,1977)中,就频繁用到这个词,Twining 和 Miers 在 *How to Do Things with Rules* 中也经常使用它。

于一座房屋。既然已迈出一步,再走五十步又何妨?然而,正如经常发生的那样,如果一座房子在修建的时候马虎大意,而后由于这种过失屋顶坠落殃及居者或其他任何人,根据英国法律是没有相应的措施来惩治施工者的,尽管我相信这样一项权利在巴比伦法律中确实存在过……

在迈伦诉巴尔案(*Mullen* v. *Barr and Co.*)中提到的米高诉巴尔案(*McGowan* v. *Barr and Co.*,1929 S. C. 461)与本案几乎相同,只是诉因有所不同,那一案件中发现的是一只老鼠,而本案中是蜗牛……安德森勋爵说:

"在类似于本案的情况下,被告的产品遍及整个苏格兰,看来很难强求被告们就出自其工厂的每一瓶饮料的品质向公众负责。显见不争的是,如果让被告承担这种责任的话,那么他们就会马上应对大量赔偿损害的要求,但是对于这些损害来说,被告根本不可能进行调查或者抗辩。"

在对安德森勋爵的判决深表赞赏的同时,我所能说的就是,我很难对判决书中不容置疑的辞令表示反对……([1932] A. C. 577—578 页;1932 S. C. (H. L.) 42—43 页)

基于同样的分析思路,汤姆林勋爵在温特伯顿诉赖特[*Winterbotton* v. *Wright* (1842) 10 M. & W. 109]一案中采纳了被告律师的意见,以阐明这项原则在危急时刻产生的"令人震惊的后果":"例如像最近发生于凡尔赛铁路的事故,每一位受害者都有权利对那些存在缺陷的轮轴制造者提出控告。[[1932] A. C. at 600;1932 S. C. (H. L.) at 57.]"

我已经说过,案例中的判断只是"部分地"带有主观性,这 114
使得反对意见在一定程度上可能会以客观和确定的面目出现。

这一点,可以从巴克马斯特勋爵和安德森勋爵的推理中看得出来,他们认为,让制造商承担责任是“不可容忍的”。但事实上,根据多数派的规则,让制造商“应对赔偿损害的要求,但是对于这些损害来说,被告们根本不可能进行调查或者抗辩”,这种说法是不真实的。因为(a)原告在这样的案件中承担证明所受的伤害、伤害的因果关系以及制造商未尽到合理注意等事实的责任,以及(b)正如丹尼尔斯一案所显示的,一种可能是,制造商仍然有机会表明他所尽到的注意,并以此证明他已经采取了合理的预防措施。事实表明,这一点在多诺霍案的判决中没有表现出来。

所以,尽管巴克马斯特勋爵和安德森勋爵根据他们的正义观念得出的结论是将责任加于制造商势必导致不公,他们的辩论都跑题了——之所以这样说,是因为他们对让生产商承担责任这一规则所导致的后果产生了误解。但是,即使他们承认事实上的错误,那种论调也是不合逻辑的,这样,他们也只能同意让制造商承担责任。

尽管在辩论正义观念问题上寸步不让,但汤姆林勋爵在提出“令人震惊的后果”时却有让步,巴克马斯特勋爵在说“既然已迈出一步,再走五十步又何妨?”时也明显有相同的意思。一些意见认为,如果将责任加于制造商,如潮的讼案定会把法院淹没,大堆没有价值的诉讼会把牵涉其中的商户拖入破产境地。法官们将这种确定裁判规则的方式称为归谬法,这是司空见惯的。如果制造商暴露在受害者的如潮诉讼面前,那么,当铁路轮轴的确存在缺陷时,轮轴的制造者是根本无力承担这一风险的。(但是,这一推理没有解释的问题是,为什么这种怠于尽到合理注意义务的制造商竟然还有买卖可做)

我将这种评价标准称为“权宜”或者“方便”,这是那种强调考虑公共利益的辩论意见的一种表现形式,它之所以被提出来,是想表明一个基于矫正正义的诉讼可能是有价值的但不应被接受,因为如果整个群体都提出这样的诉讼,就会导致整体上的不便或公共利益在整体上受到损害。这不等于说我知道如何去计算这些利益,但是我发现,法官们常常在使用这些理由时得心应手,仿佛这样的计算根本不在话下。

相对于“不公”来说,“不便”作为一个标准的确显得更加 115
清晰明了而具有可操作性,事实上,法官们的确会不时借助“方便/不便”标准进行估测,而不是用“公正/不公”标准。例如,在伦敦街电车轨道公司诉伦敦郡议会(*London Street Tramways* v. *L. C. C.*,[1898] A. C.,375)一案中,上议院被恳请推翻自己确定的前例。上议院决定不这么做,它制定了一项规则,确认所有的上议院判决对于其自身来说也有拘束力。直到1966年,这项规则才终止适用(见[1966]1 W. L. R. 1234)。在下面的引文中,霍斯伯里勋爵在其发言中阐明了“不便”标准在论证中的核心作用:

我不否认,这样的判决可能会在一些情形中导致不公,而且,不少专业人士认为,这样的一个判决根本就是错误的,但是,有时在抽象的正义观念和不便之间会产生冲突,那是一种灾难性的不便——仅仅因为判决是分别做出的,就让每一个争端都重新进行论辩和处理,致使人类处理纠纷的能力因为判决的五花八门而变得令人生疑,以至于事实上根本就没有了终局性的上诉法院,这样做的合理性甚为可疑。(同上,380页)

由此可见,在正义要求和便利要求之间可能是存在冲突的，倒是后者有时会当仁不让地受到法官的优待，这一点看来没有什么含糊的。

之所以这么强调二者存在冲突的可能，是因为这可以解释为什么把法律中的后果主义论辩简单地等同于功利主义是极具误导性的。后果主义论辩确实会在所有的考虑因素中确定一个首选规则作为最优标准，但是“最优”的确定并不取决于一个单一的评价指标(例如像边沁功利主义的快乐论中的快乐——痛苦标准那样)。后果主义论辩是一个综合了各种价值的最终判断，甚至对这些价值所导致的对立结果也需要进行协调，它借助于多项标准做判断，如“正义”“常识”等，它们与“公共利益”和“方便”标准同样重要。“理想功利主义”的某些形式是反对“快乐功利主义”的，这种功利主义允许使用综合性的而不是单一的标准来判断何为“最优”，基于这一原因，法律活动中的后果主义证明中包含着理想功利主义的形式。[8]

116 但是，必须指出的是，既然这种证明涉及相互对立的规则(以法律的普遍前提为形式)所导致的后果，而与对特定判决中的特定当事方带来的后果无关，所以这里所提到的功利主义是“规则功利主义”而不是“行为功利主义”。这样，正如前面评论过的，如果我们需要依赖功利主义思想来说明问题的话，将不得不用“理想的规则功利主义”这种笨拙的伦理学术语来表达。

上面的讨论涉及伦理学上的分类，这绝不是没有意义的，因为，关于“规则——功利主义证明程序”根本上是否值得追求这一问题，是一直存在不同意见的。瓦瑟斯特姆在其了不起

---

〔8〕 参见 Lyons，同前面的引文。

的开创性研究中认为,〔9〕对法律判决应实行“两级证明程序”,亦即,法官会根据演绎推理来适用规则判决案件,而之所以认可那些规则,是因为它们比别的备选规则能带来更好的后果。简言之,这是一种规则功利主义的证明程序。不过,与之相反,霍奇森也曾令人信服地指出,〔10〕接受这样一个程序将(通过一种明显自相矛盾的方式)导致反功利主义的后果,因为,如果人们知道法官的判决将遵循瓦瑟斯特姆的程序的话,没人能够有什么可靠的根据来预见法官对一个特定案件将如何判决。这样,如果上议院的先例不被视为具有全方位的拘束力的话,霍斯伯里法官所说的那种无休止地求助于诉讼的情况就会发生。

显然,瓦瑟斯特姆所说的作为规则功利主义程序的“二阶证明程序”,同这里分析二阶证明问题时所涉及的后果主义论辩,是具有相似性的。既然如此,仅仅基于这一原因也可以强调,如果最终不能离开功利主义来讨论问题的话,那么我们确实是在讨论一种“理想的”规则功利主义模式。

但是,即便如此,若是认为后果主义论辩乃是在真空中进 117
行的,并且是二阶证明中唯一且充分的要素,那必然招来霍奇森的异议。而且,这种态度还面临更进一步的反对,即从表面上来看有待后果主义论辩进行检验的“全称命题”可能是不计其数的,这里的“全称命题”,可以被理解为支持一个具体判决并且可以决定诸多“类似案例”的那些基本裁判规则。

在另一本类似的著作中,朱利叶斯·斯通也表明了类似的

---

〔9〕 Wasserstrom,见前面第一章注 15 所引文献。

〔10〕 Hodgson,同第一章注 15 所引文献(cc.4-6)。

观点，就多诺霍诉史蒂文森案来说，“事实”问题可以被放在许多个“一般性的层次”上看待。他认为，根据古德哈特的判决理由理论，判决结论全然是模糊的，因为，用古德哈特的“具体事实加决定”（一个相当粗糙的概括）方法从一个案例中获得的“原则”，完全取决于一个人描述事实时遵循的一般性程度如何。斯通做了如下评论：[11]

> 仅从多诺霍诉史蒂文森案中，就可以从逻辑上找出一系列命题（更不用说多种论证推理方式了）这些命题都至少与下列中的某个事实或者事实组合有关：
>
> 1）死蜗牛，或者任何蜗牛，或任何令人不快的混杂物，或任何混杂物或任何意外混杂进来的物质的存在；
>
> 2）在不透明瓶装饮料里，或任何瓶装的饮料里，或任何供人消费的动产里，或任何什么物体里（包括土地和建筑）发现了有害物质；
>
> 3）损害由被告——他是制造商，其产品经由零售商的销售分布于广泛而分散的范围——的过失引起，或由任何制造商引起，或由任何以该商品为工作对象以获取报酬的人引起，或由任何以该商品为工作的人或任何处置该商品之人引起；
>
> 4）只有能合理地预见到疏忽大意会使该商品变得危险时，或者无论是否存在疏忽大意，只要能预见到该商品会变得危险时；
>
> 5）如果它对原告造成了身体伤害，或对原告精神和身体都

〔11〕 J. Stone, *The Province and Function of Law* (London, 1947), 187—188 页。实际上，同样的观点形成于 *Legal System and Lawyers' Reasonings* (London, 1964), 269—270 页。

造成了伤害,或对原告造成了无论什么伤害。

6)原告是(a)一个苏格兰寡妇,或是一个苏格兰女人,或是一个女人,或是任何成年人,或任何人或任何具有法律身份的人,(b)原告是以一定价格直接从零售商处买得那件物品,而零售商系直接从被告处购得该物品,或是从任何一个卖主手中以一定价格买得,或是从一个与这种卖主有关系的某人或任何合法占有该物品的人手中买得,或根本就是从任何仅仅占有该物品的人手中买得;

7)只要是中间人(a)不能在不损坏包装的情况下从外表上探查或者发现商品的缺陷,或者(b)没有探查和发现商品缺陷的义务,或者(c)没有理由能够被被告预见到会探查并发现缺陷,或者(d)没有理由能够被法庭或陪审团预见到这样做; 118

8)另一条件是,只要所争议的事实在1932年发生或者在1932年之前发生,或者在此之后发生,或者在任何时候发生;

9)意图让被告向给原告造成的损害承担责任。

从逻辑上说,所有这些可供选择的情况,以及任何这些情况的组合,都是多诺霍诉史蒂文森案的事实和意见中所体现的不同判决原则的可能成因。

上面的讨论表明,多诺霍案的判决理由并不是完全确定的,我们已经对此做了最为充分的说明,因为,正如在第四章中所指出的,多数上议院在该案中都刻意申明他们所坚持的裁判规则如何得确定,以及其一般性有多强。但是,如果有人认为该案所涉争议在其发生之前已有定论了,那么问题将会变得更加尖锐。毋庸置疑,形式正义原则要求法官要么大张旗鼓要么含而不露地做出某种近乎格式化的判决,他要为经手的案件,也为与之类似的案例,对可能的裁判规则进行甄别,以为当下案件的判决提供正当理由。但是(正如前面在区分"普遍性"和一般性两个概念时显示的那样),在斯通的任何一个"一般性的层次"上,都有可能产生一个恰当的和"普遍的"裁判规则。

另外,所有那些,都不过是在区分可能的"论辩路线"所具有的不同抽象程度。不过,论辩也可以采取完全不同的路径。例如,既然这是一个苏格兰的案例,并且苏格兰法律承认基于契约的第三者权利具有强制性(第三者权利原则),[12]那么,多诺霍夫人向出售姜汁啤酒给她朋友的餐馆老板提起诉讼,难道还有问题吗?或者,既然制造商对最后的消费者的一个隐含承诺是,他的产品是安全的,尽可享用,那些就这一点而言,还不能拿来作为依据吗?(既然苏格兰法中并没有对价原则,所以也根本无须费力——因为英国法律家们不难发现,找出某种类似于"基于承诺的对价"的原则简直太困难了。)在这两种选择中,前者是法国法用来处置类似多诺霍夫人遇到的问题的方式。[13] 后者的某些形式在美国的一些司法活动中较为常见。[14] 其实,也大可不必只是在这三种可能性之间做选择。

119 所以,在判决案件中,即便后果主义论辩能够为采用哪种裁判规则提供合理根据,我们还是要问:关于后果主义论辩程序所要检验的到底是何种抽象程度上的何种裁判规则,有没有

〔12〕 例如可参见 D. M. Walker, *Principles of Scottish Private Law* (2nd edn., Oxford, 1975) pp. 627 – 30 (vol. i); Scottish Law Commission Memorandum No. 38 (*Constitution and Proof of Voluntary Obiligations*: *Stipulation in Favour of Third Parties*), 1977。

〔13〕 参见 Kahn-Frund, Levy, and Rudden, 见前面第四章注 10 中引用的文献, 437—440 页。侵权赔偿当然也是可能的。

〔14〕 例如可参见 J. J. White 和 R. S. Summers, Handbook on the Uniform Commercial Code (St. Paul, Minn., 1972), 329—332 页。

某种合理的甚至理性的依据？如果没有，那我们只能说，那个表面上合乎理性的程序实际上不过是任性和独断的产物而已。于是，我们面临的问题是：什么因素可以对法官对裁判规则的检验和选择进行限制？另外，当这么多判决可能性展现在眼前时，法官怎样为手头的案件确立合适的裁判规则？

三、对融贯性和一致性论辩的例证和阐释

对上述第二个问题的回答，也引导我们找到第一个问题的答案，而且这个答案相对容易：是律师为法官提供了备选的裁判规则。原告律师和被告律师的任务，就是在法庭面前陈述和建构案件事实，以最有效的方式捍卫委托人的利益。

> 我们在民事事务中的司法制度，运行在这样的基石上，即各方都竭尽所能选取对自己有利的证据。基于各种原因，各方对自己证据的选择，从各种意义上说都不免偏颇……但正是在这两种精心设计的不同意见之上，法官做出最终的裁断。[15]

律师选择证据的出发点，是认为对其客户有利，从而能够帮助其胜诉的具有一般性的那种立场。

当能够直接发现可适用的有效规则时，证据选择过程将只 120
是围绕证明有效事实展开。如果不能马上发现直接可用的规则，那么论辩按照什么路线开展才有价值呢？一个必要且明显充分的条件是，引入某种合理的后果主义论辩，以支持某项可

---

〔15〕 *Thompson* v. *Glasgow Corporation* 1962 S. C. (H. L.) 36, Lord J. C. Thomson 陈述的意见，52 页。

能的裁判规则，而正是这一规则能够涵盖当事人的全部或部分情形；不过，仅有后果论辩还不够。同样，如果哪个律师仅仅基于某个对其客户有利的新原则体现的理性和正义观念展开论辩，那么他将被告知，在法庭上高谈阔论实在是找错了地方，他还必须在业已成立的法律制度中找到判决的基石。当然可以说，这一基石不必是已经颁行的可以直接拿来适用于当下案件的有效规则。但或许，如果能够找到某些体现既定规则的有说服力的判例，或者发现、发掘出某些相关的抽象法律原则的话，将是大有帮助的，如果能够找到法官们为阐述和服膺的那些一般性原则的格言的话，就再好不过了。找到的前例越是相近，对原则的阐述越是权威，论辩的力量就越强。但是也要看到，这类原则从来都不会有强制性效力，其强制力与那些业已得到确证、明白无误地当作支持适用一些强制性法律规则的有效事实相比，是不可同日而语的。

有时，如果当下的案件没有按照现存的法律规则相一致的方式处理，则法律规则蕴含的即时性政策和目的就会遭到背离，并被认为缺乏理性依据。从这一意义上来说，强调判决的制度依据并不意味着所欲求的判决应当完全与现存的法律规则相一致，并且完全是对它们进行理性推理的结果。

121 所以，在没有直接可供援引的规则的情况下，必须要做的，是去发现某些类似的支持性案例或者法律原则，这对于律师把握诉讼活动来说已是必要之举。另外，律师也可以表明，他对案件的主张与现有的法律规则是相一致的，从更强的意义上来讲，支持判决的那个规则决不能与任何具有强制性的规则直接抵触。多诺霍案的律师所立论的领域是不法行为，其前提是，尽管在苏格兰法中有“第三者权利”原则，还是不能从任何契约角度推出什么结论来。既然是在不法行为责任领域内讨论问题,就有必要表明,上议院处理的诸如卡梅隆诉杨案(*Cameron* v. *Young*,[1908] A. C. 176; 1908 S. C. (H. L.)7)或者凯克利尔诉蒲柏案(*Cacalier* v. *Pope*,[1906] A. C. 428)是可以区分开来的,同时也必须表明,那些一看就明显不利的论辩方式,尽管不那么明显,也是可以进行"解释"和"区分"的,这样能对其所主张的认定制造商责任的立场提供支持。

另外,论辩的形式必须遵循先前确定的那个调整过失的不法行为责任的原则,即在被告对原告负有注意义务的情况下,不能免除其相应的责任。为了与这样一项原则保持一致,有必要援引和提出一些理由,来说明为何被告向原告负有义务。从后果考虑出发所进行的论辩必须表明,存在某种普遍性原则,该原则能够将一个人在法律上必须对他人健康施以注意这样的情形合理化,而且要表明这一原则包含后果论者在本案中所钟情的那个裁判规则。如果不能说明这一点,论辩将不会取得进展。

这样,当事人的律师要将其主张打扮为法律上的主张或者抗辩的话,从宽泛角度来说,在诉讼中必须满足两个要求:首先,组织论辩时为了避免与现存的法律规则产生抵触,需要牢记在心的是,必要时须"解释"和"区分"出不利的先例,以及(根据诉讼的需要)对制定法做"逐字逐句地"或者"宽泛地"解释;第二,组织论辩时,必须表明自己的立场得到了现存的判例法(或者在少数案例中是成文法)的佐证,或者是得到了"一般法律原则"的支持,当然,这些佐证和原则最好是以权威的法官附带意见的形式体现的,或者属于基本的制度性原则,至少也得出自有名望的法学家之口,或者再次之,系由律师对某些众所周知的相关规则进行阐释和合理化的东西。

122 当然，这绝不是一个机械的或者轻而易举的任务，也不是一门精密的技术；它需要对制度有一种良好的“感觉”、丰富的想象力、深刻的理解能力和良好的法律知识素养，需要对先例和学说中那些有价值的“指引”有娴熟的领悟和把握，以及灵动的思维和非凡的洞察力。如何把每个环节编制得滴水不漏，从而成为一个出色的律师，很大程度上取决于是否具备法律上的敏锐和丰富的经验，以及其创造性想象力如何。而学者（像本书作者一样）和从事研修的学生们所关注的，主要是那些已盖棺定论和条理明晰的判例。从这一角度来看，创造力、足智多谋和想象力往往难以得到重视，而这些因素，在分析和讨论疑难案件时却是非常必要的，要知道，这样的案件早在提交法庭之前，或者在法官宣告判决之前就已经摆在了律师面前。处理这些案件的技巧，只能从身体力行的实践中学习，而不可能习自于书本，而且，通常只有那些有着良好的自然秉赋和天资聪颖之人，才能修成正果。

123 要形成判决结论，法官必须找到那个至关重要的能够涵盖事实情境的抽象规则，那么，法官怎样找到它？其实答案显而易见，就是由律师提供。对这一答案的阐述，同时可以回答另一个问题，即当法官对备选的裁判规则进行选择时应当受到何种限制。其原因在于，法官和律师同在一个规则体系的约束下行动。另外需要说明的是，制度对律师的约束，只是体现于一些技术性规范——如果律师提出一个论辩，得不到哪怕最牵强的类比的佐证，或者哪怕最似是而非的原则的支持，这种论辩就是没有意义的；但是，那些约束律师的技术性规则之所以存在，恰恰是因为法官所负的那个众所周知的责任——那样的主张是没有意义的，是因为法官知道自己有义务在现有的法律范围内行动；因为他们知道，必须将自己所能立法的范围限于"狭窄的空间"。当然，这并不意味着法官在处理案件时不像律师那样需要想象力、睿智、谋略、灵感以及娴熟的技巧。在法官履行职责判断哪一方更值得支持时，所有这些品质都是必不可少的。然而，当律师竭力得出令法官青睐的主张时，也是受到客户利益的制约的，因为他的义务是（在不违背诚实辩护的伦理条件下）最大限度地维护其客户的利益。这些要求所要表明的，无非是在发现可能的司法裁判规则的过程中排除反复无常或者恣意妄为。[16]

那些技巧娴熟的律师，都努力去获得对己方最为有利的后果，这一点，至少能够保障法庭不至于忽视任何有价值的可能选择。无论是法官还是律师，都必须在现存的法律和判例以及所能找到的原则所允许的范围内行动，这一点使得明确表述出潜在的裁判规则成为可能，同时也减少了规则在普遍化过程中的专断和反复无常，而这些普遍化的规则，又是进行二阶证明的起点。至少，执行这些职能的人们能够恪尽职守的话，情况就会如此。在论证判决结论时，当有可能形成一个新的潜在的裁判规则时，相关的论证必须是一个可让人接受的、经过精确阐释的论证，要达到这一要求，其所要遵循的条件是，一方面不能与既定的法律规则相冲突，另一方面要找到某种支持性的类比、原则或者其他法律上的理由来使判决结论正当化。在这一点上，无论是律师还是法官，都没有自由选择的余地。

---

〔16〕 Dr. Paterson 的论证（见前面第一章注〔13〕）显示，上议院在形成裁判规则时就不是基于律师提出的意见。

124 所有这些,可能都会对伦理学理论(例如康德[17]或黑尔[18]的理论)投去怀疑的目光,这些理论都坚持道德因素的绝对自足性,进而要求必须将道德判断普遍化(这些理论试图取代本书所主张的法律证明理论)。在法律中,的确有不止一种因素可以用来限制和界定那些新奇的一般性原则,以使得它们能够加以评价和检验,尽管如此,这些因素也不是任意的,而必须经由公开的和制度化的判决和论证过程产生。相应地来看,当鼓吹纯粹自治的论者面对道德困境时,却难以发现任何类似的因素能令人信服地划定"行动原则"的范围,而对于这些行动原则,我们需要在任何给定的情形中将其普遍化,来对消除道德困境的道德原则在普遍形式上进行检验。除非凭借恣意和专断来应对——这样也就成了非理性的了,我们将在每一个道德决定上踌躇良久而难以得出结论。毋庸置疑的是,同法律生活一样,道德生活也需要某种社会性安排,这种安排将为所要遵循的规则和原则提供一个基础,在此基础之上,我们才可以在新的和不知所措的情境中探索和检验新的行动原则。他律是一块如影随形的背景幕布罩在我们身后,只有武断地对之视而不见的时候,我们才能标榜自己在道德上是自治的。关于这一问题,在第十章还有所述及。

125 正如它所显示的那样,多诺霍诉史蒂文森案所提供的例子,恰恰是那种从协调性和一致性角度所做的论辩。按照前面的解释,这种论辩也正是二阶证明的关键之所在。此外,我们也可以不费气力就能从一些法律意见中找到同样清晰明显的

---

〔17〕 参见 Kant, *Groundwork* (见前面第一章注 10)。

〔18〕 参见 R. M. Hare, *The Language of Morals and Freedom and Reason*。

例子。

我们已经引用了埃特金勋爵的评论“必须存在，而且事实上也确实存在一些抽象的法律概念，肯定注意义务的存在，从案例汇编中可以发现这样一些案例……”但是，为什么是“必须”那样呢？如果不是“必须”，我们至少可以构想出这样一幅图景：法律将作为“没有被法典化的杂乱先例”存在，成为没有理性原则加以规范的无数个案的大杂烩。这显然不是埃特金勋爵所期望的图景。上段引文之前的一段写道：

> 显而易见，在英国法中，就原被告双方之间的那项［注意］义务而言，如果想要找到关于其一般性的适用方式的权威论断的话，是极为困难的。要知道，法院所关心的，通常是在具体诉讼中双方的关系是什么，这样就足以发现在那种情况下那项义务是否存在了。结果，法院一直致力于对涉及财产的义务进行精致的分类，无论该财产是动产还是人身财产。对于所有权，则基于一方对另一方的特殊关系是什么，进一步区分为是占有还是控制。无论是制造商、销售商，还是房东、顾客、房客、陌生人等，均无例外。通过这种方式，法律在任何时候都可以做出该项义务存在与否的判断，除非经过检验和区分后案件被归于某种特殊的种类。然而，如果要确认责任的存在，那就**必须**使得责任**合乎逻辑**地立基于产生它的那些案件所具有的共同要素之上。对一个一般性原则确定一个纯然逻辑上的界定，有可能超出了法官的职能，因为原则被界定得越是一般化，越有可能忽略一些要素或者掺入无关紧要的要素。埃舍勋爵（Lord Esher）在海文诉朋德（*Heven* v. *Pender*，［1883］11 Q. B. D. 503）案中所做的界定就是这样的情况，后面我还要提到。不过，尽

管那个界定看起来过于宽泛,但对我来说,如果加以适当地限制的话,仍能够在实践上提供有益的启发。([1932]A. C. 579—580 页;1932 S. C. H. 44 页,着重号为引者加)

埃特金勋爵认为,那项义务,必须合乎逻辑地立基于产生它的那些案件所共有的因素之上,如果我们要对这一认识认真对待的话(而且为什么不呢?),我们只能说,埃特金勋爵肯定赞同这样一种"默示的大前提":把法律当作一个由理性的目的所主宰的事业。如果那些确认了那项注意义务的案例必然是体现某个单一的一般性原则的例子,那么一个必要条件是,那些既定的规则必然承载着某个目的。然后,通过对那些案例进行抽象,阐述"一般性概念",就可以揭示出附加在规则上面的那个潜在目的,据此又可以陈述出现有法律规则的"一般性原则"。

当然,这恰好是埃特金勋爵在阐述其著名的"相邻原则"时继续要说的,他说:

爱你的邻人这项规则在法律上成了:你不能侵害你的邻居,对于律师来说他要问:谁是我的邻居?这个问题需要一个限定性的回答。在你能够合理预见你的行为或者疏忽有可能对那些如此容易地受到你的影响的人造成伤害的情况下,你必须尽到合理注意义务……([1932] A. C. 580 页;1932 S. C. (H. L.) 44 页)

在埃特金勋爵做上述阐述时,他就是以埃舍勋爵在海文诉朋德案中的努力为基础的,我们之所以知道这一点,是因为在这一案件发生之后不久,他就在利勒沃诉高德案(*LeLievre v. Gould*,[1893] 1 Q. B. 491)中引用了该案,在利勒沃案中他引入了“邻近”这一概念。但是当然，埃舍勋爵的这样一个宽泛的陈述对他是没有拘束力的，这样的陈述也绝不会径直给出一个对多诺霍夫人有利的强制性规则。（巴克马斯特法官认为“［这些附带意见］应当寿终正寝了，免得它们那令人不安的幽灵继续困扰法律”[19]）其实，这种陈述对他是一种支持，他由此完成了自己的论证。

进行这种“一般性原则”的概括，的确需要相当的创造性 126
想象力。尽管对这一过程要避免产生误解，但它的重要性还是不能过分扩大。对于那一系列特定规则所共有的目的，[20]法官要通过明确阐述一般性原则来加以展现，这就使得现存的法律合理化了，也就可以根据一个全新的理解去揭示它，并且，这一目的也为法律在一个相关领域中的新发展找到了充分的理由。他不能仅仅因为这一点就表明那个决定可以径直用到手头的案件中去了。他不能只是简单地发现和陈述法律规则的基本原理；或多或少地，他必须通过阐述原则来包容规则，并且，他要把阐述出的原则当作得出一个全新判决的开端。如果能够做到这一点，那么可以说，这个判决尽管是全新的，也仍是一个能够被“现存的”法律规则所“涵盖”的判决。

这样一个过程，从本质上来说，可能完全依赖于提供给法庭的类似先例是什么情况，这确实需要律师的精心研究和聪明才智，这一点已无须赘述。另外，重要的是要排除掉有拘束力的相反先例。为了说明这一点，让我们看一下埃特金勋爵后面的话。他对制造商对受到伤害的消费者承不承担责任问题进

---

〔19〕［1932］A. C. 562 at 576, 1932 S. C.（H. L.）31 at p. 42.

〔20〕参见 MacComick, “‘Principles’ of law” 1974 *Judicial Review* 217，并参见下面第七章相关内容。

行了批判性评价后说道：

我认为，通过仔细考察会发现，对于我刚刚描述的情形，制造商的那项责任没有被免除。确有大量的先例表明，制造商与消费者所受损害之间的关系太不直接了，因而认为注意义务并不存在。但在这些案例中，也有一些权威的法律意见，其意义已经不限于对某个具体纠纷的解决，这一点使得下列案件中的法院面临难题……

127 在我看来，有若干已决案件支持在本案中确认制造商对消费者承担注意义务……（[1932] A. C. 583—584 页；f 92 S. C.（H. L.）46—47 页）

勋爵然后对如下案件一一做了评论：乔治诉斯金温顿案 [*George* v. *Skivington*，(1869) L. R. 5 Exch. 1]、豪金诉史密斯案 [*Hawking* v. *Smith*，(1896) 12 TLR 532]、伊利特诉豪案或纳尔斯通煤矿公司案 [*Elliott* v. *Hall or Nailstone Colliery Co.*，(1885) 15 Q. B. D. 315]、查普曼诉塞德勒和公司案件 [*Chapman* v. *Sadler and Co.*，(1929) A. C. 584] 以及格罗特诉切斯特和赫莱海德铁路公司案 [*Grote* v. *Chester and Holyhead Rail Co.*，(1848) 2 Exch. 251]。

现在，通过考察下列提交法庭的案例，必然得出的一个结论是，这些案例都确认的命题是，制造商在这样一个情形下对消费者不承担任何注意义务……（同上，分别在 587 页和 49 页）

然后，他继续"阐释"和/或者"区分"了下列案例：迪克逊诉贝尔案 [*Dixon* v. *Bell*，(1816) 5 M. & S. 198]、朗格威治诉利维案 [*Langridge* v. *Levy*，(1838) 4 M. & W. 337]、温特鲍特姆诉赖特案 [*Winterbottom* v. *Wright*，(1842) 10 M. & W. 109]、

朗梅德诉郝雷蒂案[*Longmeid* v. *Holliday*,(1851) 6 Exch. 761]、厄尔诉鲁博克案[*Earl* v. *Lubbock*,(1905) 1 K. B. 253]、布莱克诉莱克和伊利特案[*Blacker* v. *Lake & Elliott*,(1912) 106 L. T. 533]、贝茨诉巴特利案[*Bates & anor.* v. *Batey & Co. Ltd.*,(1913) 3 K. B. 351]。

此外,需要强调的是,无论支持性的权威先例在多大程度上是相似的(只有乔治诉斯金温顿案是直接相关的),对它们的援引都不是强制性的,同样,对不利先例的区分也不是强制性的。在埃特金勋爵的论证中,这种对先例的引用和排除甚至都不具有决定性的意义。只是在用来表明有利于多诺霍夫人的判决在逻辑上是可证明的判决的时候,它才是决定性的;如果没有它们,判决将缺少明显的法律根据;为了使得判决正当化,我们还必须求助于“后果主义”论辩,以对所提出的判决原则及其对立意见进行权衡和检验。巴克马斯特勋爵的反对意见 128
和证据最有力,他提出了一系列相当有说服力的先例来支持反对派立场,而埃特金勋爵提出的那些个最为有利的判例,在他那里则被区分出来并排除掉了(指乔治诉斯金温顿案和埃舍勋爵在海文诉朋德案中的附带意见)。

对于这种论争,正如麦克米兰勋爵所说的:

在法官们所进行的讨论中,两项相互冲突的原则找到了一个对垒的场合,每一项都在争夺主导地位。一项已经得到有力阐述的原则是,除了一方当事人外,其他任何人都不得对违反契约的行为提出指控。另一同样得到有力阐述的原则是,过失——即便与契约无关——会使得因过失受到损害的一方拥有诉诸法院的权利,当然,这里我是在技术性含义上使用过失这个术语的,意指忽略了某种应当履行的义务。[(1932) A. C. 609—610 页;1932 S. C. (H. L.)64 页]

在这样一个争夺主导性的过程中,显然哪一项原则都不能仅凭自身获得胜利;只能等着法院来评判到底哪一个应当获胜。这一点,麦克米兰勋爵早先已经说过了,那是对奥美戴尔勋爵在穆伦案(*Mullen's*)的附带意见中一些观点的评价:

事实上,正如我将要表明的那样,在英国的判例汇编中,鲜有这种"一团和气和高度一致的判决"。否则的话,这样一种诽谤将成为事实:英格兰法对于那些不合理和不公正的判决,只能将错就错而无法改正,或者,苏格兰法官也只是对那种判决无能为力,俯首帖耳,任凭良心遭受折磨。(同上,分别在608 页和 63 页)

所以说,将最后的结论正当化了的,是我们可以察觉到的"理性和公正"观念;只有当存在过失原则时,并且前例并不强制性地抵制该原则在涉及制造商和消费者的关系中适用时,它们才能将结论正当化。这样的论辩所具有的特征恰恰是(a)考虑后果的;(b)融贯的;和(c)一致的。

第六章　后果主义论辩

我们有理由认为，在处理案件时，法官理应对摆在其面前的各种可供选择的裁判规则所可能造成的后果予以审慎考量，以权衡利弊。在处理案件过程中，需要解决出现的“相关性”、“解释”以及“分类”等问题。上一章所分析的多诺霍诉史蒂文森案清晰地说明，上诉法院法官在该案的判决中正是这么做的，该案也支持了这样一种看法，即法官们事实上也承认他们确实应当考虑这些问题。当然，这一看法决非新奇之见。约翰·奥斯汀在其《法理学讲稿》[1]第37节讲道： 129

公正的法律有时是经由司法判决产生的。其作者的直接和恰当的目的是，让规则的适用服务于特定案件的判决，而非确立规

〔1〕 见前面第三章注〔10〕中的文献。

> 则本身。但是，对这一案件的判决理由，可能会成为未来的以及相似的案件的判决理由，所以，判决书的制定者们实质上是在立法，而且他们的判决结论通常依赖于对判决理由作为一般性法律或者规则所可能导致的后果所做的审慎权衡……

奥斯汀认为，判决的作出“通常取决于”对后果的考虑，这也是本书的态度，那么这是否与实际相符？答案是肯定的，因为，如果对判例汇编进行深入研究的话，就会发现这种论辩乃是司空见惯之事。但是，人们在考虑与之相关的情形作为证据来说明问题时，怎样做到不失正确和妥当？这将是本章讨论的主题。

130

一、宪法问题

对于我们当下所要讨论的后果主义论辩方式，可以说没有比马歇尔大法官在马伯里诉麦迪逊案（*Marbury* v. *Madison*, 1803 1 Cranch 137）中的运用更加淋漓尽致的了。在这一案件中，他和最高法院做出了那个具有根本性意义的著名判决，认定美利坚合众国最高法院只有在国会立法不违反宪法的情况下才会适用。我们来看看他所说的：

> 如果……法院尊重宪法，并且宪法优于任何立法机关的普通立法，那么就应当是宪法，而不是这些普通立法，来决定何者可以适用于本案。
>
> 在法院看来，宪法才是永恒的，但那些挑战这一原则人却试图使法院对宪法视而不见，眼中除一般法律之外别无他物。

> 这一认识将会颠覆所有成文宪法赖以存在的基础。它所要宣告的是，根据我们的政府理论和基本原则已经失效的法案，在实践中仍然可以强令人们奉行不悖。它将会宣称，如果立法机构试图做被明令禁止之事，这样的立法，尽管是被禁止的，仍会大行其道。这将赋予立法机构实际的和不可动摇的无限权威，同时，对他们权力的限制将变得十分有限。而且那也只是对权力的表面限制，几乎等于宣告那些限制可以被随心所欲地视而不见。（同上，第 178 页）

让我们特别留意一下“这一原则将会颠覆所有成文宪法的基础”这句话；在判决意见中的其他地方，他更为详尽地阐明了美国的“成文宪法”原则。既然是“享有主权的人民”制定了宪法，并设立了一个在宪法上权力有限的立法机构，那么随之而来的问题就是这个立法机构能否无视宪法规范而行动。如果司法审查原则也意味着法院可以默许颠覆宪法对立法机关的权力进行限制的内容，那么这样的原则将是令人难以接受的。

与美利坚合众国一样，大不列颠联合王国的建立也立基于一系列特定的宪法性文件（先前独立的苏格兰和英格兰议会，于 1707 年通过法案批准了《联合协定》），既然如此，就这类宪法规范而言，提出关于英国议会权力范围的类似问题，也就不足为奇了。关于这一点，库珀勋爵在麦考密克诉总检察长案［*MacCormick* v. *Lord Advocate*（1953 S. C. 396）］中做了如下评论：

> 不受限制的议会主权原则明显是英格兰的原则，在苏格兰 131
> 宪法性法律中没有相应的内容。这一原则源于柯克和布莱克

> 斯通，经由白哲特和戴雪而在19世纪里被人们广为接受，戴雪在他的《英宪精义》一书中就对这一原则做过经典论述。苏格兰议会和英格兰议会曾是截然不同的，只是到后来，它们才为一个统一的新议会所替代。考虑到这一点，我很难理解的是，为什么大不列颠王国的新议会必须承继英格兰议会的所有特性，而对苏格兰议会的情况视而不见，仿佛1707年发生的全部事情就是苏格兰议员被合并进了英格兰议会。那还不是问题的全部。另外，联合协定以及合并后的立法机构，使得大不列颠议会得以形成，成了先前独立的苏格兰和英格兰议会的承继者。正是在那一条约里，包含着若干条款，明确规定将来协定的修改乃大不列颠议会的保留权力，其他的条款，则要么没有涉及这种权力，要么竭力宣告该协定乃是基础性的，在未来的任何时候都不得修改，或者以其他方式做同样效果的宣告，以回避可能面临的修改问题。我从来都不明白，那些英国宪法学家们，是如何使他们共同信奉的宪法原则与上述明显相异的规定协调一致的。（同上，第411页）

在麦考密克诉总检察长案中，需要解决的具体问题是，伊丽莎白女王头上的“伊丽莎白二世”称呼和头衔是否违反了《联合协定》第一条，因为仅就联合王国而言，没有更早的君主了（苏格兰则不同），王国本来就不喜欢“伊丽莎白”这一称谓。至于使这一称谓合法化的《1953年王室称号和头衔法》，还可以提出疑问：这一法案具有法律效力吗？高等法院第一分庭认定：法案本身并没有使得“数字”合法化，不过，君主选择名字和表示顺序的数字的行为，在任何时候都是不需要法律文件授权的，故而法案的效力问题与案件所涉争议无关。

另外,本案还令库珀勋爵不解的是,一个涉及“公共权利”而不是“个人权利”的争议,如果是具有可司法性的,能否在苏格兰法院那里提出。最后,关于所争议的头衔问题,他做出如下重要评论:

> 我同意苏格兰最高民事法院法官对所涉争议的看法…… 132
> 毋庸置疑,我们苏格兰在一定范围内是承认公益之诉的,据此,任何公众成员都有权维护某种形式的公共权利。但是这一规定从来都没有扩展至我们当下的案例的情形。**我不能理解的是,我们可以接受本案的申请人在最高民事法院提起关于女王头衔的诉讼,却不承认任何那些在政治问题上持反对意见并引发公共争论的人享有同样的权利。**(同上,413 页着重号为引者加)

在驳回申请人请求的理由中,上文的着重部分清晰表明,论辩基本上采用的是后果主义考虑因素。但是,整个论辩都试图借助于对宪法原则的阐释来说明问题,那些原则界定了公民可以提起诉讼的权利范围和法院处理涉及议会权力限度问题的司法权范围,所以,论辩没有脱离宪法原则所设定的框架。这些都显示了联合协定作为“基本法”的存在这一事实(见库珀勋爵的意见,1953 S. C. 412 页)。本案与马歇尔大法官将违背成文宪法观念的裁判规则排除在外的情况相比,类似之处与差异同样明显,二者的一个引人注目的共同点,是对属于公民权利的问题和实质上的政治问题做了明确界分。

当然,英格兰的法院持有的又是另一种不同的观点。在李诉布德和特雷顿铁路公司案(*Lee* v. *Bude and Torrington Railway Co*,1871 L. R. 6 C. R. at 576)中,威尔斯法官给出了他们的基本理由，对该案的判决方式，最近在上议院所处理的英国铁路委员会诉皮肯案（*British Railways Board* v. *Pickin*, [1974] A. C. 765）中再获肯定。在该案中有人提出，由于议会关于个人权利的法案是一部分人通过阴谋诡计才获得通过的，所以可以扔在一边。对此，下面的回应直言不讳且非常有力：

> 如果某一议会法案是通过非正当方式出台的，应由立法机关废止该法案以改正之；但是，只要它还是法律，法院就理应遵守不悖。我们在这里所进行的活动乃是公正司法，而非厉行专断，如果我们也能够制定法律而不仅仅是执行法律的话，那么司法活动将充斥着专断。[（1871）L. R. 6 C. P. 582 页]

133 再看一个后果主义论辩的例子。我们会发现，将一个可能的裁判规则作为反宪法的东西加以拒绝，所依赖的不是任何直截了当的快乐论功利主义，而是我们感知到的对司法活动应予适当限制这一宪法价值，这种价值强调司法功能与立法功能应有所区别。这一主题，连同再次被提出的“政治问题”原则，在塞尔蒙法官（Salmon L. J.）所处理的布莱克本诉检察总长案（*Blackburn* v. *Attorney-General*, [1971] 2 ALL E. R. 1380, 1383 页）中的简短判决意见中重新展现在人们面前。

王室享有批准英国被接纳为欧洲经济共同体成员国的条约的资格，当布莱克本先生试图挑战王室的这一资格时，他的起诉被法院驳回了。塞尔蒙法官给出的理由是：

> 我承认，布莱克本先生的观点系出于无可置疑的真诚，尽管如此，我仍要反对这种以对政治决定造成影响为目的提起的诉讼。政治决定与法院的职责不甚相干。法院只是关心这类决定是否以及何时为法律所执行以及其后果如何，而对于主权

机构如何行使其缔约权，法院则无权干预。就法律的现状而言，议会大可依据其好恶和意志制定、修改和废止任何法律文件。无论现在还是将来，法院唯一的权力，是根据已然的法律做出判决并执行之，而非判定什么应当成为法律。所以我认为，起诉应被驳回。

上面几个例子清晰地显示，在涉及法律制度内"承认规则"的范围和限制这一基本问题层面上，后果论辩的作用是何等的不可或缺。但是还要看到，对后果进行权衡的过程，在很大程度上又依赖于就到底什么是基本的宪法原则所做的判断。

基于这一理由，必须赞同萨特鲁斯对哈特的最终承认规则学说所做的评论；[2]至少从那些必须处理宪法问题的人看来，宪法的存在不能仅被当作一个平淡无奇的事实（但是请参见丹宁勋爵在布莱克本一案中的评论，前引文献，第 1383 页）。萨特鲁斯说，如何处理宪法争议依赖于我们对宪法理论的看法，而宪法理论本身也源于宪法实践。我想说的是，关于那些根本性的宪法问题，是存在一些可供选择的裁判规则的，必须依照为法官所理解并且体现于国家权力正当性和分权原则的那些宪法价值，对这些规则加以权衡。我这样说其实是在表达与他相同的看法，不过措辞有所不同罢了。但是，这样的态度并不是在伪装哈特的论题。假如哈特说我们所做的是在阐释他所谓的"内在视角"，那倒是没错的。

无论如何，"承认规则"与权威先例也同样有关。法院也会遇到这个问题，它需要回答：哪个前例有拘束力？为什么？

---

〔2〕 R. Sartorious, "Hart's Concept of Law", (1966), 51 ARSP 161；还可参见 *More Essays in Legal Philosophy*, ed. R. S. Summers (Oxford, 1971), p. 131。

上一章曾经提到,霍斯伯里勋爵基于后果论辩指出,上议院的先例拘束所有法院,只有议会有权修改。但是情况相反,坚持这一裁判规则所带来的后果往往相当不尽人意,因为上议院自己在那一问题上的态度已经发生了改变,于是转而认为上议院可以推翻自己的先例,这见诸于大法官代表上议院在1966年发布的《实践声明》(见[1966] 1 W. L. R. 1234)。

134 下面的第一个案例(至少是可论争的)涉及司法权,在该案中,上议院行使了它所重申的审查先前判决的权力。该案涉及司法权与行政权的关系,它证实了这样一种可能,即一项规则最初可以仅仅因为有用而被当作适用的理由,而这一情况又可以作为证明早期的论证存在错误的一个证据。在康威诉里默(*Conway* v. *Rimmer*,[1968] A. C. 910)案中,一个疑问是,如果国王的大臣在宣誓书中认为诉讼所涉及的某些文件一旦公开就会对公共利益造成损害,因而有悖于公共服务的效率要求,那么法院是否还有权要求在诉讼中公开这些文件?这对上议院来说是一个很棘手的问题。在此之前的邓肯诉卡迈尔·莱德案(*Duncan* v. *Cammell Laird*,[1942] A. C. 624)中,希蒙法官(Lord Simon L. C.)曾出具法律意见,否认法院有那项权力,理由是为了国家安全。他认为,对于那个问题来说,大臣的宣誓书就是终局性的,法院不能推翻。"国家安全"成了邓肯案判决的幌子,但事实上,那些禁止出示的材料是关于一种新型潜艇的计划,而材料的原件在审判期间早就经多人之手泄露出去了。这样一项强调考虑后果的裁判规则,往往在战时大行其道,这已无须赘述。

135 战后最为惯常地适用这一规则的,是在一些"集团"诉讼中,引发了强烈的司法关注和批评。[3] 在康威案中,通过提出一项与盛行于苏格兰的规则相同的英格兰法规则[4],里德勋爵做了如下评论:

根据我的判断,考虑到什么才是一个法院所应做的"恰当的"事情,我们必须尊重自从邓肯案以来二十五年的经验所提出的要求,亦即,对通过法院正当地行使司法权所增进的公共利益,和大臣隐蔽其认为应当隐蔽的任何文件所带来的公共利益,法院应当加以平衡。因此,我认为上议院现在应当做出裁决,认定法院有权并且有责任平衡那两者。(同上,951—952页)

在所谓的"二十五年的经验",一部分指的是律师们对刑事案件中被告坚持的禁止开示文件做法表达的强烈不满。针对免于开示文件的特权,基尔默勋爵(当时任大法官)在1956年6月6日曾发布一份内阁声明,陈述了一项新的政府政策,即"如果存在医学的或者其他确实与刑事程序中的被告有关的文件,那就不得主张王室特权"。但是正如里德勋爵指出的,这实际上是把邓肯案规则的原始政策理由说得荒谬异常因而失去了效力:"[我们]得到的是一个奇怪的结果,如果作者知道他的报告会在一个刑事案件中被开示,他认为'交流的自由和坦诚'没有受到限制,但如果他的报告可能会在一个民事案件中被公开,'交流的自由和坦诚'倒是遭到了限制。"(同上,942页)

---

〔3〕 相关的批评性讨论见 S. A. de Smith, *Constitutional and Administrative Law* (2nd edn., Harmondsworth, 1973), pp. 618 – 23.

〔4〕 *Glasgow Corporation* v. *Central Land Borad* 1956 S. C. (H. L.) 1.

在此，我们清楚地看到，基于正义的考量和基于“便利”或“公共利益”的考量之间是存在冲突的。我们还发现，在对备选规则进行论证和检验时，通过对成文规则进行权衡，对先例规则进行重估，会发现前者同后者一样适用，甚至更为适用。可以说，如果一个制度认为哪怕只有一个先例也要顽固地遵循，那么这样的制度就是有缺陷的，因为它排除了这样一种可能：可以利用经验去支持或者否定在论证先前判决中的后果论理由。

136 对于这种排除，阿宾勋爵在普里斯特利诉佛勒[*Priestley* v. *Fowler*，(1837)3 M. and W. 1]一案中所做的判决，因提出了一种糟糕的意见而声名狼藉。诉讼系由一个仆人提起，被告是他的主人，原告认为主家的马车夫疏忽大意导致碰撞事故，要求主人对车祸给自己造成的伤害进行赔偿，那个车夫也是这个主家的仆人。

关于需要考虑的因素，阿宾勋爵毫不迟疑：“确定无疑的是，没有仆告主的先例，所以我们可以自由地依照一般的原则判决此案，而且在这样做时，我们大可自由考量不同判决方式的后果如何”(同上，第5页)。

起诉被驳回了，阿宾勋爵对驳回受害仆人起诉的判决结果所进行的说明，是后果论证的糟糕例子。

本案中，如果主家对仆人负有责任，那么我们将会发现，这种责任原则将会把我们带到一个令人担忧的广阔领域中……坐在车后面的男仆可能会因制造者的疏忽造成的马车缺陷向主人提起诉讼，诉因也可以是由于挽具制造者的疏忽造成的缺陷，或者可以是车夫的醉酒疏忽或技术欠佳。没有理由认为，

> 为什么这一责任原则仅在本案中适用而不会沿用到众多的其他案件中去。例如，那个主家，将会因制造者的疏忽（包括共奉一主的二仆、甚至包括独立缔约人等一长串的人都存在疏忽）向那个仆人承担责任，也会因为处在马车出事地点的那座已坍塌的房子建造时的缺陷承担责任，因为车是在那里翻的，杂乱的废墟使主家和仆人都受了伤。
>
> 那一原则所造成的不便——更不用说还会造成那么多荒谬的后果，已经足以表明不能在本案中适用。

这是十分糟糕的论辩，因为，使主家由于独立缔约人的过失向仆人承担责任所造成的“荒谬”和“不便”，与主家是否应当代替其他仆人因其过失而给原告造成的损害承担责任这一问题，是没有关系的；对于主家来说，比起监督粗心的马车制造者来，制止车夫酒后驾车要容易得多。所以本案的判决建立在了一个极富争议的论证基础之上，而且，该案的判决也是臭名昭著的“共同受雇”（common employment）原则的始作俑者（直到 1948 年《法律改革（人身伤害）法》出台，才彻底废除这一教条）。这一考察说明，有的先例存在严重缺陷，不假思索地遵照先例，意味着先例的拘束力与其所采用的证明是否有力或者有效是没有关系的（尽管我们还要加上一点，正如里德勋爵最近指出的那样，[5] 虽然“共同受雇”原则在苏格兰民事法院上 137
诉庭那里一直受到抵制，却在整个 19 世纪里被广泛认为是符合理性和常识的一项原则——至少在那些在经济上处于主导地位的阶层那里是这样）。但是，对伦敦街电车轨道案的判决原则的摒弃，则开启了反思之路，康威诉里默一案显示的实际

---

〔5〕 “The Judges as Law Maker”（见第五章注〔4〕文献），第 26 页。

上就是这一点。苏格兰法院一直持有的一个原则是，如果要抛弃先例，正当的理由是昔日的法院在对判决理由进行论证的过程中存在错误，这一点是值得肯定的；在麦克唐纳诉格莱斯哥西部医院案（*Macdonald* v. *Glasgow Western Hospitals*，1954 S. C. 453）中，卡蒙特勋爵以该理由作为拒绝遵循里德福特诉阿伯丁地方当局案（*Reidford* v. *Magistrates of Aberdeen*，1935 S. C. 276）这一先例的理由，他认为，在里德福特案中，法院没能正确地区别承揽合同和雇佣合同两个概念，从而做出了错误判决。此外，还可以找到另外一项原则，即如果一个有权威的先例所立基的原则已被立法抛弃或者带有其他不合时宜的经济或社会观念的印迹，那就不应再予固守。库珀勋爵和高等法院第一分庭在贝斯托管人诉贝斯案（*Beith' s Trustees* v. *Beith*，1950 S. C. 66）中就是这样做的。将这两个原则加以综合，就可以为对先例的效力重新进行后果权衡提供一个基础，判断以前的那些论证到底是根本不合理，还是已经与现今的社会条件不相适应。以拜斯案为例，法院阐明了没有适用孟席斯诉默里案（*Menzies* v. *Murray*，1875 2 R. 507）中的裁判规则的理由，而当时有七位法官赞同适用那一规则，该规则对婚前的财产处分予以限制，其早先的理由是需要通过限制她们及其丈夫接触信托资金来保护已婚妇女的利益。这一理由现在已经完全不合时宜，是夫妻关系上发生的社会变化导致了这一后果，对已婚妇女的财产权方面的立法所铸就的诸多法律变化，可以算作反映法律变革的一面镜子。

138 这样一种批评现有先例的方式无疑是合理的，对于我们当下进行的整个讨论而言，这也是一个合理的结论。但必须指出的是,上议院怎么能行使自我授予的背离自己设定的先例的权力?[6]关于这一问题,上议院并没有给出一个明确的理由。上议院可能也会基于上面的理由说,之所以抛弃某个立场,是因为它与上议院当下做法已经不协调了。但是,我还是想不失尊敬地回应说,上议院对于背离先例的做法,迄今还没有给出一套清晰和令人满意的论证标准,而且我认为,它对先例的背离必须立基于某种更具一般性的法律论辩和证明理论之上才行。在对法院的法律推理现状不失总体信任情况下,我们当下的论题就具有了一种批判功能——我希望这是一种建设性的批判。

论述至此,我可以回过头来兑现前面的一个承诺了。[7]在涉及立法机关权力和先例拘束力的论辩中,我们考察了后果论推理的一些要素,其间我们讨论了法官是如何在制度范围内适用"承认标准"找到"有效的法律规则"来获得判决结论的。如前面所述,法官实际上持有并运用了这类承认标准,这一点乃是法律实证主义的一个根本性原则,对于一些自然法学家而言,也是大可接受的重要事实。仅就当代而言,似乎所有自然法学家都已接受了这一点。但是我们也已指出,在某些场合法官是必须要明白无误地揭示出"基础性理由"的,这样做的目的是:(a)为接受特定的承认标准提供正当理由,以及(b)为将这种承认标准恰当适用于争议并为形成裁判规则提供正当理由。

这一节的讨论表明,就备选裁判规则可能导致的后果所进 139

〔6〕 但是参见 *Miliangos* v. *George Frank* (*Textiles*) *Ltd.* [1976] A. C. 443 会发现,当下的论题与这一案例十分契合。

〔7〕 在前面第三章第 65 页。

行的论辩而言，这些基础性理由在论证规则、在抽象层面上的有效性和拘束力方面的确是清晰的；对于相关后果的评价，则依赖于"正义"和"常识"等标准进行，尤其要参照一些基本的宪法原则，而这些原则来自政治哲学和关于国家最高机构之间如何恰当分权的若干基本前提。

这些结论，对我们在第二章中的那些理论发现施加了不可忽视的限定条件。毋庸置疑，根据已然确立的法律规则和事实前提进行的演绎性推理，在法律活动中是时有发生的；并且，正是这种论辩方式，被视为给判决提供了终局性的理由。但是，现在我们发现，给予这些理由以终局性证明效力的，是尊重"承认标准"这一具有强制性特征的默示前提，这一默示前提又依赖于我们刚刚提到的那些考量因素——这些考量因素必须在所涉问题上表达得清晰有力。演绎性证明并不做详细阐释，它只是在一个由各种价值构成的框架中起作用，正是这些价值，使得演绎性证明作为终局性方式有了坚实的根据。

140 从一般法律理论来看，对于那些在阐释法律时将"效力论"作为中心来看待的理论来说，上面的结论必然是相当重要的。所有给出这类阐释的法理学家们都必然会同意这一点。哈特——他的"承认规则"理论在这里被视为"效力论"的核心重要例子——也确曾指出，就一个旁观者的观点来看，承认规则的存在形式虽然复杂，却是一个"社会事实"。但是，对于那些从"内在方面"看待法律并认可规则的规范性力量的人来说，"社会事实并不是全部问题所在"。在别的地方，[8]我已经指出，哈特对规则之下的行动的"内在方面"所做的精彩解说，

〔8〕 参见本书附录。

需要采用不同的方式做进一步阐述，而不应局限于《法律的概念》[9]中的讨论。我们当下的讨论，也是在重申这一态度。对于承认规则的"内在方面"来说至关重要的，是行为者的某种自觉践履，这种自觉要求其努力实现承认规则所蕴含的政治价值，并以具体方式维续社会的既定秩序所体现的政治原则。无论这样说是否正确，它与哈特的论题总有些不一致的地方，这样的讨论也显然比哈特本人所关心的范围更为广泛。

二、后果主义论辩的随机例子

上一节讨论的案例，是为阐明如何处理涉及承认标准的问题这一特定主题刻意选出来的。对于这些案件的判决中所采用的后果主义论辩（正如从原则角度所作的论辩一样），即使我已经做了像在多诺霍诉史蒂文森案中那样详尽的阐述，人们还是可以不无道理地提出疑问，认为这种论辩方式只适用于某类特殊案件。那么，这种论辩模式真的像我所说的那样具有一般性，或者像我的理论所表明的那样具有一般性吗？

通过给出一些从我的阅读范围中随意选择出的案例，我至少可以反驳这样一种观点，即这种推理方式只是适用于前面的那些重要的开创性案例和宪法性判决。本章的下面部分，将对那些包含了相关性、解释和分类问题的案例进行随机考察，并且，这些案例涉及的范围选择上也是随机的，涉及不同法律部门和不同的司法管辖领域。

[9] Hart, *Concept of Law*, pp. 55 - 6, 86 - 8, 96, 99 - 100, etc.

141 近年来,过失行为的责任范围问题让英国法院颇费心思。如果 A 的过失行为造成了 B 的经济损失,而没有对人身或财产造成任何有形的伤害,那么 B 是否有权向 A 提出赔偿损失的请求?例如,在电力公司诉霍兰德公司案[*Dynamco Ltd.* v. *Holland & Hannen & Cubitts* (*Scotland*) *Ltd.*,1971 S. C. 257]中发生的情况是,被告的雇员切断了属于南英格兰电力管理委员会的电缆,导致原告的供电两次中断,影响生产并使其利润受损。在英格兰,因同样的事故引发的诉讼屡见不鲜。基辛勋爵为电力公司案出具的判决意见中的结论,对所有涉及这一主题的判决来说可以说切中要害:

简言之,我的意见是,根据苏格兰的法律,原告没有资格就所遭受的损失主张经济赔偿,因为,对于为他们所有或者占有的财物所造成的有形损害,不是导致那一损失的原因。在没有对人身权利造成伤害的情况下,法律是否应当介入过失案件中的经济损失,是一个不同的问题。

关于这类案件,我已提到许多司法意见,有的认为如果法律真的如原告所陈述的那样应当提供那种救济,则这种过错行为必将带来如潮的诉讼,也有的意见关注对诉讼的实际需要到底如何,这些案件中包括里维斯案(*Reavis* v. *Clan Line Steamers*,1925 S. C. 725)……如果原告向法院提出的主张恰当,那么用最高民事法院院长克莱蒂勋爵在里维斯案(第 740 页)中的话来说,其后果将是"令人惊骇的"。因为,如果电缆因疏忽大意被损坏使供电中断的话,那么,所有将电力用于营业的公司和个人,均可提起诉讼,就所遭受的利润及其他金钱损失主张赔偿,这对于拥有机器的工厂、商店、办事机构、旅馆、酒店、矿井、采石场以及某些房屋等的所有者或占有者来说,都将同样适用……(同上,263页)。

在其判决意见的前面部分,对基于过失行为造成的损害所持有的"合理预见能力"的范围进行考察时,基辛勋爵曾得出结论,现有的法律原则不支持原告的诉讼主张。"不能强加给有过错者这样一项义务,即他必须能够完全预见除受损财产的所有者或占有者之外的其他个人所造成的财政或者经济上的损失"(同上,261页)。

显然,在"能够被预见到"这一意义上,这不仅仅是一个什 142
么能够被预见到的问题。显然,关键问题是"不能被认为应当完全预见……"因为,过失切断电缆所可能造成的损失是如此巨大,以至于任何人都难以承担得起赔偿责任的风险;即使让一个庞大的企业来承担这种责任,也有可能使之倾家荡产。那些离不开电力供应的企业,应当有能力自行防范由于供电中断造成的损失。这样,至少在涉及"经济损失"的案例中,法官申明了立场。

在发电厂案中,只是在通过交叉询问或者从原则角度做进一步论辩之后,基辛勋爵才提出了上面引用的那段论辩意见,这是苏格兰法律家组织论辩的一个特征;但即使在这样一个论辩传统中,也很难否认后果主义论辩所具有的极大重要性。亨特勋爵在亨德森诉约翰·斯图亚特(农场)公司案[*Henderson* v. *John Stuart* (*Farms*) *Ltd.*, 1963 S. C. 245]中的判决,也是这样一个例子。

一名农场工人在清扫弗里斯奶牛的放饲厩时,不幸被牛角抵触身亡,他的遗孀和女儿起诉了农场。原告称亨德森的死是由被告的过失引起的，她们尤其指出，被告没能提供安全的工作环境。但是被告辩称，那头惹祸的奶牛以前从没表现出伤害迹象。按照英国法上的“明知的行为”标准，家养动物对他人造成伤害的，除非能够证明这些动物先前就有为其主人明知的伤害倾向，主人不承担责任。但是，原告没能证明农场主明知那头奶牛一直具有伤害倾向。

被告的论辩理由，一是英国法上曾经有过的判例，二是斯戴尔著作中第一部分第九章第五节的论述，在该节内容中，斯戴尔认为只有知道动物具有危害倾向时才产生责任问题。亨特勋爵拒绝了被告的这一论辩，但是，关于为何要拓展过错补偿责任原则的一般适用范围来肯定被告负有责任，他没有找出原则上的根据。他提出了后果主义论辩，来论证被告对既存的判例法规则所做的那种理解是多么不恰当：

143 被告提出的一个主张是，对于仆人的行为所造成的损失或者伤害，除非有证据表明主人预先知道仆人有时行为暴戾、充满危险，主人一概不承担责任，包括过失责任。仅从原则上来看，我找不到任何理由，可以把这样一项推卸责任的主张借用到动物伤人的情形中来。我发现以前也有与被告类似的意见出现，例如在弗莱明诉厄尔案［*Fleeming* v. *Orr*，(1853) 15 D. 486］中考克波恩勋爵的意见中的一段就体现了这种立场。他在那一案中是多数派，不过，他们的判决意见后来被上议院推翻了；但是，我仍不失尊重地认为，这种考量并非使得肯定被告责任的观点变得不可能，否则人们将必须接受这样一个后果，如在其他一些情形中，一个人可能会故意地并且恶意地让他的狗去咬别人，但还能成功地为自己辩护说，这条狗以前从没咬过人；或者当一个农民故意把一头公牛赶入一群身穿红色衣服的妇女当中，直到伤害不可避免地发生后，他还可以辩称那头牛以前从未伤害过任何人，无论是男人还是女人。我认为，被告从斯戴尔的著作（第一部分第九章第五节）中引用的那段话中，无论如何都没有这样的含义，也不可以做这样的理解……（同上，249 页）

在即将结束他的意见的时候，亨特勋爵实际上又重申了上述考量因素，他说：

在辩论过程中，被告律师也不止一次地被迫承认，他的论辩意见的实际后果在某些方面可能是不公正的，甚至有些离奇……坦率地说，我无意让这种离奇的后果发生，特别是当这种后果与苏格兰法律中那些众所周知的原则冲突的时候。那项既存的和已经被接受的原则仍然适用于本案，虽然它面对的情形是前所未有的一种，但是，我把那项原则用于以前未曾遇到的情况，尚不构成对立法权的篡夺（这与被告律师的意见相反）。（同上，255 页）

上面的例子，虽然涉及普通法，但不能说这种论辩只能从普通法案例中才能找得到。在有些场合，在阐述既定的成文法规则时，对同一术语也往往有相反的解释，因而存在不同的论辩意见。 144

在安尼斯米尼克诉涉外赔偿委员会案（*Anisminic* v. *Foreign Compensation Commission*，[1969] 2 A. C. 147）中，法官必须考察《涉外赔偿法》第 4 条第 4 款的后果，这一款的内容是："凡是由该委员会做出的决定，均不可作为争议提交任何法庭。"尽管有这样一项规则，上议院还是宣布涉外赔偿委员会关于苏伊士运河事务的一项决定无效。上议院的一个理由是,如果不对之加以必要的限制和纠正,议会对该委员会的有限授权就会形同虚设,而这将违背议会的初衷,使得委员会的权力明显地超出限度。委员会为拒绝安尼斯米尼克的申请而发布命令的行为,在上议院看来,虽然是一个具体的"错误"却事关根本。上议院的这一论辩本身,就是从正义和权宜角度做出的。如果按照委员会的理解,执行那一命令将导致的后果是,被剥夺了在埃及的财产的原始所有权者,如果能成功地通过对埃及政府施加压力而获得部分赔偿,那么苏伊士运河事件之后他将得不到任何补偿,这是一个不公正且不利的后果。上议院认为,委员会的这种考虑乃是"无关的考虑",因此委员会的行为超越了权限。这样,尽管有《涉外赔偿法》第四条第四款,委员会"自称的决定"就可以堂而皇之地被否决了。这是一个双重的论辩路径,它权衡了对于法案的两种不同的可能解释,也衡量了法案之下的委托立法权,通过这种方式,这一论辩把法院对委员会做出和执行决定的权力的审查权正当化了。

这一案例,按照本书所做的区分,是关于对成文法的"解释问题"的。不仅如此,对于普通法原则,同样也是存在解释问题的。例如,关于普通法上的契约因不能履行而终止原则,有时就面临这一问题。

1937 年 1 月 3 日,金斯伍德谎称自己在剧烈的锅炉爆炸中受重伤,船抛锚在皮瑞港口外,所以不能继续履行一份租船契约,而按照那份契约,第二天她就应当把一艘货船备好停在皮瑞港。租船者要求赔偿损失。仲裁过程中,仲裁员发现很难查明爆炸的真实原因。查明爆炸原因之所以重要,是因为法律明确规定,因发生意外事件使契约无法履行的(契约终止),该事件的发生可以作为对抗赔偿请求的理由，但如果是被告自己的原因导致契约不能履行，则不可援引该抗辩理由。在约瑟芬·康斯坦丁船运公司诉皇家冶炼有限公司案（*Joseph Constantine Steamship Line Ltd.* v. *Imperial Smelting Corporation Ltd.*，[1942] A. C. 154）中，租船者（被告）主张，对于造成契约终止的原因并不是船主及其雇员的一意孤行和过失行为这一情况，举证责任在船主一方，而船主则持相反说法。爱金森法官的判决支持船主，但上诉法院推翻了这一判决，不过，后来又被上议院翻过来了。

赖特勋爵陈述了法官们的判决理由，其中的一个关键推理 145
是：

> 很明显的一点是，上诉法院所采用的判决规则在许多情形下会导致严重的不公，并且会使得契约因不能履行而终止原则的某些合理性和公平优点丧失掉，这一点我已经做过说明了。在我看来，上诉法院所采用的规则会导致明显的不便……（I）如果一艘船及其所有船员都在台风中下落不明，那么，船主必须确定无疑地证明船长没有收到该海域的危险警告或者对警告置若罔闻才能免除责任吗？有很多海上事故的原因是根本无法查明的。如果一艘船被鱼雷击沉，船员无一生还，船主还必须证明自己没有过错，例如船上没有点灯或船一直遵守航行规则才能免责吗？（同上，193 页）

希蒙勋爵也持相同的看法，他指出："[如果上诉法院的裁判规则]是正确的，在很多场合必然出现的情况是，尽管事实上契约的终止是完全的和不可避免的，被告也将因为无法证明自己无辜——在一些情形中是一系列的无辜，而承担责任"

（同上，161 页）。他进而举出一系列案例来印证赖特勋爵的意见。希蒙勋爵还提出了另一种论辩，大意是这一判决结论可以被看作契约的一个隐含条款，与“海上风险”条款相类似。这样的话，根据格伦达洛茨（[1894] P. 264）原则，举证责任就自然落到了租船者身上，租船者要为反对适用那一例外提出证明。

146 在斯通教授[10]看来，希蒙勋爵所采用的那种类比论辩，在过去被视为论证判决结论最为关键的论辩方式；他认为，对规则的例外和规则的条件进行区分是没有意义的，所以，这个案件是借助于“无意义的法律种类”来做出判决的，这种分类是诸多“假想的参照种类”中的一种，按照斯通的说法，这些都是法官用来为进行政策选择做掩饰所必然采用的方法。但是，从赖特法官和希蒙勋爵的发言中截取的段落，阐明的是如果适用与他们意见不同的规则必将导致不利的后果。这种后果主义论辩是相当清晰有力的。的确，对于希蒙勋爵来说，将问题“说明白”的一个办法是挖掘出契约的隐含条款；但是，对于那个隐含的契约条款，只有清晰的政策性论辩才能使之正当化。为此，很明显的是，引用格伦达洛茨原则的原因就在于它是一个支持性的类比，该原则使得隐含条款在政策根据上得以正当化。类比论辩对于判决论证来说从来都不是非常有说服力的，它只能表明支持对象同既定的法律相包容或者协调而已，同那种具有自足性的论辩相比，二者在功能上是有差别的，而我们至少发现斯通没有觉察到这一差别。而且，如果人们接受了赖特勋爵的意见——判决结论还必须立基于契约终止规则背后

---

〔10〕 J. Stone, *Legal System and Lawyer's Reasonings* (London, 1964), pp. 244 – 6.

的原则和政策根据，那么，尽管类比能够增强论辩的分量，实际上仍是可有可无的。

契约本身的不合法与契约的终止并非没有关系，因为，如果契约本身不合法，原告就无法使其诉求成立。但是同样，在某些难以预见的情况中，为了否定非法契约的效力而适用规则同样会产生问题。圣约翰航运公司诉约瑟夫·兰克有限公司案（*St. John Shipping Corporation* v. *Joseph Rank Ltd.*，[1957] 1 Q. B. 267）中，原告的船运送被告的谷物到伯肯黑德，穿越大西洋时因略有超载而遭到刑事指控，被告以此为由拒付部分运费。在戴维林法官（Devlin J.）面前，被告理直气壮地声称有权拒付运费，因为原告触犯了刑律。戴维林法官在审理时体现出了非凡才智，他视野开阔的论证使得结论难以动摇（这段引语可以说是我们当下论题的范例）：

除了能够证明无论原告触犯刑律的行为是出于意外还是故意，严重的还是轻微的，被告都有拒付全部运费的权利，否则被告不可能胜诉。如果在像本案这样的案件中适用这样的原则，将注定造成惊人的后果。韦尔默先生并不试图将他的注意力从那个宽泛的后果上转移开。一个船主，即使他的船只是轻微的超载，他也将不能从托运人或收货人那里收回一个子儿。在航行过程中，船主可能还有很多其他的不合法行为，将导致同样的后果，罗斯科尔先生已经给我们举出例子来说明这一点了，如按照《1949 年商船（安全协定）法》第 24 条的规定，在海上运载谷物时超载，而又没有采取任何必要的和合理的防范措施以免谷物移位的，将被视为违法。他还向我提出，如果根据 1932 年法案第 61 条的规定没有实施那种犯罪行为，那么关于 147

> 运输木材的那些详细规则——它们同工厂法的那些规则相似——也必须得到遵守。如果韦尔默先生是对的,即使一家加工厂在制造产品时有的地方不合工厂法,业主也不能从它那里索要回花费,那么,船主违反 1932 年法案的后果,将同业主的命运同样糟糕。路上运输者的处境并不比海上运输者更好;另外,韦尔默先生一直坚持认为,即使卡车有轻微超载,托运人也有权拒绝支付运费。如果这种主张真的成了法律,那么,货船的主人或者收货人等到刑事上的指控成立以后,然后拒付运费,这是不利于事业发展的。我们主要交通干线将出现一种服务,它们从发现违反交通规则的行为中得到回报。一支有效率的、担负纠察重任的公海巡逻队代价将变得过于高昂,但是,如果最轻微的违法都有可能使得托运人有权拒付运费,那么维持在各主要港口巡逻服务的开支将会很合算。
>
> 当然,正如韦尔默先生所言,不能因为正确的法律原则可能会带来令人惊骇的甚至是灾难性的后果而拒绝适用它。但是,我不想隐瞒的一点是,对这样的法律主张所带来的那种后果进行审慎的考虑的话,我就会不假思索地认定,这种论辩在某种程度上是存在缺陷的。(同上,281—282 页)

148 在这里,还要提到前面引用过的两个案例,如果我们不参照这两个案例,得出结论可能不会令人满意。一个是麦克伦南诉麦克伦南案(*Maclennan* v. *Maclennan*, 1958 S. C. 105),一个是厄灵伦敦自治市委员会案(*Ealing London Borough Council*, [1972] A. C. 342),前一个案例涉及"分类问题",后一个涉及解释问题。在麦克伦南案中,魏特利勋爵认为,志愿的人工授精行为不构成离婚法上的通奸;他的主要立论基础,是对判例法上的通奸概念进行的阐释，除此之外，还有一个辅助性的论证，即如果将通奸概念扩展至包括志愿人工授精行为的话，将导致荒谬的后果。魏特利勋爵指出，如果采取在诉讼过程中提出的另一项裁判规则，得出的结论将是一个妻子会被发现与一个死人通奸——仿佛她是一个恋尸狂，这显然是个荒谬的结论。

在厄灵案中，大多数法官所关注的问题是，种族关系法在某些刑事条款中也使用了"基于……民族血统的歧视"这样的词句。他们认为，将"国籍"从民族血统的范围中排除，通过暗示以及基于其他理由来扩展刑事法的含义，后果是不能接受的。我们还发现，提出反对意见的肯布兰顿勋爵采用的也是后果主义论辩：

> 将对国籍的歧视从民族血统歧视范围中排除出去，其实际后果将是惊人的……如果"民族血统"不包含"国籍"在内，那么，只能将某些人通过明示的方式——如"波兰人不得入内"——限制进入某些公共场所，而这就容易引起关于该做法是否合法的争论……而"谢绝外国人"则更少引起争议，因为"外国人"指的是拥有外国国籍的人，而不是拥有外国血统的英国公民；然而，正如委员会一方的律师所承认的那样，公共场所标注的"仅对英国公民开放"，本来是不具有排斥性的……基于对法案的不同解释，是可以相互包容的。我不能接受这样一种前提，即认为享受自由时不需承担任何责任；当然，种族关系法确实包含一些刑事方面的制裁，那是对自由的某种限制，但是另一方面，它也被看作社会改革和缓解不幸的一种方式。无论是以实现某种先在的自由为前提，还是以乐善好施

为前提，都无助于对案件形成正确的看法。（[1972] A.C. 268—269页）

至此，已经有足够的例子证明，我们在多诺霍诉史蒂文森案中所发现的那个用来检验一般化了的原则的模式，无论如何都不是罕见的。如果要找一位伟大法官在法庭之外的言论作为支持，里德勋爵就是这样一位。他最近所做的一个评论，可以视为对我们当下的论题的佐证。他的概括，更多源于自己的职业经验，而不仅是对他人经验的反思：

> 当某个命题被提出时，一个人经常对自己说："那不可能是对的"，然后他就去看看为什么它不可能是对的。尽管脱离语境来看它或许能得到某种司法理由的支持，但有时它与常识相悖，有时与一个人的正义观念不符，更多地时候则与法律的原则抵牾。[11]

149 一旦演绎推理的两个局限显现出来，需要对备选的裁判规则进行权衡时，后果主义论辩就会成为法律论证的关键因素。只凭引用若干案例或许还不能完全证明这一点。尽管如此，这些例子至少表明，任何理论都不能忽视这种评价方式。里德勋爵告诉我们，对可能的裁判规则进行检验的过程，必须考察"常识"、"个人的正义观念"以及"法律的原则"——在他别处的文章中，还加上了"公共政策"这一因素。他是在以另外一种方式陈述那些需要考量的价值，在前面的多诺霍案中，这些价值曾被用来检验相互对立的裁判规则。这种方式所意图的——也为其他的案件所确认的——是法律规则必须被视为

---

〔11〕 前面137页注〔5〕中的文献，第26页。

承载着某种理性的目的，这些目的包括保障社会福祉或者防止社会性罪恶等与人的正义观念相一致的目的。而且，追求这些价值的过程必须表明一种合理的融贯性，亦即一个特定判决的后果应当与相关的法律原则的目的协调一致。关于这一点，赖特法官在康斯坦丁案的上诉审意见中表达得很清楚。该案中的一个弄巧成拙的后果是给契约终止原则加上了新的一个条件，即被告必须证明终止的事由不是因为他的过错。该案中，“常识”扮演了双重角色，一方面它指法官意图使之生效的那种关于社会价值的、纯朴的共同意识；另一方面它意味着要对两个可能的目标进行检验，以决定在追求另一个意图时是什么导致了“弄巧成拙的”后果。厄灵案中，肯布兰顿勋爵的反对意见认为，以大多数人的观点来看酒店里的“谢绝外国人”标志也可能是合法的，这是另外一个例子。

如果法律被认为负载着那种合理的目标，那么可以肯定地说，在那些无法根据明确的强制性规则得出判决结论的场合，或者规则本身语焉不详的场合，依靠对后果的考量做出判决实乃必要之举。但是，由于证明过程就是表明为什么判决遵循的是这项规则而不是那项规则的过程，所考虑的后果也就包括一般性裁判规则所可能导致的所有可能后果，而不仅仅是判决对某个特定当事人的特定影响。里德勋爵就是这样做的，他通过对均为判决所容忍的不同“主张”所可能造成的一般后果进行权衡来得出结论。对于判决中的正义原则——对同样的情形同样对待来说，前瞻性是一个必要的考虑因素，通过引用案例，我们已有足够的理由来重申，后果主义论辩对这一因素来说实属必要，因为对待当下案件的方式，也会成为将来对待同样案件的理由。

150 当然,并不是说在每一个案件中法院都能够为判决中遇到的难题提供清晰无误的论证理由。但是,当下的论题所关心的是,就法官和律师所遵循的标准来说,判决应当怎样进行论证。所以,如果仅仅因为有时后果主义论辩并不能帮助法官检验出一项裁判规则而否定其意义,这种否定就是站不住脚的。要使否定站得住脚就需要表明,后果主义论辩在这些案例并非一种令人满意的论证方式。

151 在斯克顿有限公司案(*Scuttons Ltd.* v. *Midland Silicones Ltd.*,[1962]A. C. 446)中,所涉及的问题是,在英国法上第三方可否利用主合同当事人签订的契约中的条款,来减少因化学伤害对他人造成的损失所负的赔偿责任。本案中,契约的第三方援引了上议院在老迪普斯特及公司诉帕特森公司案(*Elder Dempster & Co. Ltd.* v. *Paterson*, *Zochonis & Co. Ltd.*,[1924]A. C. 552)中的判决,该判决确认可以削减第三方的这种责任。但是,里德勋爵就那一案件评论道:

> 芬雷勋爵说,如果判决船主败诉,这将是荒谬的,其他法官或许也是这么看的。他们一定认为,他们仅仅是在把一项久已存在的原则适用于具体的案件中。
>
> 但是,当我试图寻找这样一项原则时,却根本不知道它从何而来,而且,在律师的旁征博引和富有才智的论辩意见中,也没有这项原则的影子。(同上,477 页)

所以,随后适用迪普斯特案中的原则,是一个致命的问题,因为在芬雷勋爵的意见中并没有可行的和经过论证的判决原则可供阐释;事实上该案也不能被视为"仅仅是在适用一项既定的原则",考虑到这一点,仅仅说对某一案件做出某一判决可能是“荒谬的”,算不上是一种恰当的论证。对判决原则不能给出清楚而融贯论证的情况,另一个提出有力挑战的例子是芒斯特案(*The Monstyn*,[1928] A. C. 57,73 页),该案中达尼丁勋爵对河流维护委员会诉安德森案(*River Wear Commissioners* v. *Adamson*,[1877] 2 App. Cas. 743)的判决所做批评非常有名。

这些批评进一步证明,法官应当对判决所依赖的裁判规则清晰阐释,并应运用适当的评价标准进行检验,这些标准诸如“常识”、“正义”、“同法律原则一致”以及“公共政策”等。对于法律论证来说,这已成为必要之举。同样,律师也必须在法庭上紧紧围绕这些考量因素组织论辩以赢得诉讼。如果说这一要求是判决中形式正义原则的必然要求的话,那就很难使当下的论题更加有说服力,这就需要进行更为深入的讨论。

第七章 “融贯性”要求：原则与类推

152 本章的主题，是进一步讨论基于一般原则进行的论辩在法律推理中的作用。前面的章节已经指出，这类论辩形式应当符合法律规则之间相互“融贯”这一先决条件；所谓“融贯”，对于一个成熟的法律制度来说，意指不同的规则只有通盘考虑才“有意义”。规则之所以有意义，在于他们都要与某个更为一般性的规则相一致，并因此被视为这一规则的特定的或“具体”的表现形式。如果那个更为一般性的概念被人们认为是一个合理的、有意义的概念，或者对于指导具体事务来说是正当的、可欲的标准，那么人们就会把这一标准视为一项“原则”，对于所有那些与之相关但更为具体的原则来说，这一原则起到解释和使之正当化的作用。

就证明而言,如果某个规则 n 自身是有价值的,或者可作为实现一个有价值的目标的不错手段,而有一个更为具体的规则恰恰包含其中,那么可以说,这个更为具体的规则也是一项好的规则。具体来说:当对一项规则在具体情境中的恰当含义犹豫不决时,原则可以帮助我们做出恰当的理解;而且,在很多具体场合中原则也帮助我们解释为什么该规则应当予以坚持。因此,将一项规则称为“原则”,意味着它既是相对一般的,又是有着实在价值的。

当说别的某个人奉行某原则时,并不意味着说者自己认为相关的规范里面蕴含着什么实在价值,而是意味着所说的那个人认为这项规范中包含着实在价值,这样才能够对前面提到的具体判决和所适用的规则给出证明和解释理由。

同样的道理看来也适用于法律的诸项原则。如果我试图 153
探究一个给定的法律制度的基本原则是什么,我会首先研究那些效力于其中的人们,看看他们认为该法律制度所具有的一般规则有哪些,我还将考察,这些规则在多大程度上具备一般性,包含着什么样的实在价值,以及与制度中的有效规则相比它们具有多大的解释和证明功能。如果我要说,黑人和白人种族应当停止在社会和性别方面的融合乃是现行南非法律的一项原则,我相信自己的描述没错。但是对我自己来说,是否应当把这样一项规则当作个人行为的指针或者一部法律的原则,还是大可争论的,我甚至还要毫不留情地予以谴责。

当然,从“内在”的观点来看,情况就有所不同了。如果要对人们置身其中的法律制度的各项原则予以深究的话,必须在一系列规则之间建立起某种融贯关系,而这些规则所表达的,正是制度的证明性和解释性价值。这会鼓励人们既要努力理解立法文件和判例法规则在立法者和法官眼中的真意如何，又要将自己对规则所蕴含的价值的理解附加于那些规则。所以，在理解过程中，总是需要融合两种视角，既理解他人已经接受的价值，又附加进自己的理解，从自己认为正确的角度进行推论或者修正。

下面的讨论将会表明，对于法律中“类推论证”的理解，我们也必须沿着实质上与此相同的思路进行。在这一问题上，至关重要的是努力在法律制度的内部确保价值间的融贯。这种融贯要求，也可以被进一步理解为划定一个界限，让司法造法的情形限定在合法的范围之内。

所有这些探索，都会把人带入现今弥漫着硝烟的法理学论战中去。罗纳德·德沃金教授对在疑难案件中依据法律原则进行论辩的意义大加赞扬，他向实证主义法理学提出了一系列挑战。[1] 据此他宣称，为 H. L. 哈特[2]等实证主义者所推崇的司法自由裁量理论，已经走到穷途末路了。他的这一论调，大概尤其能博得苏格兰法律家们的青睐，因为从传统上来看他们深受斯戴尔(及其后继者们)的影响，这些人更多地把对制度的信赖归因于原则而非先例的力量。

154 当然，在我的思想发展过程中，也确曾希望提出一种理论，将抽象原则在法律论证中的重要性突出强调，这一思想的最初萌芽还曾经于 1966 年发表过。[3] 但我同时认为，这种重视原

---

〔1〕 Ronald Dworking, *Taking Rights Seriously* (London, 1977), cc. 1－4, 12, 13，汇集了一系列相关的论文，该书提出了这一挑战。

〔2〕 特别需要参见 Dworking，前面引用的著作，第二章和第三章。

〔3〕 MacCormick, “Can *Stare Decisis* be Abolished” 1966 Jur. Rev. 197；还可参见“‘Principles’ of law” 1974 Jur. Rev. 217.

则的态度对于哈特的理论来说与其说是颠覆性的,不如说更多的是在为他摇旗呐喊。关键问题是,人们可以客观地对一种法律制度进行描述,而无需对它或者对它所热衷的价值观表达出兴趣,这一点对于观察法律制度中的原则和规则来说是一样的。

另外,正如法律制度的规则会发生变化那样,原则也非一成不变。使它们发生变化的方式之一是制定和颁行新法。在查特诉种族关系委员会(*Charter* v. *Race Relations Board*, [1973] A. C. 868;[1973] 1 ALL E. R. 512)一案中,莫里斯勋爵的评论就与此相关,这种相关性,决不会因为他与同事在案件判决结论上唱反调而消失:

> 阁下,议会借助于1965年和1968年种族关系法的制定生效,为英格兰法引入了一项具有导向性作用的新原则,这项原则事关根本,影响深远。该原则必将对这个国家中人们的行为和习惯以及人际关系产生影响。根据议会法令中的措辞,除非议会特许,依据肤色、种族、宗教或者民族出身而歧视一个人在英格兰法上已成为非法之举。从一定意义上来说,这将对某些人的行为构成限制,而这些行为可以说是他们的自由,他们将不能再基于肤色、种族、宗教的或者民族出身原因而给一些人比另外一些人不利的待遇。不过同样是基于自由的原因,尽管视角有所不同,议会已将(基于所述原因的)歧视作为非法之举明令禁止。([1973]A. C. 889 页;[1973] 1 ALL E. R. 518 页)

如果有人问议会是如何将这项“根本的、影响深远的和新 155
的指导性原则”引入法律中的,答案十分简单:颁行《种族关系法》。这部法律的各个部分里,包含一系列相对来说更为具体的法律规则,它们是英国法的(因此也是苏格兰法的)有效规则,正是以此为理由,"效力论"得以产生。这一系列规则,从整体上来看成了"新原则"的具体法律表现;要不是采取这种激进的立法方式,无论那一原则在道德或政治基础上如何令人向往,该原则都不能成为这些法律制度的原则。这项新原则也许会采用另外一种不那么激烈、循序渐进的方式经由一些相关的司法判决逐步引入到法律中。

这些考察表明,一个法律制度中"有效规则"和原则的变化过程并没有明显的区别,事实上原则也可以通过借助规则变化。只要是涉及"承认标准"的,原则和规则之间就存在这样的关系。一个法律制度的原则,实际上是相关职能部门凭借内部遵奉的标准将具体规则加以合理化和概念化的一般性规则。当然,这一看法会在"那种法律"包含着什么价值这一问题上引发争论——什么是"真实的"价值观在本质上是一个难以下定论的问题,因此从抽象的层面上来说,一个法律制度的内部是具有相当的多样性和开放性的。不过,对于实证主义法学家来说,阐明这一点并不是令人为难的事情。

德沃金也曾经宣称,[4]规则的特征是"完全能或者完全不能"适用——亦即要么这些规则是有效的,能够适用于给定的案件并决定案件的结果,要么这些规则是无效的或者根本不能适用,更不会对案件结果有什么影响。相比而言,运用原则(如其所言)时是有一个"权衡空间"的;在特定的事实情势中,可能会涉及不止一项原则,做权衡的时候不同原则之间会发生

---

〔4〕 前引文献,24-27页。

冲突,但没有一项会因此失效——或者毋宁说,在考量给定的情势时必须确定的是哪项原则占据更大的权重。而那项“未被考虑的”原则,也不会因此就失去了效力。

德沃金夸大了规则与原则之间的差异。法律中的类比论证指的就是,对于案件事实不能直接拿来适用的规则,也可以决定判决结果;那些“对立的类比”,其涉及的规则也是相互对抗的,它们会使论辩在争议问题上背道而驰。另外,“权衡”概念,正如前面提到的,完全是一个修辞概念,它以为具体对象的性质都是可以做客观衡量的,这恰恰是一个误导。在疑难案件中进行二次证明时,对原则和后果论辩的考量,和对既定的有效规则的那些有争议的解释之间,往往存在一种复杂的交互作用关系。当案件中出现原则和类比论辩,并需要对它们所扮演的角色进行考察时,这一点就充分显现出来。我需要重申的一点是,当我们说“法律原则”与法律规则不同时,这种不同指的是什么。我的观点是,法律规则(让我们称为“强制性法律规则”)独自地或者更多情况下与相关的规则作为整体,应被视为旨在实现某个有价值的目的或者维护某个可欲的一般行为模式的手段:通过某种抽象的规范性表述,体现达到那一目的的政策的要求,或体现维护那个抽象行为模式的可欲性,就把内涵于该规则以及其他相关规则中的“法律原则”表达出来了。 156

例如,在英国,行车时靠左走就是一项法律规则。没有什么特别的理由必须规定左行而不是右行,但是对于为什么非要确定走这边或走那边,事实上是有一个十分重要理由,那就是安全。这里所要体现的原则是,应当通过为驾车者的行为立定具体的法令以保证道路通行安全,或者,该原则认为人们应当遵守同样的通行规则以使给其他路人带来的危险降至最小。这些原则(包括采用其他规范方式的那些原则)是整个交通法规的根本出发点,而不仅仅是“左行”规则的理由。当然还可能存在其他原则。例如,如果要鼓励自由和快速通行的话,那么实施停车限制和禁止堵塞道路的法律会被认为是一个妥当选择。但即使在如此简单甚至近乎陈腐的例子中,也可以找出至少两项明显冲突的原则来,即自由通行和快速通行往往都背离安全要求。我想这些都是毋庸置疑的。

157 以这种方式来解释一般原则,其作用是可以借此探究《道路交通法》的意旨。这样来看,这部法律就绝不是一些专断的禁令和许可规范的简单堆积了,而是一系列融贯的规则整体,这些规则旨在维护那些至少在其制定者看来值得追求的公共目标。从这一意义上看,阐述原则就是在将规则加以合理化。

我们回想起,这正是埃特金勋爵的主张,或者是从他的主张中我们能够推论出的态度,关于现存的判例法体系中针对某些相对特殊的事实情势所设定的过失责任,他说:“在英国法中,必须存在,而且事实上也确实存在一些一般性的关于注意义务的观念,从案例汇编中可以发现这样一些案例”([1932] A. C. 562,580 页;1932 S. C. (H. L.) 31,44 页)。然后他继续将他著名的“相邻原则”这一公式具体化,按照这一原则的要求,为了避免由于人的行为或者疏忽而导致的可预见伤害,此人负有施以合理注意的一般义务;那些遭受损害的人与他的关系是,损害系那人在实施行为时未尽到合理注意或者有疏忽大意造成的,并且这种损害是一种可预见的情况。

正如每个法律研究者都知道的,“相邻原则”并不是“拘束性的”:它只是法官判决中的附带性意见,而非判决理由;法院有很大的自由认为任何行为或者疏忽都不受强制性规则的约束,所以即使那个人的疏忽导致了可预见的损害后果,也不必然成为他承担责任的根据。众所周知,一个律师在准备起诉的过程中或者在法庭诉讼行为中的疏忽可能会给他的客户造成最具灾难性的后果,但在伦戴尔诉沃斯累(*Rondel* v. *Worsley*, [1969] 1 A. C. 191)一案中,法官经过审慎而不乏忧虑的权衡,最终认定律师对于其在处理案件中的任何过失,一概不向客户承担责任。在反对律师承担责任的理由中有:(1)一位出庭律师或者辩护人——或者在法庭上作为辩护人的事务律师——同时也是在担当司法人员的角色,他要眼见着正义得到伸张,而非一味代表委托人的利益;辩护人决不能误导法庭,他必须公正和诚实地提出主张和援引规则,尽管他可以采用任何合法的方式最大限度地维护其客户的利益;以及(2)如果允许让律师承担责任,可能将导致不满的当事人提出无穷无尽的诉讼;任何自认为能赢得诉讼的人如果输了官司,在穷尽了所有上诉之后就可能卷土重来,以疏忽大意为理由起诉他的律师未能胜诉。

再来看一个相反的例子:在家庭事务所诉多西特游艇公司 158
(*Home Office* v. *Dorset Yacht Co. Ltd.* [1970] A. C. 1004)一案中,争议的问题是,家庭事务所对于公众是否负有阻止小孩从开放的感化院逃走的责任。在普尔港布朗海岛上,一群孩子躲过三个职员的监控,深夜从感化院逃走,其间严重损坏了停泊在港口的两艘游艇,其中一艘属于被上诉人所有。被上诉人起诉家庭事务所要求赔偿损失。显然,他们若要胜诉,一个至关重要的前提是对上面提到的问题有一个肯定的回答。他们一口咬定家庭事务所负有责任。

不过，下面从蒂尔豪恩勋爵的反对意见中摘录的一段话非常重要：

> 普通法中并不存在关于这样一项责任的权威判例。我认为，丹宁勋爵在上诉法院的判决中也是承认这一点的，他曾说："我认为，这归根结底是一个关于公共政策的事务，我们作为法官必须倾力解决"，"那么，法官应当采纳什么样的公共政策才不失恰当？"他继续说：
>
> "一个罪犯可能会越狱多次——或者被假释后又对他人造成伤害。对于这种情况，我们的判例汇编中从未有过一个判例认定监狱当局应为此承担责任。同样，也从未有户主因为失窃或某人被罪犯伤害而从监狱那里获得赔偿；在判例中倒是不乏这样的情况，即户主失窃后会向保险公司索赔，而受伤的人则可以从赔付基金机构那里获得赔偿，但没有人向监狱当局要求赔偿。我们要改变这些吗？如果这样做将妨碍监狱部门做的所有那些有益工作，我将不会支持这么做。"（[1969] 2 Q. B. 426 页）
>
> 我的不同看法是，我认为"改变这些"并不属于司法职能的组成部分。或许，一个特定案件的事实是不足以成为进行一次影响深远的法律变革的理由的。我们不必为法律应当是什么费思量，然后对现有法律加以改变。那是议会的职能。（[1970] A. C. 1051 页）

159 但是，在说这些话时，蒂尔豪恩勋爵所持的是一个不同于他的同事的立场。他的同事认为，尽管没有其他的相关判例支持，还是应当将过失责任原则的适用范围扩展。里德、莫里斯、皮尔森以及迪普洛克等法官,都把“相邻原则”作为做出对被上诉人有利判决的充分依据。当然,正如迪普洛克法官提醒的那样,这一原则并非“普遍的”原则,[5]如果将其视为普遍原则,那么它将被误用——亦即,他只是在当下的情况中可强制适用。这一点也正如皮尔森勋爵所说的那样:

实际上几乎无一例外的是,人们将重新诉诸埃特金勋爵在多诺霍诉史蒂文森案中陈述的原则,[即便那一]原则只是一项基本的和一般的原则而不是普遍性原则,而且它并不能在法律上适用于为其宽泛的语义所涵盖的所有那些情势。从某种程度上说,关于何为公平和正义,在本案中必须基于情感或直觉来做出判断。在我看来,本案应当,而且事实上可以适用多诺霍诉史蒂文森案中的那一原则,除非有充足的理由表明那一原则不适用于本案。([1970]A. C. 1054 页)

里德勋爵发表的意见,也同本世纪早年的情况进行了对照,那时候,包括过失责任在内的侵权法通常被认为只适用于有限的情形。他说:

在后来的年月里,人们渐趋将有关过失问题的法律规则视为一项原则的体现,因此,当一个新的争议点出现时,人们不是要问它是否为权威判例确认过,而是问已被接受的原则能否适用于它 ……我认为时机已经成熟,我们可以而且应当说,那一(相邻)原则理应为我们适用,除非能够为排除该原则的适用提供某种证明或者有根有据的解释。([1970] A. C. 1026—1027 页)

---

[5] [1970]A. C. 1004,1060 页。

160 里德和皮尔森两位法官所做这些陈述清晰有力，其中有一个值得注意的情况，他们原来把相邻原则是作为一项一般性的判断来接受的，而且只有得到有力的政策理由和相近的类比支持的情况下，才可以适用于新的过失责任领域。现在他们则转而认为，除非有相反的理由，这一原则应当得到适用。显然，论辩中的假设和举证责任都已经发生了变化。变化的原因是这一法律部门的知识已经变得日益细密，而且这一领域中的司法经验也在不断累积。也正因此，这一原则在新的案例中不断经受着检验，并因反复适用而不断得到强化，在新的情势下，它也越来越被认为必不可少。迪普洛克勋爵的意见中，包含着对法律的类推扩展方法所做的精巧阐释，他对权威判例的讨论也表明，那一原则的效力是处在不断增长的。

以一般性语言表述的法律原则，其效力是处在一个不断强化的历史过程中的，这一过程的意义不可小觑，而注意到这一点也很重要。法律原则的这一特征，正如我们将要看到的那样，无论如何都不会只局限于过失责任法律领域——可以随手举出一个例子：战后与“自然正义原则”相关的法律规则的发展，与过失原则相比至少同样明显。早期的那些将法律责任、法律权利或任何领域归纳出合理化原则的尝试，在其最初的语境中，是作为拓展司法权的论证理由或者合法化方式存在的，那些司法所要拓展其适用范围的法律，原来都是立基于其他一些有价值的根据之上的，而这些价值在当时的人们看来也是高度可欲的。这些归纳出来的原则模式，通过表明判决结论乃是从零碎而缺乏连贯的已然存在的规则中推论得来的，而赋予了判决“合法性”。不过，没有哪个法官或哪个法院，能够借助于这一归纳出来的原则模式为相关法律分支部门的未来发展提供一个终极性的解决方案,而且法官和法院也不应当去这么做。这就是那项法律原则的优点,即一个判决结论只能对提交到法庭的那些相对狭窄的事实种类具有权威性。一项规则一旦形成,只要能够在“司法的累积性经验”基础之上被特定的发展措施的可欲性所证明,它就为法律的发展提供了一种认可理由。我们或许可以借用德沃金的比喻,即在每一个阶段中,都要通过抵制革新来进行平衡,必须把合理的后果主义考量理由引入进来,作为增强原则力量的筹码以对抗倾向于革新的判决;而且,司法经验的累积可能会越来越多地依赖于原则。另一方面,如果原则经受住了这种检验,它就应当在判决中占据重要地位,除非有相当充足的政策考虑和新的原则理由出现(正如伦戴尔诉沃斯里案那样)以动摇它。在起初作为选择性适用的原则,后来可能会变成强制性的,或者再后来遭到废止。这一情况在多希特游艇案中表现得较为明显。

同样还要看到,对一般原则的诉求——正如那些法官们所 161
说的——并非因为原则自身具有决定性效力。除了诉诸原则之外,还需要进一步的评价性论证,如果没有这种论证,就难以对基于原则做出的判决结论给出充分的论证;或者,需要找到一些相反的评价性理由据以作为反驳的根据,不过,所援引的这类理由对所涉争议来说必须是具有决定性效力的。无论是采用哪种方式,原则的存在都划定了一个界限,基于后果考虑为判决结论所做的论证,只有不超出这个界限才是合法的。原则的存在为法官的判决给出了一个许可范围,至于原则所未涉及的,则应交由立法机关去做决定。

“类推论证”的功能与此相近,事实上,在原则论证和类推论证之间并不存在清晰的界限。斯蒂尔诉格拉斯哥钢铁公司

[*Steel* v. *Glasgow Iron and Steel Co. Ltd.* (1944 S. C. 237)]一案为类推论证提供了很好的例子。一个分流车的值班员竭力阻止滑道机车碰撞事故,不幸的是他没有成功,自己却以身殉职。机车松动沿着斜坡下滑造成了惨剧,原因是被告公司雇员的疏忽大意。如果值班员不去努力采取行动保护雇主的财产而是只为自己的安全着想,完全可以逃离危险而不至遭受灭顶之灾,但他没有这么做。后来,他的遗孀起诉被告要求赔偿,理由是她丈夫的死应归因于被告雇员的疏忽大意,而这是可以作为诉因的。

争论的焦点是,值班员将自己置身危险当中以减少即将发生的碰撞导致的损失的行为,是否应被视为"新的介入行为",如果是的话,那么这一行为就打断了被告在山顶的疏忽行为与发生在山脚下的值班员身上的悲剧之间的"因果关系链条",而只有存在这一链条,才能使被告承担责任。本可以远离危险但仍冒险阻止事故的值班员,应当被视为他自己悲剧的肇事者吗?如果这样的话,他所受的伤害与造成危害情势的行为之间的关联将是如此的"间接",以至于难以让被告承担责任。

162 关于本案所涉及的问题,找不到直接的权威判例。但是就在那时,在苏格兰法中已经确立了这样一项规则,即如果施救者在搭救他人时因第三人的过错行为而遭受损害,[6]那么他有权要求该第三人予以赔偿,之后的英国法院也都对这一规则奉行不悖,而且,该规则在海因斯诉哈伍德(*Haynes* v. *Hawood*)

---

〔6〕 *Woods* v. *Caledoning Rly.* (1886) 13 R1118, *Wilkinson* v. *Kinneil Cannel & Coking Co.* (1897)24 R 1001.

案[7]中又得到了权威阐释。被告辩称,这项规则过于关照施救者的生命和身体健康。但是正如上诉法院的克拉克·库珀法官所评论的那样:“按照钢铁公司一方的观点,只能是营救者才能有权利要求不受惩罚的‘介入’,而且,有必要对营救者和救援者做出区分……我未曾在前例中发现任何有说服力的理由支持这一观点”(1944 S. C. 246 页),他进而得出结论:

根据这一观点,介入事件救人性命和介入事件拯救财产之间,只有程度上而没有性质上的差别。在这两个案例中,都要求必须存在即时的危险,并有充分的理由表明所预见的施救风险的存在。无论是营救者还是救援者,都不会毫无干系地介入一个有着过度危险或者无正当理由的危急局势中。在两个案例中,需要对营救者和救援者置身危境时所面临的危险程度进行比较,并对处理这类危险势态的相关法律体现的价值进行权衡……显然,通常情况下营救者承担的风险比救援者要大,在对一个介入危局的救援行为的正当性进行权衡时,需要考察的,不仅仅是试图保护的财产的性质和价值,而且要考察救援者先前与该财产的关系或者对该财产所负的责任。(同上,248—249 页)

所以,营救处于由不法行为导致的危境中的生命,以及营 163
救处在此类危境中的财产,两者的相似性足以证明在每个案件中都可得出相同的结论,亦即无论是营救者还是救援者,都不能因为是基于自愿的冒险而否认其有向过错者要求赔偿的权利。但是,生命价值与财产价值之间的不同,为区分危险程度

〔7〕 [1935]1 K. B. 146 Cf. *Brandon* v. *Osborne Garrett & Co.* [1942]1 K. B. 548 and *Cutler* v. *United Dairies* (London) Ltd. [1933] 2 K. B. 297.

以确定引起哪种危险相对合理些提供了理由。此外,虽然论证相似性为案件结论提供了支持,但是对此并非没有异议——正如麦肯勋爵的反对意见表明的那样,他认为应当在救援者(salvor)和营救者(resuer)之间做出明确区分。[8] 除营救目标不同并因之使得对营救行为的道德评价有所差异之外,“营救者”情形中的所有要素在“救援者”情形中都存在,这是两案的明显相似之处。多数派的判决认定,不能将这种差别视为责任存在与否的理由,而仅仅将其视为同样有冒险价值的行为而只是危险程度有所不同而已。

但是关键问题是,为什么这种相似性构成了在法律上相关的类推。实际上,库珀勋爵在他的意见中已经说得很明白了。那种将差别只是视为程度上而非本质上的差别的“观点”,乃是这一法律部门的一项基础性原则。“这个问题……作为一个开放的问题,必须通过适用赔偿法的那些朴素原则来回答;通过遵循这些原则得到一个合乎逻辑的结论,我们就能找到那个所期待的结果了。”(同上,247 页)但是,借用麦克米兰勋爵[9]的话说,我们当下的原则是“注意义务是指因为逃避或者疏忽而没有积极作为,并有理由认为这种逃避或者疏忽行为可能会给他人招致损害……”库珀勋爵还说:

……这一人类行为,要加以合理界定地话,是由疏忽大意行为导致的一种合理的和可能的后果,这一疏忽大意行为在常人看来应当能够被预见到。在此,我从原则上找到了对“替代

〔8〕 1944 S. C. 252—265 页,尤其是 259 页。

〔9〕 Lord Macmillan in *Bourhill* v. *Young* 案中的意见,1942 S. C. (H. L.) 78,88 页,[1943] A. C. 92,104 页。

风险"情形和"营救"情形的最终解释。

拯救财产的"合理"努力,被视为仅仅在程度上与救人生命的努力不同,库珀勋爵就是这种观点。所以,要确定这种类比的相关性存在,必须探查到一项理性的原则,把两种不同的情形都包含在内,如果可能的话,也能够把其他相关种类的情势涵盖其中。

这样来看,对于那些找不到强制性规则作为定案依据的案 164
件,必须表明它可以得到某个一般性的法律原则,或者一个类似前例,或者其他"有说服力的"法律理由的支持,才能得到解决。对于法律论证来说,这是一个必须满足的限定条件。可以想见,如果没有这一限定条件,才真是一件令人不可思议的事情,否则很显然的是,除在那些存在明确的强制性规则而没有"阐释"、"区分"或者"解释"余地的案件之外,法官将拥有无限的创制权力。

但是,我们不能仅仅因为否定那一条件是"不可思议"的,就拒绝做进一步的考察。不难发现,在许多案例中法官是拒绝进行广泛的创新的,原因是找不到充分的法律理由来支持这种创新。有的时候法官也坦率承认,在正义和效益方面倒是能找到有利的理由来佐证律师向他们提供的判决原则,但是,这没能使情况有所改观。如果我们发现即使是那些以大胆创新闻名于世的法官也是同样的情况,就更加确信这一观点了。里德勋爵在迈耶斯诉公诉局长(*Myers* v. *D. P. P.*, [1965] A. C. 1001, 1021—1022 页)案中的意见就是一个典型的例子。

对于作为上诉法院的上议院,我从未对其功能持一种狭隘的观点。普通法必须发展,以适应变动的经济条件和人们的思维习惯，而且我个人也不会墨守成规，被上议院古老先例中陈述的法律意见所束缚；但是，对于我们所能做的，还是有一些限制的。如果试图扩展法律的适用，那么必须借助于法律基本原则的发展和适用。我们不能将一些任意性的条件或者限制引入进来，因为必须将那些活动留待立法者去实施；我认为，即使我们的所作所为确实有效地改变了法律，我们也只应在那些期待司法判决给出终局性裁决的案例以及维护法律确定性的案例中如是为之。在本案中，如果我们忽视案情的专门性而适用原则和常识，那么现存法律中其他涉及传闻证据的内容，也可能会面临相同的待遇，那样，我们将不得不面对大量由于技术局限导致的判决不公而引起的上诉。在我看来，依靠公共政策做判决将导致法律的不确定。解决问题的唯一令人满意的途径是进行立法……

165 根据这一观点，在该案的刑事审判中，推导出来的证明盗窃摩托车行为的特定证据，作为“传闻证据”是不能被接受的，尽管该证据的中肯和可靠性无可置疑。（本案中的证据是车的底盘、发动机、汽缸制造公司的编号记录，但是公司对这些记录秘而不宣，对于特定的辆车，根本不可能弄清楚原始记录是公司的哪个雇员做的。）莫里斯法官以及豪德森法官一致赞同他的观点，他们认为，如果承认这是一种例外情况的话，那必将导致上议院超越其法定职权行事。而皮尔斯法官和多诺万法官承认这是一种例外情况。

另一个引人注目的例子，是库珀勋爵在多蒙德的 F. J.（*Drummond's J. F.* v. *H. M. Advocate*，1944 S. C. 298）一案的判决书中出具的意见，库珀勋爵在本案中是一位“强硬的”法官。

该案中的问题是,对于两个在同一场灾难中死亡的人,为了继承法的需要是否可以推定年轻者的死亡时间晚于年长者。罗马法承认这一推定,认为年轻者对年长者的财产有继承权。但是,高等法院第二分庭拒绝承认任何这类推定在本案中的效力,它所认定的裁判规则是,关于哪个人死亡在后的问题只能由证据来回答。库珀勋爵说:

> 如果这个问题早已产生并需要解决的话……人们认为,苏格兰在十七世纪后期就出于公正和方便的考虑接受了罗马法的处理方式或者它的某种修正形式。但事实上,苏格兰没有这样做,而且我现在很难苟同的一个建议是,对于一个在过去也并不罕见的情形我们需要破天荒地从罗马法或者任何其他地方引入一个完全别开生面的解决办法,因为,这样一种举措将导致在该类情形中的司法造法。

库珀勋爵指出了一个事实,苏格兰法也属于“市民法”体 166
系,罗马法作为一种在各种原则上自足的资源,可能在某一时候被苏格兰法用来解决某些新奇的问题。考虑到这一事实,上述引文中的评论尤其具有指导性意义。[10] 但是在现代,在这样一个苏格兰法上没有类似先例的领域中,简单地并且破天荒地引入一种新的罗马法方式,看来确实有失妥当。那样的做法,不是对已然被承认的那些法律原则的发展,而是“司法造法”行为。

例子并非证据。但是案例中的理由有助于确定在当下案件中如何做出结论。法官的确要维护正义,但需要重申的一点

〔10〕 参见 P. Stein,“The Influence of Roman Law on the Law of Scotland”(1963) Jur. Rev.(N. S.) 205;我要感谢这篇文章,是它使我注意到这段引文。

是,这种正义乃是“法律的正义”。这的确不意味着法官只能从依据强制性规则所进行的推理中得出判决结论,但另一方面,它也不意味着法官们可以自由地、不受任何限制地将自己关于正义和常识的直觉付诸判决。他们从后果主义的考量出发,做出具有正当性的判决的裁量自由、权力,或者更确切的说是责任,需要受到一个条件的约束,那就是所做的判决必须有法律上的理由。这些一方面提供指导而另一方面构成限制的“抽象原则”所表达的,是那些具体规则的深层理由。这样的话,这些原则就不是被发现出来的,而是早已被制定好了。将 *p* 作为规则 *r* 或者规则 *r*1、*r*2、*r*3 等的“深层理由”,也就是要将最初设定的某种一般性的政策归于这些规则,而发现“深层理由”意味着要实施这些政策,或者说为继续维持它寻找最好的理由。这些理由令人信服地被当作对规则的解释,而规则的内容又能部分地决定理由的可能范围。当前那些根据人们已经接受的价值(法官称为“常识”)确定的标准,进一步对判决做出了限制;只有那些被认为好的或者可欲的价值标准,才可以被作为政策对待,用这样的政策来维持和促进法律规则的实施,才能作为所适用的规则的理由和合理化根据。对“法律原则”的陈述,实质上就是对这种理性化或论证性政策的规范性表达。

167 这样,似乎可以说,调整侵权或其他不法行为的法律,其最终目的或暗含的政策,仅仅是为受到伤害的人身权或者财产权提供正当补偿。当解释何为“正当”补偿时,法官发现有必要依赖于一项补充性的但有时也是对立性的政策。该政策认为,如果当事人对于造成的事故实属无辜,或者他们根本无法合理预见到事故的发生,那么在这种情形下应当免除其责任。若要对这类政策以原则的形式进行规范性表达,那就应当表述为“无过错既无责任”,或“人们应当对因其过错给他人造成的损害承担责任”等形式。

正是这些原则,为那些在判例法上和制定法上有关侵权和刑事问题的细致规则提供了合理化形式,并且成为它们存在的根据。也正因如此,可以在新型案件中通过阐发原则来提出某个适用于本案的全新责任规则,从而使法律得到发展。正是原则为法律的这种发展提供了一种必要(但不一定充分)的论证方式。这一点,我们在多希特诉游艇俱乐部(*Dorset* v. *Yachet Club*)一案[11]中也可以看得出来。对此我认为,无论是对于那些将这类原则视为一种个人确信的人,还是那些宁愿用“风险责任”原则来作为补充的人来说,毋庸置疑的是,这些原则是能够被用于那一法律部门的合理化论证的,并且,作为论证理由它们已经为法官和律师所接受了。

对于上面的看法,还必须说明的是,并非整个侵权法都统摄于单一的“无过错既无责任”原则或其对立原则之下。正如西蒙斯勋爵在里德诉里昂公司(*Read* v. *J. Lyons Co. Ltd.*, [1947] A. C. 156 at p. 180)一案中评论的:“我们的时代长久以来充斥着不同法律制度所秉持的原则之间的冲突,有人坚持‘人需为其造成的危险负责’,有人则坚持‘无过失即无责任’。也难怪,英国法的研究者们总是试图找到这些理论的中间道路和妥协方式。”

里德案本身就是一个两种“理论”或两种“原则”发生冲突 168
例子。原告是一家战时军需工厂的政府检查员,她被装满烈性

〔11〕 [1970]A. C. 1004;前注 158—161 页。

炸药的炮弹炸伤了。她向工厂管理者索赔,但没有指明厂方的疏忽。她认为,任何失控的物件导致人身权利或者财产权利遭受损害的,控制该物件的一方都应当承担责任,而受损害的无需证明其有过错。也就是说,她将自己的诉讼请求立基于"瑞兰兹诉弗莱彻案(*Rylands* v. *Fletcher*,[1868] L. R. 3 H. L. 330)[12]确立的原则"之上。那一原则的内容是,实施了高度危险行为的人应当对引起损害事故的风险承担责任,无论事故导致的是对财产的侵害还是对人身的侵害均无例外。而且,她的律师强调,任何那些危险的情况或者物件无论是否脱离了控制者的掌控,都要由控制者承担责任。

这一辩论意见在适用于该案事实时遭到了上议院的一致反对。即使是那些承认里兰兹诉弗莱彻案中的严格责任规则或许能适用于个人伤害情况的法官,也坚持认为,若要被告承担责任,必须满足的一个附加条件是危险发生于被告的建筑物或土地之外的地方。鲍特勋爵[13]说:"反对意见认为,如果伤者只能是在被告的建筑物之外时才让被告承担责任,而伤者在被告的建筑物之内时却不让被告们承担责任,那么这是很奇怪的结论。这种反对相当有力,但是,那种责任[也就是里兰兹诉弗莱彻案中的为个人伤害所负的严格责任]是对一般责任规则的扩展,在我看来,这种对责任的扩展是不可欲的。"着重部分清楚地表明,在这样一个案例中,在有着对立原则并且都可言之成理的情况下,最后的选择必须建立在合理的评估之上,亦即衡量哪项一般原则在所争议的案件中更为可欲。

---

〔12〕 参见 Lord Porter 的意见,[1947] A. C. 156,175 页。

〔13〕 同上,177—178 页;着重号为引者所加。

下面从麦克米兰勋爵的意见中摘出的一段话体现了同样的立场,其视野也更加开阔:

> 无论原先英格兰法的意思到底是什么,我认为,正如法律 169
> 现今的含义所显示的,存在过失对于赔偿个人伤害损失来说是一个重要的条件,这种重要性是一般性的。这一民事责任的法律发展情况,霍兹沃斯(Holdsworth)在他的《英国法的历史》第8卷446页以下的部分极尽完整和清晰地进行了阐述,此处已无须赘述。该书已经充分说明,原先那种任何人只要给他人造成了损害就要为其后果承担责任的原则,已经逐渐演变为只要一个人的行为没有违反向他人承担的注意义务就有不承担责任这项原则。以前的考察重点放在所遭受的伤害上,争议的焦点是所涉情形是否属于人们公认的那种普通法上的行为。现在的考察重点则放在引起伤害的那种行为上,需要解决的问题是该行为是否可以被认定为过失。我并没有忽视这样一个事实,在现今法律中确有一种情况是受早先那种规则调整的,即对于那些表现出危险倾向的动物,其所有者或管理者有绝对的义务对之实施有效控制,以免伤及他人,在这种情况下,即使有尽到注意的证据,也不能免除伤害发生后的责任。但是,这种规则如果不是建立在人们对具体情况的良好判断之上的,早就被抛弃了。无论如何,在这一特殊情形中,那项规则是如此的坚实,以至于难以对它提出挑战。但是,对于我们当下的案件而言,这样的例外不足以成为用类比论证的方式做出同样判决的根据。(同上,170—171 页)

这里的表述再清楚不过了。与他在别处的意见一样,麦克米兰勋爵认为将存在过错作为承担个人伤害责任的条件更为可取,因为,如果在没有过错的情况下仍然要求危险行为的实施者充当事故保险人,这样的政策会有欠公允。所以,尽管通过扩展瑞兰兹诉弗莱彻案中责任规则的含义,与那个有关动物的案件的"类比"确实**能够**为一项涉及个人伤害的风险责任问题的更为一般的原则提供法律理由,但这仍**不足以构成**创设这样一项责任的充足理由。

现在,我们可以更进一步地讨论存在于法律学说或原则之间的冲突问题。在这种冲突中,两个(或更多)都被承认的原则中,每一项都可以根据其自己的理由适用于正在发生的争议。在这类案件中,法院给出任何一种裁判规则都无违法之嫌。这样来看,尽管诉诸一项或者另外一项原则是必要的,但对于这类具体判决来说,这种仅仅基于原则的论证算不上一个充足的或者终局性的证明。怀特和卡特(咨询)公司案[*White & Cater* (*Councils*) *Ltd.* v. *McGregor*, (1962) A. C. 413; 1962 S. C. (H. L.) 1]是发生在苏格兰的一个案件,根据一份广告业务合同,原告在垃圾箱上为被告汽车修理厂的名字做为期三年的广告,现在原告诉请被告支付合同约定的价款。合同是与被告汽车修理厂的经理签订的,但是,被告知道此事后拒绝承认这份合同,并书面告知了原告。尽管此时原告还没有为履约做任何事情,但他们不同意终止合同,并按部就班地继续执行合同。随后,他们要求被告支付合同约定的全部价款。被告回应说,只能对因违约造成的损失进行赔偿,赔偿数额应当根据原告损失的利润计算,而不是全部价款。上议院以压倒多数推翻了高等法院第二分庭的裁决,支持原告的诉讼请求。

170 在这一案例中,多数派所力主生效的原则,是合同不可因单方反悔而无效,除非另一方接受这种反悔,并且,另一方可以要求赔偿。“这样的抽象原则无可置疑,”里德勋爵说,“……如果缔约的一方反悔……另一方可以做选择。他可以接受对方的反悔,起诉对方违约,要求赔偿损失,而不论履约时间是否到来。或者,如果他对合同置之不理或拒绝接受对方的反悔,那么合同仍有完全的效力”(同上,427 页 11—12,他的判决意见)。

与之相对的是,也有一项同样有效的“抽象规则”或者“原则”,认为因另一方违约而遭受损害的一方,应当采取合理措施“降低损害”,使他自己的损失降至最小,这样,他所获得的赔偿也就最小。如果他不采取这类措施,违约一方就没有责任赔偿因其未采取合理挽救措施而导致的损失。这一原则的唯一例外,是对方违约时为得到救济而要求的特定履行(英格兰法上的特定履行)得到准许的情形。默顿勋爵在赞成驳回这种诉求的意见中提到了这一点。

无过错方有权获得因对方违约而已给他造成的任何损害,在某些案件中,法院可以裁定特定履行。除此之外,苏格兰法对违约未曾提供任何其他救济方式。而且,也没有判例记载无过错的一方可以像本案原告那样行事。在本案中,无法发布特定履行令状,因为被告在合同中的唯一义务是为原告的服务支付一笔款项。但是,原告却请求一种对合同的反向特定履行。他们坚持继续履行自己在合同中的义务并以此对抗另一方的意志,然后要求对方履约并为已经拒绝的服务支付价款。这是从未有过的事情。依我之见,原告应得的救济只限于损害,根据一项公认的法律规则,他们应当采取措施降低损失。但他们没有这么做,在对方毁约时尚未产生任何成本的情况下,他们并没有努力寻找别的广告客户,而是故意继续履约,提供对方

> 并不期望的服务,有意导致了对方毁约时尚未产生的金钱债务。(同上,分别在 432—433 页和 16 页)

毋庸置疑的是,在本案中,是被告撕毁了同原告签订的合同,在法律上确有过错,原告有权获得某种救济。可问题在于
171 他们有权获得什么救济。关于本案,存在两项“一般规则”或者“有效规则”,或者(我们也可以说)“原则”,每一项都适用于当下事实,因此显而易见的是,简单地拿过一项或者另一项原则来直接适用,都不能提供令人信服的证明;需要在两个原则之间做出选择,对这种选择的证明又是一个价值判断问题。我们还要注意到被告律师提出的一种论辩理由,该理由得到了包括默顿勋爵和基斯勋爵在内的反对派的赞同,并使得多数派面临挑战。[14] 在前面章节,我们曾经对后果论辩的一般性进行了讨论,也通过一些假想的例子对这种论辩方式的特征进行了讨论,而律师的下列论辩,就是对我们那些讨论的佐证。

172 在大多数情形中,无过错方难以在违约方不提供合作的情况下继续履行合同。无过错方必须做的,是要么允许要么接受某种情况,这样的话,拒绝合作会导致无过错方对所受损害的请求受到限制。即使不是在这种情形之下,这仍然有违他应被允许就损害索赔这一公共政策。一位专家受雇于一家大公司去国外考察,目的是起草一份详尽的报告,如果公司在各方开始履约之前反悔,那位专家就不能再花上几千镑做准备工作了。在这种情况下,公司只需支付一笔不大的赔偿金来弥补他的损失即可,否则,任何其他诉求都将使得他在损失计算中采

---

〔14〕 参见[1962] A. C. 413,428—429 页。430—431 页 Lord Reid 的意见,445 页 Lord Hodson 的意见。

取蒙骗行为,提出超出合理赔偿数额的要求。

无论是权威判例还是常识,都找不到赞同原告公司请求的理由。在有些情形下,如果不请求法院帮助,无过错方就不可能履行合同,这些情形是赞同原告意见的人没有考虑到的。但是从原则上来看,这类案例同其他案例没有明确的界限。例如,一个画家受雇为人画肖像,又被告知不画了,正常情况下,如果那个人不坐在画家面前,肖像是画不成的。但是,假如那个人是个公众人物,即使不用征得他的公开同意画家也能画出肖像呢?或者另一个例子,汽车修理厂的业主受雇去修理一辆车,如果车子抛锚在了一条他能够到达的街道该怎么办?在任何一种情况下,法律都不应允许那种已不再希望得到的服务因为这种偶然的情形而得到补偿。

假设一家公司同广告代理签订了合同,内容是在电视和报纸上为一种新型肥皂做广告。但是不久,公司就发现这种肥皂易于引起皮肤疾病,于是把该产品从市场上撤出,并终止了广告合同。尽管合同是被公司一方取消,但不应当认定广告代理还有继续为该商品做广告的权利。[见皇家大律师班尼特在论辩过程中的意见,(1962) A. C. 422—423 页;参见 1962 S. C. (H. L.) 8—11]

在从政策、公正和“常识”的方面推论出有利于被告的理由之后,律师进而区分了预期违约情形,以表明这些案件判决的作出不是按照另一方所说的那样:“预期违约情形与本案没有关联,因为它除了表明无过错方在面临对方毁约时有权不再履约之外,没有提供其他什么见解……”(同上,423 页)律师甚至借用了微观经济学的观点来证明原告方的观点不成立：

如果避免国家的资源浪费也是一项公共政策，那么，法院就不应当迫使过错方在不愿继续履约的情况下就犯，因为正如本案的情形那样，被告已经从履约中得不到任何利益了。如果无过错方通过继续履约，以提供无人需要的服务或者制造无人想要的产品以增大自己的获利，那么这与公共政策的初衷是不相吻合的。被告的违约行为绝非出于蓄意挑战契约的神圣，而原告公司的做法却会导致商业和经济上的荒唐，不良后果将影响至深。只有仅就被告的违约行为本身给原告造成的损失予以赔偿，才不失为公正。（同上，423—424 页）

173 本案涉及两方面价值，是确保各方遵守他们业已签订的契约，保护无过错方在某方面和其他方面的契约权利（有时他们可能会因为拒绝接受对方毁约或等待履约而失去所有利益[15]），另一方面，就是我们引述的律师意见中体现的那些考虑，默顿勋爵和基斯勋爵接受了这种意见。本案的判决必然要在这两种价值之间做出选择。不同原则的适用所导致的可能后果是不同的，只有对不同后果的可欲性与不可欲性进行合理的评估，才能使判决得到证明。但是，如果对立的判例、抽象规则或者原则是在法律内部产生的，那么也只能把这类价值判断放在法官而不是立法者的权限内进行，并且只能由司法判决使之生效。这样我们可以说，判决结论——无论是以什么方式做出的——都是得到了既有法律的支持的，尽管这种支持并不像明确的强制性规则所提供的支持那样毫不

〔15〕 参见 *Avery* v. *Bowden* (1855)5 E1. B1. 714。

含混。

还有一种可能会发生,即争讼各方明确认可并接受某项单 174
一的“抽象规则”或者“原则”为解决争议的主导原则,但他们在适用该原则所应当导致何种后果问题上不能达成一致的情形。那些对违约或者不法行为提出赔偿的当事人“应当采取措施将他们的损失降至最小”,确实是一项少有争议的原则。但是,如果一家大公司接管了一家小公司,派自己的人出任常务董事,撤掉原来的常务董事,委以较低的职位而照付原来的薪水,如果大公司此时撕毁合同该怎么办?那个被降职的懂事,必须通过屈尊接受降薪甚至离职来降低金钱损失吗?[16] 再举一个例子,有一个牙医,他的业务稳定可靠,此前每两年就换一辆崭新的罗孚汽车,现在他的车因为别人的过错在事故中报废了,他该怎么办?难道他必须一改以前的习惯,立即为自己买一辆二手车了事,或者依照他的权利,在等待赔付一辆新车期间,在不超过被告支出的情况下,为自己租一辆标明是新车的车?[17] 在每种情形中,法院都要对合理性进行考量,而且在每种情况中他们都发现,在第一个案例[18]中失掉职位的原告,在第二个案例[19]中坚持开新车的那个人,都是在合理行事,所以对他们的赔偿金不必再减少。这种结论的得出显然依赖于审慎的权衡,且其中包含的裁判规则会产生新的具体规则,这些具体规则被统摄于更具权威性的重要原则之下的。

另外,在所有请求民事赔偿的诉讼中,估算赔偿数额时为

---

〔16〕 *Yetton* v. *Eastwoods Froy Ltd*. [1966]3 ALL E. R. 353.

〔17〕 *Moore* v. *D. E. R. Ltd* [1971] 3 ALL E. R. 517.

〔18〕 同前注 16。

〔19〕 同前注 17。

人们普遍接受的原则是,原告有权对由于他人的过错导致的全部损失获得赔偿,不过赔偿的范围也仅限于所遭受的损失。但是,如果在疏忽事故中严重受伤的是一个薪俸极高的工程师,受伤使得他再也不能维持他的高薪,这时该怎么适用那项赔偿原则呢?假设£ n 代表他每年的全部收入,他完全丧失了劳动能力,否则再工作 m 年没问题,那么是否意味着他应当得到的赔偿是£ mn?难道我们不应当考虑一下他还需要为每年的收入£ n 缴纳£ x 的所得税和附加税这一事实吗?这样的话,赔偿£ $m(n—x)$ 就足以弥补他的实际损失了。

当在 B. T. C. 诉高雷(*B. T. C.* v. *Gourley*, [1956] A. C. 185)案中这类问题摆到上议院面前时,尽管要否定许多相反判例,多数法官还是赞同后一种计算方法,那些判例在苏格法和英格兰法中都有(但没有一个是由上议院做出的)。里德勋爵说:

> 的确,有一些判例和大量实践做法反对将纳税责任考虑到赔偿问题中去。但是,本案不同于既定的利益已经产生的那种情形,也不同于人们根据既存情况已经安排好他们事务的那些情形。就我看来,本案的判决应当坚持就事论事的原则。
>
> 175 就所主张的赔偿所适用的那个一般原则,无疑是正确的。一个胜诉的原告有权得到这样一笔赔偿金,并且只要可能,就应使他由于被告的过错已经遭受的和将来可能出现的所有金钱损失得到赔偿……
>
> 本案的实质问题是,纳税责任是否一个就法律判决来说很不相关的因素。["他人之间的事务"原则是指不相关的事项]。(同上,216—218 页)

里德勋爵然后论辩说,如果在计算损失时把缴税当作"很不相关”的因素来对待,那么这种原则是法律所不能容忍的。如果对原告已经遭受和将来要遭受的损害予以赔偿,赔偿的计算系根据他全部的收入并且不扣除纳税部分,那么,这部分多出来的赔偿金无异于给了原告一笔额外之财,因为如果他不丧失劳动能力,实际上根本得不到这部分收入。无论原告在领取薪水时是否可以得到减免,还是有无如缴纳附加税的情况,纳税的责任都是这个国家的法律所要求的一般责任,对于任何有收入的国民均予适用。对收入课税是必要的和不可逃避的,而非偶然的和私人性的事务。这种情况与另外一种情形是不同的,即原告已经根据他所遭受的损失的保险政策而得到补偿情形。这类偶然的和私人的防范行为,同样可能减少或者消除原告遭受的金钱损失,这种情况肯定是可以被视为与向被告要求赔偿“很不相关”的。

对于法官来说还有一个困难,即为何适用那项裁判规则 176
(已经在本案中确认),按照该规则,应当用扣除税款后的收入作为衡量损失的标准,以确定因雇主的错误免职对原告收入损失的赔偿数额。有人指出,一个在解雇职员行为中有过错的雇主,为什么根据这项裁判规则还能少付赔偿金?如果事先就有这一规则,那么雇主就会盘算,如果合同维持的话必须付全部薪水,而由于他的赔偿责任中扣除了纳税部分,那么即使违约是出于他的过错,也似乎会比守约更加合算。对此,法官给出了两个回答:第一,根据公认的原则,赔偿金的恰当功能是对无辜者的实际损失予以补偿,而不是对过错方进行惩罚;第二,雇主的利益事实上没有任何增进,因为除非那份工作已经不需要再由任何人来干,他必须再雇佣一个人去干被解雇的那个人该干的活。所以,雇主要么必须为他所需要的服务再次付钱,要么为他所不需要的服务支付赔偿金,哪一种情况都难以说他"赚"了什么。

但是,肯斯勋爵在"赔偿金仅用作补偿"这项原则的适用上得出的是相反的结论[20]。他说,如果A、B两人每年都是2000英镑的收入,都受了重伤并失去劳动能力,在赔偿时如果A(说)自己恰好有一个腰缠万贯的妻子,那么,尽管他确实能接受比B少些的赔偿,但那一因素显然可被认为是"很不相关"的。但是,如果把税收因素考虑进去,就必须把A的妻子的收入状况作为相关因素对待了,因为在计税时通常要把配偶的收入累加计算。在法庭可以找到的备选规则中,"第一个可选择的规则[将总收入作为赔偿的标准]很久以来已经为人们所接受并且带来的麻烦最小。而第二个备选的规则,我想必将带来许多麻烦并使问题变得极为复杂"(同上,216页)。

在这些麻烦中,他还提到了可能出现的涉外纳税义务问题,这个问题也必然受到与在英国纳税同样规则的调整,但是证明问题将变得极其艰难复杂。而另一个麻烦,也将使对方便的考虑至少变得与对公正的考虑同样重要,即原告会不会有可能这样安排他的事务,即通过缔约或者参加适当的保险计划而减少他的纳税责任。如果原告采取这类措施以合法地减少其纳税义务的情况排除在考虑范围之外的话,似乎有失公正,但是,如果对于这类行为都要当作考量因素,那不让法院感到绝望才怪呢。

177 不仅如此,该案还涉及一个宪法问题。一项公认的原则是,课税权在议会,并且只有议会才有权课税。本案中多数派

〔20〕 特别参见[1956] A. C. ,216—218页。

所赞同的那项裁判规则,却意味着课以议会许可范围之外的税负。“如果有一种情形,认为在造成个人伤害或者因为错误的免职引起的诉讼中,可以基于全部收入损失请求赔偿,从而使得个人不公正地逃避了对国家应有的纳税贡献,那么我认为这种情况应为立法所禁止”(同上,218 页)。(公正地说,议会每年通过的《财政法案》,就体现了对税收问题的关注,这是一个称职的立法机关的本分,让议会处理税收问题显然比诉诸法律专家的立法要合理得多。)

这样来看,高雷案再清楚不过地表明,即使在所涉争议上只有唯一有效的和经常被重申的原则可作为各方都接受的主导原则,在具体问题上适用它时仍不免产生一些不无道理的争执。把该原则作为主导性原则接受,只是为相关的价值考量提供了一个方向。这是因为,这一主导性原则可以被用来为不止一项裁判规则提供合法化论证。所以,原则只是划定了论证考量因素的合法范围,但是它不会、也不能被认为能够产生一个终局性判决结论。

另外还要注意到,在这起由里德勋爵和肯斯勋爵处理的上诉案件中,双方所提供的论辩意见,在关键问题上各自依赖的是两个不同的原则。注意到这一点很重要。我们还记得,里德勋爵的论辩没有参照既存的权威判例和实践做法,他指出,自己赞同那个判决结论并不意味着对业已形成的期待不以为然,也不意味着要剥夺预期应得的权利。里德勋爵认为这样一项原则不能适用于本案:法院不应当通过确立全新的、与先前的实践大不相同的裁判规则,来颠覆当事人根据某种法律观点形成的期待,也不能干涉根据预期而享有的权利。(他转而适用了相反的原则:法院可以在那些期待或既定权利未受损害的地方进行创新。)对这两种原则的考察,相对于里德勋爵为其提出的规则所做的主要论证来说,是辅助性的。

178 同样,肯斯勋爵对收税乃是议会的排他性权力的原则[21]的非难,相对于他的原则性论证来说也是辅助性的。他所采纳的,是被告律师提出的按照总收入计税的规则,这更加方便和公正。这种论证也是他作为支持自己立场的有效辅助方式。

有人可能会认为,对法律论证中一般法律原则的功用的讨论,迄今为止还没有对其重要性给出一个完整的说明。多西特游艇俱乐部案和高雷案的意见看来可以表明,论证中对原则的运用,绝非只是一个必要的因素。我们有充分理由认为,相邻原则和赔偿金仅用作补偿原则,是作为判决结论的主导性理由被接受的,其他的论证方式则只是扮演了辅助性角色。在所有案件中,某项原则会当仁不让地得到适用,除非有某个更具说服力的原则或者政策理由被提出来反对它。在这些案件中,那些有效的——即经常性地和权威性地被认可、阐释和适用的那些——原则的存在,即使不是压倒性的或者不可动摇的力量的话,也为它所决定的案件提供了比用别的方式决定案件更令人信服的论证。对原则的这种认识,至少已经同现代行政法的发展紧密联系在一起了。例如,自从里兹诉鲍德温(*Ridge* v. *Baldwin*,[1964] A. C. 564)案的判决以来,在任何有关涉及强制实施的情形中,这样一项原则正在被接受,亦即当任何公共权力或者准公共权力做出的决定对一个人的重要利益构成实质性影响时,该人有权获得公正的听证。这项原则的可适用性

---

〔21〕 关于这一问题,参见 *Attorney General* v. *Wilts United Dairies* (1921)37 T. L. R. 884,以及 *Hotel and Catering Industry Training Board* v. *Automobile Proprietary Ltd.* [1969 2] ALL E. R. 582,和[1968]3 ALL E. R. 399。

本身,就能够被适用它的判决当作充分的论证理由,如果拒绝适用该原则,就必须提出更为令人信服的理由来。[22] 甚至还有的人认为,在公认有效的原则和强制性的法律规则之间,实际上难以做出明确的界分。[23]

这样说没有错,但重要的是不能将其推向极端。首先,我 179
们要承认,同一领域内法律规则之间的一致性和融贯性,本身就是一种重要的法律价值和公正概念的应有之义,它们要求同等情形同等对待,禁止对不同情形采用专断和任意的方式区别对待。回到前面举的一个例子,拯救他人生命的人,有权要求那些由于疏忽大意而危及其生命的人给予赔偿,如果随后确立的一项规则认定拯救他人财产的人却没有同样的权利,那么这明显是一项不合理的规则。但是,仅当假定前面那项规则良好且有益时,上述命题才仍然有效。毕竟,在很多案例中,法官会拒绝将规则扩展适用到那些他们认为“不规则的”和“非同寻常”的情形——我们从里德诉里昂(*Read* v. *Ryons*)案[24]中就能看得出这一点。如果我们面对一项明白无误的强制性规则,而又认为这项规则不适宜或者不公正,那么相比于将其扩展适用而言,不这样做更为合理。[25] 在这类案例中,法院往往对过分看重“逻辑”的做法相当反感。[26] 所以,除了体现遵循有效成立的法律原则之外,如果一致性仅仅意味着好的规则可以一般化或者进行一贯地扩展适用,那么不可避免的结论就是,决

---

〔22〕 例如可参见 *Malloch* v. *Aberdeen Corporation*, 1971 S. C. (H. L.) 85。

〔23〕 参见 C. H. Tapper, “A Note on Principles” (1972) 34 *M. L. R.* 628。

〔24〕 [1974] A. C. 156,上文167—169页。

〔25〕 参见 *Cassel l & Co. Ltd.* v. *Broome* [1972] A. C. 1072 1086页(Lord Reid 的意见)。

〔26〕 参见上文40页。

定案件的将是律师和法官对法律发展的可欲路线所持有的价值观念和认知方式。另外,这类价值观和认知会随着时间的流逝发生变化。里德诉里昂案或许只是对“无过错即无责任”价值的司法尊重达到顶点的一个标志。这样,毋庸置疑的是,尽管在特定时空中总是存在已被认可的原则,这些原则被认为体现了制度的基本的或者至少是一些最为重要的价值观念,以至于当不存在对立的考量意见时,它们就被视为自足的判决理由。之所以如此,是因为它们所表达的价值被认为是那些最为重要的价值。另外,接受对立考量意见的可能性,表明这些原则并不具有强制性规则那样彻底的决定性意义。至少从这一意义上来说,我们已经阐明,在那些没有明显的强制性规则可以适用的案例中,适用一项原则尽管是必要的,却不是对适用一项新规则的终局性论证方式。

180 对于类推论证的法律效力,可以得出同样论断。一个恰当的例子是 R. 诉阿瑟案[*R.* v. *Arthur*, (1968) 1. Q. B. 810)]。因为受到控告,爱德华·大卫·阿瑟被巡回法庭传唤,有人指认他“1967 年 8 月 31 日在肯特郡的格拉夫森蓄意对一处住宅放火,阿瑟正好在那住宅里。放火行为触犯了 1861 年《蓄意毁损法》第 2 条”。该条规定:

> 任何试图非法地和蓄意地对任何住宅纵火,只要任何人尚在住宅内,都被认为犯有重罪。

这部法令将阿瑟的行为视为纵火罪的加重形式来对待,以区别于对空住宅的纵火行为,对那一行为的处罚要轻一些。

181 被告的辩护人皇家大律师艾伯德勒竭力否认被指控的罪名成立,他的理由是,这部法案不能适用于纵火行为发生时只有被告自己在住宅内的情形。某人在离开自己的住宅时放一把火，与某人在离开家时把一根燃烧的火柴棒扔到窗户里面，如果认为这两种情形还有什么不同的话，简直太荒唐了。尽管有的司法附带意见[27]和阿克伯德*赞同这种指控，但那部法案应当被解释为只适用于被告点燃住宅时别人在里面的情形。为了支持这一观点，他把霍华德法官的注意力引向了《1861 年侵犯人身罪法》第 18 条的内容：

> 无论是谁，非法地和蓄意地通过任何手段对任何人身体构成威胁或者造成任何残忍伤害的……

他指出，这一条款从来没有，也难以合理地解释为可以适用于自我伤害的情形。因为两部法案是议会在同一年里颁行的，合理的结论是将“任何人”概念在两情形中应做同样理解，所以不能把被告包含在内。

刑事法院认为，做相同的解释是不恰当的，因为第 18 条可以适用于自我损害情形，理由是在任何情况下，自杀在法案生效时都被认为是一种犯罪，尽管如此，霍华德法官还是被被告的论辩说服了，虽然明显有些勉强。在他看来，勉强是因为被告对法案的理解中加入了议会未曾承认的内容，仿佛第 2 条中说的是“只要任何其他人在住宅内”。“我认为那实际上是应当由议会来解决的问题，如果本庭付诸实施，那么将是在制定而不是在执行成文法律”（同上，812 页）。

他在判决中使用的词藻清楚地说明，与《侵犯人身罪法》

---

〔27〕 *R.* v. *Pardoe* (1897) 17 Cox C. C. 715，首席法官 Coleridge 的意见。

* Archbold, John Frederick (1785—1870)，英国法学家，著有 *Pleading, evidence, and practice in criminal cases.* (London: Sweet & Maxwell, 1988)。——译者注

所进行的类比,是他接受被告观点的一个重要的转折点:

艾伯德拉先生已经请求对这样的事实予以注意,即同年颁布的《1861 年侵犯人身罪法》第 18 条使用了相同的措辞……很显然,闻所未闻的是……根据本条规定,有人会被指控对自己实施非法地和蓄意地残忍伤害。人们只能通过阐释这一条款才能明白其含义是什么……整体来看,我认为[《蓄意毁损法》第 2 条]的合理含义不是多年来一直理解的那个意思……从合理的含义上来看,"只要任何人在住宅内"中的"任何人"指的是除纵火者本人之外的其他人。(同上,813 页)

182 尽管如此,很明显的是,类比没有使得给定的判决结论别无选择。类似情况的存在,并没有使得霍华德法官非要做出那样的结论;在他看来,关键问题是并非不存在其他可欲的并且是法律允许的判决方式存在。类比为给定的判决结论所提供的是法律支持,而不是别无选择的法律强制。

从判决书中摘引的那段话再清楚不过地表明,如果在两部法案之间不存在足够的相似性的话,霍华德法官是可以确认对犯罪的指控的。或许还可以说,被告方所持论辩的基本证明方式,是把相关部门的法律之间应当一致当作了一个前提性价值。只有假定立法机构在同一年里制定的两部刑事法中使用的类似措辞应当体现类似的政策,并且假定英国议会被视为或者应被视为一个遵循这种融贯政策的理性立法机构,我们才能把那个类推视为一种有效的证明方式。

183 诺维茨药剂公司诉关税与消费税专员公署案(*Norwich Pharmacal Ltd.* v. *Commisssioners of Customs and Excise*,[1972]

Ch. 566)则与之不同,但或许算得上是一个有“较弱”[28]关联的案例,两个案例的争点相似。在这一案件中,格雷汉姆法官(Graham J.)责令专利审查人向原告公司透露进口商是谁,据他们所知,该进口商进口了一种专利权归属于原告所有的化学物品,原告声称专利权受到了侵害。专利审查人认为,他们有权要求进口商展示所进口货物的品质,但负有保密义务,因此,原告要求出示详细说明的主张是非法的。这位博学的法官否决了专利审查人的看法,他发现,警察有权力在处理车辆交通事故中将各方的详细情况告知其他当事人,[29]尽管警察也是在履行公共权力和公共责任的过程中知悉这些信息的,在这一情况中,法官找到了支持性论证理由。“作为具体事务,两个案例在原则上类似,尽管前一个案例中的做法(警察的做法)可能能够在《1969 年车辆与驾驶执照法》第 27 条那里找到依据……而且,如果为了维护公正,我们可以在一个场合要求这么做,那么为什么不能在其他场合也要求这么做?”(同上,584页)

在这一案例中,责令有关当事人出示文件的权力,是《1925年最高法院组织法》授予的,并受根据该法制定的《最高法院规则》的约束。在 1969 年之前,有一项普通法规则,内容是王国的大臣们认为展示某类文件有损于公共利益时,可以终局性地赋予这些文件材料不被展示的特权。但是,上议院在康威诉

---

〔28〕 [1972] Ch. 556. “较弱”是指所提到的类比从其内容上来看并不是首要的。格雷汉姆法官的判决后来被上诉法院推翻了,[1974] A. C. 133;但是在终审时又被上议院重新确立。

〔29〕 正如格雷汉姆法官所指出的,这“最终源于”《1969 年车辆与驾驶执照法》第 27 条这类的制定法规则。还有其他的支持性理由:参见注 28 中的文献,582—584 页。关于价值上的论证,参见 578—579 页。

里默案(*Conway* v. *Rimmer*,[1968] A. C. 910)的判决中推翻了这一规则,他们在该案中确认,当法院认为在展示文件以确保法律正义得到实现时的公共利益压倒不展示文件带来的公共利益时,法院有权推翻大臣们的特权主张。那一普通法规则——一项具有强制性特征的规则——与那项制定法规则一同,成为格雷汉姆法官发布其指令的依据。正如在这个方面所看到的那样,法官的论证性意见当中并不包含类推论证的内容。如果要做精确界定的话,必须做一个区分,一种是规则被强制性地直接加以适用的情形,另一种是引用某部法令或者某个先例在有效事实基础上确立的一项明确规则来为判决提供证明的情形,而该判决旨在根据一系列相似或相同的有效事实来确立相似或相同的规范性后果。前一种情形,亦即直接适用的情形,是要明白无误地运用演绎论辩作为充足的和决定性的证明方式;后一种情形则不然。在诺维茨药剂公司案中,"如果一方诉请开示相关文件,那么法官有权责令文件保管者开示以备检查,并可以推翻王国根据下列理由设定的豁免权……"该项规则不过是这样一个命题的结论:特定的法官有权应特定原告之请求发布开示指令。

184 在这一案例中,问题在于法官是否应当行使这一自由裁量权力;持否定意见的人认为,保守秘密是专利审查人的一项义务,法官无权干预。格雷汉姆法官则援引了一些根据,尤其是以上面提到的警察处理交通事故的情形作为类比。另外,一个更为关键的问题是,发布开示指令的权力一般只有在争端发生于两方之间时才算正当;但是在当下的案件中,原告的实体主张是他们的专利权受到了侵害,但不知道侵权的第三方是谁,而由于该第三方需要申报关税,所以专利审查人知悉其名称。

这样,专利审查人认为法官无权发布强制开示指令。在格雷汉姆的判决中,核心的反驳性论证“本案中的重要事实”来自厄尔诉蒂波(*Orr* v. *Diaper*)[30]、乌普曼诉埃尔坎(*Upmann* v. *Elkan*)[31]以及别的一些相关判例。他说:

> [厄尔案中]原告的权利已经受到了第三方——出口商的侵害,他们并不知道该第三方的名字。被告只是出口商的货物承运人,货物的标签系假冒原告的标记。被告因拒绝透露出口商的身份而被起诉。一种法庭意见认为,被告不过是证人而已。但是副御前大臣霍尔说,[32][他们的身份,他们实际所处的承运人位置,不同于单纯的证人,如果承运人可以拒不告知托运人的名字,那么对原告而言是不公正的。](同上,579页)
>
> 那些信息本应当披露,据此,我认为在根据法律权力获得保密信息和从其他途径获得这类信息之间没有什么差别,尤其像本案的情形显示的那样。这一点,是得到了弗伯法官在最近的阿尔弗雷德·克朗普顿娱乐器械公司诉关税与消费税专员公署案[33]的支持的。(同上,582页)
>
> 在我看来,为了使正义得到实现,并且尽可能迅速和方便地得到实现,以避免原告为调查而支付额外的费用,有必要走一条捷径,责令专员公署说出那个进口商的名字。(同上,584页)

一种情况是,在厄尔案中一个私人当事人与一个潜在的 185

〔30〕 (1876) 4 Ch. D. 92.

〔31〕 (1871) L. R. 12 Eq. 140.

〔32〕 参见(1876) 4 Ch. D. 96页。

〔33〕 Unreported(15 July 1971)参见 *Alfred Crompton Amusement Machines Ltd.* v. *Commissioners of Customs and Excise*,[1972] 2 Q. B. 106 A—116G。

(但并不知道)被告有着直接的合同关系;另一种情况是,在当下的案件中相关的信息已经为专员公署基于法律所授予的公共权力所掌握,很显然,我们可以轻而易举地发现这两种情况之间的合理区别。因此,很难说厄尔案中的裁判规则能直接适用于诺维茨药剂公司案,甚至说该裁判规则完全适合该案的情形。

除那一潜在的重要差异之外,两案的共同点是:(1)宣称受损权利具有“工业产权”性质;(2)侵权表现是非法使用该工业产权制造产品;(3)该产品属于未知的第三方;(4)该第三方被认为应为侵权行为负责;(5)该第三方的身份为被告所知晓;(6)被告对那些产品拥有一定程度的控制权,而正是对该权力的运用构成了侵权;(7)被告不仅仅是“单纯的证人”。所以,在被告和那个未知的第三方之间的关系上,如果两个案件存在差异,那么当下的案件是否应当像前例那样判决(发布开示令)?答案涉及两个层面的问题:首先,前例判决所依据的原则,有什么更为根本性的理由(或者说从这些理由能够推论出什么?)如果这些论证性的政策理由在当下案件的不同环境情形中有着相同的效力,那么,至少从融贯性角度进行论辩就是可行的。其次,那项政策(a)本身是一项值得追求的好政策吗?以及(b)在法庭案件的那些具体情形中仍然是值得追求的好政策吗?当然,司法权在对这件事做出判断的时候,必须沿着先前讨论过的路线进行,而且这种判断是终局性的决定因素。通过这种抽象的方式观察,我们或许可以说,第一个层面的回答或多或少的是认知性的,第二层面的回答则或多或少是评价性的,尽管格雷汉姆法官曾在判决意见中指出,在具体的、真实生活的论辩中两个层面的答案往往交织在一起。他的评论是从一般意义上做出的。

当然，还需要指出的一点是，当我们分析类似案例时，所说 186
的那些共同点实际上无法找到。例如，在一个案件中，专员公署的人员坐在伦敦的办公室里收到进口报关声明，而在另一案件中的那个承运人蒂波先生，将冒牌货运出了口岸。在这两个案件中看起来并没有明显的(可被立即观察到的)共同点。在更早的一个案例中，法院在制作和论证判决结果时对相关的事实进行了分类，这是问题的关键所在。新的案例部分与之重合，是因为它的案件事实可以做出与前例相同的分类，或者它的分类与前例的分类都可被视为从属于更宽泛的种类。所谓案件之间的“类似”，指的是种类上的相似。在前例中对裁判规则起到证明作用的后果主义论辩，就可以被类似的当下案例援引，作为类似裁判规则的论证理由。实际上对于所有属于这一类型的案件来说，也都可以引之为论证理由。当然，也可能随之产生立基于不同的具体事实和后果考量之上的不同论辩意见。这种“类推论辩”，确实难以提供具有强制性的创新判决。这种解释进一步表明，为什么在法律原则推理和类比推理之间，实际上并不存在明确的界限。只有当存在根本性的原则作为支持理由的时候，类比才是有意义的。

原则与类推之间的区别，实际上只是在陈述一项作为论证理由的原则时清楚程度如何。在多诺霍诉史蒂文森案中，“相邻原则”是被作为一项明确的理由提出的，它被视为在某些方面相类似的案件所共同适用的原则。另一方面，在特殊案件中，类推的适用或许能拓展一项原则的适用范围，并在表述上发生若干变化，诺维茨药剂公司[34]案和斯蒂尔案[35]就属于这种情况，但情况并非全然如此，例如R. 诉阿瑟(*R.* v. *Arthur*)[36]案所显示的那样。

187 在法官有责任对一个有类似案例可供比照的案件进行审理的情况下，或者在法官有责任根据先前的权威解释来理解某个法令的情况下，如果类推论辩不具有决定性意义，那将导致两种结果。第一，必须(至少是应当)还有某种好的评价标准用于待决案件，该标准应具有最低限度的协调性，没有相互抵触的因素，而且最好是像格雷汉姆法官所说的那样[37]："为了使正义得到实现并且尽可能迅速和便宜地得到实现，以避免原告为调查而支付额外的费用，有必要走一条捷径，责令专员公署说出那个进口商的名字。"第二，必须找到某种一般性的理由，来说明为什么类推论辩或者原则论辩对新的判决方式来说只是提供"法律支持"，而不像强制性规则那样对法官来说别无选择。这样的一般性理由并不难找到。立法政策所涉及的那些广泛争议，应当成为政治性立法机构的关注对象，在民主社会中尤其如此。法官则应对现实的或潜在的政治纷争保持距离。但是，当法官执行法律时，也应当显示出原则之间的融贯性，而不应让法律成为"个案混杂的荒野"，而且，只要一个社会存在或者被认为存在某些超越党派分歧和个人利益的价值，那么这些"共同价值"就应当在法律中得到认可。有些原则之间会产生冲突，要使其保持平衡，需要坚持立法同司法的

---

〔34〕［1972］Ch. 566；［1974］A. C. 133.

〔35〕1944 S. C. 237.

〔36〕［1968］1 Q. B. 810.

〔37〕［1972］Ch. 584 页。

功能与权力保持适当分离的原则，这种分离，不能仅依赖于立法者用极尽简洁的语言制定法律，以及法官根据那些法律做出判决，而是让法官保留必要的造法权力，这有助于确保法律的一致性和“共同性”价值的实现。司法造法权力固然是高度可欲的，但必须受到限制，即它只能在“空隙”中行使。因此，必须找到把空隙从结构紧密的立法中区分出来的根据。一个可能的根据是，对于创新性判决的论证来说，它要么借助于先例，要么借助于有效的原则。所以，如果我们要问为什么类推论辩或者原则论辩在法律论证中有那样的效力，答案就是：存在一个极有价值的习惯规则，即赋予法官在现有的强制性规则未曾明文规定或者语焉不详的场合拓展法律适用范围的权力，当然这一权力的行使也要受到限制。

看来我们可以说，那种关于法官是否能够（或者应当）“造 188
法”或“立法”的争论，实质上是一个语言或者修辞问题，它们常常热火朝天，但也总是无功而返。归根结底，这是一个权限问题，而无论我们是否用一个不同的词汇来描述议会法令的颁行过程。议会的立法过程往往是政治较量的结果，在这个过程当中，是谈不上需要对改变先前原则或者规则进行证明之类的问题的，而司法造法的过程，却往往需要借助于类推或者基于现有法律的原则进行论证，只要这些类推或者原则能够有助于促进那些“共同性”价值。当然，从某种意义上说，通过这种方式做出的判决或者形成的裁判规则，只是使现有法律中的模糊部分变得清晰一些而已。这是两种过程的重要差别。但是同样毋庸置疑，法律也会在一个“开创性判例”产生后变得与先前的样子截然不同，司法的这种力量倒是与立法过程非常相似。所以重要的是既要看到二者的差别也要看到它们的相似之处。词语根本是无关紧要的。人们总是要用“制定法律”“立法”这样的措辞指称前一个过程,而用不同的语词指称后一个过称,既然这么在意语词上的差别,那么为什么不用“宣告”法律来表示司法过程呢?这个词在19世纪是有浓厚嘲弄意味的。但是,这样的区分至少有助于我们领会分权原则的要旨,并能认识到在法律革新方面司法权力是受到限制的这一现实。

189 要对本章的论辩进行总结,还有最后一个问题需要说明,即类推论辩和原则论辩对于判决结论的论证来说只是一种可行的方式,而不是必须采用。伦戴尔诉沃斯里案(*Rondel* v. *Worsley*)[38]是人们经常引用和讨论的一个案例,它再充分不过地表明,即使像“相邻原则”这样被广为接受的原则,在处理出庭律师与其客户间的关系中时也不是当然有效的,尽管从表面的上来看它可以适用。判决结论——在这两方当事人的关系中根本不存在过失责任问题,是基于与相邻原则相反的政策理由做出的。

菲普斯诉派尔斯案(*Phipps* v. *Pears*, [1964] 2 ALL E. R. 35)也清楚地说明了同样的问题。在邻接土地上有座住宅,房主拆除了其中一座,并借着一面墙紧挨另一座老住宅新建了一座。若干年后,两座住宅已分属原告和被告所有,被告根据地方法令拆除了属于他的住宅(较老的那所)。因为新住宅借助邻接墙紧靠着老住宅,而破墙一面从未加固、整修或重新用灰膏刷新过,所以老房拆除后雨水渗入,冬天里结成冰块,导致墙体出现明显裂缝。原告就此要求被告赔偿损失。

---

〔38〕 [1969] A. C. 191.

他说,被告拆除了14号住宅,侵犯了他不受坏天气侵扰的权利。他认为,这一权利与支撑地役权无甚区别。当然,法律已经明确规定,一个人的住宅长期与他人住宅毗邻并需要支撑的,有权要求该支撑得到维护。他的邻居在拆除房屋时应当采取采用扶壁或其他此类方式对支撑墙予以有效加固,关于这一问题,可参见道尔顿诉安格斯案(*Dalton* v. *Angus*)〔39〕……[实际上原告的情况也提出了这样一个问题]:是否存在一项地役权可以为原告提供那种保护。(丹宁法官的意见,同上,37页)

上诉法院拒绝承认任何这类旨在免于受到坏天气影响的地役权。他们的理由是,原告所主张的这种地役权在本质上是消极意义上的,因为这一权利(如果成立的话)将使得优势房主有权阻止另一方在其自己的土地上实施某些正当行为。既然如此,这就“需要审慎对待,因为法律对于创设任何新的消极地役权向来十分小心”〔40〕。上诉法院摆出这种谨慎态度,等于拒绝了在布兰德诉莫斯里(*Bland* v. *Moseley*〔41〕)这类案件中的那种权利,也拒绝诸如在韦伯诉伯德(*Webb* v. *Bird*〔42〕)案所认定的那种风车房享有的受到风吹之权。

这些情形背后的理由是,如果允许这样一种地役权存在,将会对你的邻居对其土地的使用受到过分限制,而这将妨碍法律的正常发展,对此可参见道尔顿诉安格斯案中布莱克本法官的意见。这里是同样的情况,如果禁止一个人拆除他的房屋, 190

〔39〕 (1881) 6 App. Cas. 740.

〔40〕 [1964] 2 All E. R. 37 页(丹宁法官的意见)。

〔41〕 (1587) 9 Co. Rep. 58a.

〔42〕 (1861) 13 C. B. (N. S.) 841.

我们就是在对一个正常的改变横加阻断。我们认为，如果他愿意，每个人都有权利拆除他自己的房屋。如果这使得你的房屋暴露在坏天气中，那就是你的不幸了。不能将过错归于他人身上……(同上,38页,丹宁勋爵的意见)

这样的意见可能会招致批评[43]；举例来说，一所公寓分属不同所有者，如果楼上的房主有权利要求楼下的房主提供良好的支撑，但是当楼上房主拆除自己的房间时，楼下的人却没有免于受到坏天气侵扰的权利，如果结果是这样，那将是十分荒谬的。即使这是真的，显而易见的是，尽管在原告所主张的受到保护的权利和法律所肯定的支撑地役权之间有明显的相似之处，这种相似性本身对于判决来说仍不是决定性的。最终说服法院的是政策性理由——新的地役权乃是对法律发展的过分限制，虽然其中也用到了类推论辩，但我们发现法官并非必须如此。当然，这种从政策角度所做的否定性论辩自身，也是得到了前例支持的，那些前例否定了那种有权受到保护的地役权主张和享受风吹的自由。当然，不能因此就反过来说，如果这种否定性的政策论辩找不到前例支持的话法官就可以承认那种地役权的存在。

191 在支撑地役权和所主张的应受保护权之间，确实存在某种相似，这种相似就像本案中两个建筑物之间实在的毗连关系那样明显。这使得我们可以得出结论，即案例之间的"相近性"无论如何都不是形成判决的决定性因素。在这里，我们当然是在用比喻的口吻说明问题，但是即便如此，也很难断言存在某种可靠的认知标准，以据此确定救援者和营救者之间的

〔43〕 参见 R. E. Megarry，案例摘要，(1965) 80 L. Q. R. 318—21。

“相近性”比支撑地役权和免受坏天气侵扰权之间的“相近性”更大或者更小。但是,在斯蒂尔案中,这前一个例子是被用来作为扩展责任范围的论证理由,而在菲普斯案中,后一个例子是被用来论证拓展地役权种类的理由是多么的不充分这一观点的。分歧是,在前一个例子中法院得出结论认为,那个较可取的原则和政策论辩,能够将新型的案例统摄于一个更为宽泛的原则之下,该原则能够使两种情形都包含在内,其理由是:如果试图在救援者和营救者之间划出一条界线,将导致后者根本无权获得赔偿,这样就显示出了这种区分的任意性和不合理。相反地,在菲普斯案中法院认为,对“支撑”和“保护”进行区分是有着合理的原则和政策根据的,这样,做出相应的权利有无结论就变得合理了,尽管界限两边的典型案例之间的相似性依然存在。

所以,除非我们含糊其辞地在评价性意义上而不是在认知意义上使用“相近性”这个标准,我们是根本不能认定来自于谋求“相近性”的类推论辩会比政策性考虑更具说服力的。我们认为,司法活动的根本功能不在于创新,无论是类推论证还是基于一般法律原则的论证,都是为了对司法造法的行为施以必要的限制,以防止其越过宪政分权体制划定的权力边界侵入立法权的领地。然而,要确保这种说法正确无误的话,还需要一些条件,来对乍看十分充分类推论证进行限制。为了说明这一点,任何情形——无论是一个人遭受伤害系因他人的错误举动还是疏忽大意——迄今为止都能找到对应于现存不法行为和侵权行为的案例。但是,如果我们假设一个商贩为了拿到一份有利可图的合同,一路超速行驶从牛津赶往伦敦,比一个正常速度行驶的对手捷足先登,而该对手能够证明如果自己不是比对方晚到一步就拿到了合同,在这种情况下应该怎么办？这种行为,在苏格兰和英格兰法上不属于任何已经为人们认可的不法和侵权行为的范围,而且,几乎没有律师会认为失败的竞争者有权从胜者那里得到赔偿。为什么这样？

192 原因在于对一般性的追问到了怎样的极端程度,我们已经借此阐明了侵权责任的根据。一旦我们对特定性略加考察,我们就会发现这一点。例如,伤害可分为两种,一种是对人身和财产的伤害,伴随着间接经济损失,另一种是导致单纯经济损失的伤害。因为第二种伤害与我们所讨论的情形相关,所以我们必须尽量找到侵权法上涉及单纯经济损失的案例,当我们考虑潜在被告行为的"非法性"时,我们发现,可以其行为违反了刑事法令作为根据;这样,如果我们要进行类比的话,必然会从"违背了法律责任"的案例范围中去寻找;但是在那里我们通常发现,原告若要获胜,必须属于法律欲加保护的那一类人,所以他的主张中也必须强调自己就属于那一类人。这样的考虑将引导我们得出结论,无论我们对那个失败的商贩报有何等程度的同情,他的主张在法律上总归是站不住脚的。这些讨论,可以归于这样一个结论,即类推的充分与否,依赖于新案件中的事实与先例中的有效事实的相似程度,而正是先例中的有效事实,构成了裁判规则和原则的合理基础。当然我们也要承认,这并不是精确的检验,但它是一种现实的和重要的方式。从这一意义上来看,在案例需充分近似这一点上,尽管近似性程度本身无论如何都不具有决定性意义,而必须受到后果主义论辩理由的检验,并且在排除法律上的对抗性理由时也要依靠后果主义论辩,但类推中的"近似性"的确是法律的一个要求。

最后,人们通常的印象是,类推论辩更多的是判例法而非成文法的一个特征。多数判例法的形成,是通过判决的累积,使一项原则的适用逐渐从一个案件扩展到与之相似的其他案件,从这个意义上来说,这一印象是正确的。苏格兰法和英格兰法中的过错责任问题的现代演变,很好地证明了这一点,从我们迄今已经引用的涉及这一法律部门的案例中,也可以使这一点得到部分说明。还有一些其他的法律领域也是相同的情况——例如“严格责任”(或曰“推定过错”)的发展,就与诺兰德诉弗兰彻案(*Rylands* v. *Fletcher*)[44]和克尔诉奥克尼伯爵案(*Kerr* v. *The Earl of Orkney*)[45]等案件的判决密不可分;英国法上“禁止反言”原则,则是从休斯诉市政铁路部门案(*Hughes* v. *The Metropolitan Railway*)[46]案中发展起来的;而苏格兰法上的“介入行为”和“确认”等相关联的原则、英格兰法上的“部分履行”原则等,亦形成于判例;还有,两大法系中的信托法规范的产生和发展也是与判例分不开的。

然而,正如在本章中的许多案例所显示的那样,类推论辩 193
在适用和解释制定法过程中的角色也绝不是罕见或者无足轻重的。我们已经看到,在*R*诉阿瑟[47]、诺维茨药剂公司[48]等案件中,有的是通过类推来解决一部法令该如何适用的问题,有的案例中类推则被用来作为行使法定的自由裁量权的方式。前面一章引用到的贝斯托管人诉贝斯案(*Beith's Trustees* v.

〔44〕 (1868) L. R. 3 H. L. 330.
〔45〕 (1857) 20 D. 298.
〔46〕 (1887) 2 App. Cas. 439.
〔47〕 [1968] 1 Q. B. 810.
〔48〕 [1972] Ch. 566; [1974] A. C. 133.

Beith)〔49〕中,废除了一项普通法原则,部分论证是通过援引相近法律领域中一些法律文件所蕴含的一项宽泛原则来实现的,这样的例子还有很多。值得注意的是,诸如《公司法》这样的制定法文件,竟然是经由判例法的苦心经营产生和发展起来的。现代法上对行政行为的司法审查制度,也大量适用宽泛的普通法原则,对于通过具体法令创设政府的公共权力的行为,通常能够产生明显的限制功能;像安尼斯米尼克案(*Anisiminic*)〔50〕(第六章有所讨论)以及马洛克诉阿伯丁有限公司案(*Malloch* v. *Aberdeen Corporation*)〔51〕这样的案件,已经显示这种司法活动对行政行为的要求有多么的高了;越权原则和自然正义原则在公共领域中的确认,也是通过在案件判决中适用先例并援引相关法令逐步实现的。所以,如果认为在制定法和普通法之间存在实质性的区别,继而认为类推论辩和原则论辩在效力和功能上也根本不同的话,那就错了,尽管我们也会说:或许类推论辩最为典型的用途在于从案例到案例地阐明其中的原则并使之具体化——而不论该原则是源于一个"开创性案例"还是一项重要的制定法条款,甚至无论它是出自本国的制度制定者,还是为外国法官在其令人信服的先例中所确立。

194 至少在苏格兰和英格兰的法律制度中,已经有充分的证据表明,在本章开头和第五章中对原则理由的强调是理所应当的。通过适用原则,我们可以得出重要的推论,来确保法律制度中的诸种价值间保持融贯。类推亦有相同的意义。对于那

〔49〕 1950 S. C. 66.

〔50〕 [1969] 2 A. C. 197.

〔51〕 1971 S. C. (H. L.) 85 [1971] 2 All E. R. 1278.

些常为人们议论的司法造法行为,原则和类推帮助我们认识到,那种活动其实是受到限制的。但是,如果过多地用“权重”这样的修辞概念来描述一项原则或者若干原则之间的对抗关系,将于事无补甚至会被误导。在疑难案中,是原则论辩和后果论辩的交互使用完整地论证了判决结论——即便如此,我们还要把前面提到的“一致”作为重要的价值来进行考量。一项法律上的裁判规则,应当是既能得到原则支持的,在后果上又是可欲的。但是,它仍不能同业已确立的拘束性法律规则相冲突。这是下一章将要说明的问题。

第八章　一致性要求和解释问题：简单案件与疑难案件

一、简单案件和疑难案件

195 把法律中关于一致性问题所进行的论辩进行简要的概括，并不是一件困难的事情。有这么一条司法戒律：你不可冒犯既定的和有拘束力的法律。如果这条戒律可以随意打破，那么“效力论”将在所有方面失去意义。但事实上，这条戒律受到了充分的尊重，所以它使得效力论能够挺拔站立，尽管偶尔有些许摇晃。

举个例子：在安尼斯米尼克诉涉外赔偿委员会案（*Anisminic v. Foreign Compensation Commission*, [1969] 2 A. C. 147）中，对于委员会的决定为何应当被否弃，原告公司仅仅提供正义、常识或者政策考虑方面的理由是不够的。当然，如果原告要胜诉，提供这些方面的理由是其首先要做的。安尼斯米尼克还有《涉外赔偿法》第四条第四款这一强大障碍需要清除,该款规定,凡是由该委员会做出的"决定",均"不可作为争议提交任何法庭"。

正如上诉法院所认为的那样,[1]即使委员会"根据本案的特殊情况"做出的决定令人扫兴,法院也是被排除在管辖权之外的,它无权说三道四——这种排除是由议会清楚的法律辞令和明确解释所规定的。与人们预料的一样,委员会方面的律师从头到尾都坚持这一论辩。

其间安尼斯米尼克的律师为挽回事态唯一能做的,就是找 196
到某种根据,表明委员会针对安尼斯米尼克的申请(1956 年苏伊士运河事件之后,可申请由英国政府向埃及政府要求偿付的对因征用英国资产而设立的赔偿基金中的份额)所做的决定不是"决定",而是"纯属无效"。如果这一点被法官认可,律师就可以进一步提出,1950 年法案第 4 条第 4 款中排除司法审查的是"决定"——这里要理解为是一个"有效的法律决定"——而不是纯属无效。律师的技巧和灵活使得他们扭转了败局,他们最终赢得了上议院的支持。

需要强调的是,恰恰是在这一点上,安尼斯米尼克并没有提出有说服力的后果论辩或者基于对公法原则的深刻理解进行的论辩,来为对抗委员会的主张进行论证。你不可冒犯议会的法律——但可以找到别的理由,对这一裁判规则做出对自己有利的解释,不违背戒律的要求。

在我们从第四章到本章所引用的案例中,这是一个至关重要的因素。不仅仅一个判决结论需要从后果的角度和/或者从

---

〔1〕 *Anisminic v. Foreign Compensation Commission*,[1968] 2 Q. B. 862.

原则或类推角度进行证明，而且要表明，判决不能同既定的法律规则相冲突。但是，一个备选的裁判规则是否同既定的法律规则相一致，无疑需要依赖于对它所做的解释是否立基于既定的有效规则之上。

再回到我们的公式化表达方式上：如果当事人主张适用的裁判规则是有争议的，或者看起来同“如果 p 那么 q”这一所要适用的规则相冲突，那么它将被排除，除非能表明(a)所要适用的规则模棱两可，可以解释为如果 p' 那么 q，也可以解释为如果 p'' 那么 q；(b)这多种解释中的一种能够符合当事人主张的裁判规则。

许多关于如何对先例做正确“阐释”的争论，以及在其“可区分性”程度上的争论，都恰恰产生于这样的论证语境。在安尼斯米尼克案那样的案件中就产生了这样的争论，各方在何谓对法律文件的“正确”解释问题上各持己见。之所以会产生这样的争论，恰恰是因为法官知道自己有义务不违背既定的法律规则，也不能确立与之相冲突的新规则；法官仅仅旨在给出不与既定法律相冲突的裁判规则。的确，这些阐释和解释过程，都意味着要修正先前对既定规则的一些理解，这一点显而易见——不过这并不是否定我们当下的观点。但是，如果认为成文法和判例法在所有情况下都缺乏准确含义，以至于不能对“解释”和“阐释”的范围施加任何限制，那么这种“规则怀疑主义”就太过激进了。尽管教科书作者们有时会将其概括为“美国现实主义”，但还没有人提出过这样一种学说。[2]

---

〔2〕 例如可参见 G. W. Paton, *A Text-book of Jurisprudence* (1st edn. Oxford, 1951), 18—19 页, 68—69 页, 但请对照第四版。(Oxford, 1972, by Paton and Denham), 23—28 页, 87—88 页。哈特也不免有这样的缺陷，参见 *Concept of Law*, 132—137 页。

坚持上面这些看法是很重要的,这会促使我们把对法律推理理论的阐释和对迄今过于简单化的讨论所做的修正结合起来。人们一直以为,简单案件大大不同于疑难案件,但这种态度并不是建立在充分论证基础之上的。的确,在简单案件中,对判决结论的证明可以直接从对既定规则的推理中获得。而在疑难案件中,由于要面对"解释"、"区分"以及"相关"等问题,所以必须求助于二次证明,只有当确认了该适用哪项法律上的裁判规则时,演绎推理才能派上用场。 197

但事实上,简单案件和疑难案件并非泾渭分明。现在让我们再梳理一下论辩过程。一个原告或一个检察官(P)要控告某人(D),他能否获得法律的最大支持,取决于能否举出某些事实 p 以及援引规则"如果 p 那么 q"。但是,被告方可能会质疑原告主张的事实,或挑战其提出的法律根据。这后一种情况就是我们现在所关注的。在一个案件中,如果 P 援引了某项规则,则可能发生的情况是,D 也会借助法律用语的特殊含义对相关规则的理解或对具体事实的分类提出一个不同的论辩意见。当然有时这种策略并不能奏效——丹尼尔斯案的情况就是这样。该案中第二被告的律师认为,买卖"R. 怀特产的柠檬汁"的行为不是《货物买卖法》第 14 条第 2 款中的"凭说明书进行的交易",对此,莱维斯法官予以断然拒绝。另一方面,在麦克伦南诉麦克伦南案(*Maclennan v. Maclennan*, 1958 S. C. 105)里,被告成功地捍卫了自己的立场,使得法院认定妻子通过志愿者实施的人工授精行为不属于苏格兰法上所说的通奸。 198

当然,情况也可能相反。在多诺霍诉史蒂文森案[*Donoghue v. Stevenson*, (1932) A. C. 562; 1932 S. C. (H. L.) 31]或者安尼斯米尼克案(*Anisminic*, [1969] 2 A. C. 197)中,

是P在后果主义论辩理由的支持下,根据原则论辩提出一个诉求,而D则退守于一项法律规则后面,正是该规则排除了有利于P的判决结论。然后,P必须找出对方主张中可能存在的疑问和模糊之处,以显示表面上相反的判例法和/或者成文法可被解释为没有与既定法律规则相冲突的地方,这样法律才能得到"恰当地"理解,他也才能为争取欲求的判决扫清道路。

这样,尽管确有一些甚至是很多像丹尼尔斯案(*Daniels*, [1938] 4 All E. R. 258)这样的案件,其有效事实和相应规则的可适用性毋庸置疑,但是这类案件同颇有争议的诸如多诺霍案之间,仍然不能说有明显的差别。在无可争议的案件和争论激烈的案件之间,是有一个过渡区域的,在这个区域内,根本无法确定"相关"、"解释"或者"分类"等问题是在哪个点上产生的,因此也就难以为后果论辩、原则论辩或者类推论辩的使用扫清道路。

199 关于导致模糊的原因,只能因不同的法官在类型、风格甚至性情上的差异而区别考察。西蒙德或者克莱德法官等,通常对既定规则持宽松态度,他们在关于什么价值更值得追求问题上与丹宁法官、库珀法官以及里德法官颇为不同。正像卡尔·卢埃林(Karl Llewellyn)评论的那样,法律史上不同时期的主流风格是有差异的;他的研究发现,普通法传统往往在"形式风格"和"宏大风格"两个理想类型之间变来变去。[3] 在另外一项关于20世纪50年代后期至70年代早期英国上议院的精确社会学研究中,帕特森博士追踪考察了上诉法官变动的司法风格中角色行为的演变情况,他发现,上诉法院法官的主导个性

---

〔3〕 Karl N. Llewellyn, *The Common Law Tradition* (Boston, 1960), pp. 35 - 45, 182 - 7.

扮演了重要角色。[4]

这种变化的发生，可以通过重新观察安尼斯米尼克案得到清楚说明。熟悉战后英国行政法发展的人都知道，该案判决的作出全是因为对1950年法案做了大胆的解释，而这从流行形式风格的上议院角度来看，一般来讲是不能接受的。通过对比安尼斯米尼克案与史密斯诉东爱洛乡区委员会案（*Smith* v. *East Elloe R. D. C*，[1956] A. C. 736.）的情况，这一点表现得更为彻底。（史密斯案中，当强制性的购买订单遭到挑战时，西蒙德爵士强烈反对这样一种观点，即法律并没有已经无可争辩地认定这样一个订单“无论是在确认、达成之前还是之后，在任何法律程序中都不应遭到质疑”。法官的意思是，在没有使引用的成文法文件“全部含义和内容”失效的情况下，即使是关于一个订单是否出自善意这类的问题，也不可以由司法来判断。）

即使是针对一个给定的论点，并且是在一个特定的法庭 200
上，也无法精确界定法律上值得认真争论的要点到底是什么；当然，有一个问题是比较明白的，即那些受雇而来的辩护人和律师是知道什么值得努力争取而什么不值得去争取的。那些仅仅通过演绎论辩就可以直接得出判决结论的案件，须具备这样的条件：(a)对于相关规则的解释和事实分类问题不存在争议；或(b)没有人想到提出那些确实有讨论价值的问题；或(c)这样一种争论经过讨论后被法院当作虚假或者牵强的问题排除掉了。在这几种情况中，(b)和(c)原则上都属于模糊区域，与(a)中的确定性形成了鲜明对比，但是，很难以此就认

〔4〕 A. A. Paterson，见前面第一章注13中的文献。

定(a)的案件中就一定不存在(b)和(c)案例中存在的那些颇可争议的论题。

就我们能够在汇编中看到的那些案例而言,(a)和(b)两类案件是隐藏在冰山下面的那一部分。像丹尼尔斯案这样简单的案例,只是与货物买卖法有点关联,通常是不能被加入案例汇编的,原因很简单,这样的简单案例不会成为"开创性案例",对于出版者来说没有多少商业价值——它们所涉及的问题,至多在讨论多诺霍诉史蒂文森那样的重要案件时被顺便提及而已。基于同样的原因,对于案件中的某个情形本可以从法律上加以辨明,但律师仅仅把它当作一个"事实"问题对待的话,这样的案例也很难被收入案例汇编。

(c)类的案例更值得关注;在这类案例中,一方律师已经提出某种论辩,在某些方面对某个成文法条款或者判例法规则做出了相对大胆的解释。前面提到的史密斯案就是这样一个例子,该案中,上议院认为那项排除司法管辖权的成文法规则并不模糊,基于此,他们也没有接受上诉方律师提出的那种把基于恶意的订单视为一个例外的主张。

201 坦普尔诉米切尔案(*Temple* v. *Mitchell*,1956 S. C. 267)是另外一个例子。该案例的大致情况是:米切尔一家居住在向原告租来的房子里,租赁文件系以米切尔先生的名义签订,根据《租赁法》,该租赁是"法定租赁",除了其他事项,这种租赁承认"只要[承租人]还持续占有承租的房屋",租赁关系即告存在,他就不能被赶走,而不论他的原初契约条款是如何规定的。(参见《1920 年提高租赁和抵押利息(限制)法》第 15 条)

但是在某一时间,米切尔撇下他的妻儿老小还有全部家当失踪了。米切尔太太仍住在那里,按时向房东交纳租金。但是房东否认她是他的房客,拒绝接受房租,并起诉要求她搬走。

承租人对房子是否还处于"持续占有"状态？不是,房东就有权收回房子,把一家人赶走;是,那么根据租赁法房东没有这样的权利。苏格兰和英格兰法上的先例在解释这部法案时都认为,房客离开房子而又不打算回来住的情况,不能被视为"持续占有",即使他让朋友或亲属代他占用着房子。但同时,像海员这样有特殊身份的人,即使长期离家在外,也不能被视为丧失对房子的占有;只要有恰当的证据表明他仍占用着房子,如家具、获得许可的亲属等,且外出期间仍有回来生活的意图,就被视为"持续占有"成立。(那些熟悉分析法学的人们会注意到,这是在坚持一项古典原则[5],即占有意味着既要对物的实际控制,又有某种精神上的要素,也就是占有的意向;那些想强化这一立场的人们还可能会说,法官们已经把那种必要的试图在外出一段时间后再回来的情况用拉丁文概括为具有"回返的意思"。)

在高等法院第二分庭,麦金托什勋爵认定承租人的持续占有成立。 202

在我看来……在苏格兰普通法上,房客对承租方的占有,因其允许他妻子和家人继续留住那里而处于持续状态,尽管他本人不再住在那里。如果他允许妻子和家人留住那里——当然他也可以根据法律程序让他们离开,这是为法律所承认的——那么,公正的推论是,他们至少是经过明确获准才留在

〔5〕 例如可参见 Paton's *Text-book of Jurisprudence* (4th edn.), pp. 553-89; D. R. Harris "The Concept of Possession in English Law", in *Oxford Essays in Jurisprudence* (ed. A. G. Guest, Oxford, 1961) 一文批评了经典理论的易变性。

那里的。考虑到米切尔先生将他的家具留在房子里以备家人使用这一情况,这个推论就更加可靠了。在这类情况下,我认为,对《1920 年租金限制法》第 15 条中的"持续占有"的正确理解是,妻子的占有应被视为如同丈夫的占有……租金法的目的和政策取向,在于保护家庭……在我看来,1920 年法案第 15 条中的"持续占有"应当在宽泛意义上来理解,这样它就可以容纳这样一个含意,即由于承租人妻子和家人仍在房中居住,应被视为是一种代理占有,除非夫妻法定分居,房屋将一直属于为各方共有的家庭……(同上,281 页)

他的这一意见,是能够得到苏格兰先例支持的,一本主题相关并在苏格兰具有开创性意义的著作,也能够提供这种支持,就是兰金那本关于租约的著作。[6] 另外,事实上英格兰法的先例也已确认了 1920 年的那一法案中的规定,被遗弃的妻子对所控制下的财产的占有,等同于丈夫的占有。既然那部法案的效力已经扩展至整个联合王国,那它理应尽可能地在整个王国区域内以同样的含义适用。

不过,在该案中麦金托什勋爵是少数派,他的三位同事都跟他唱对台戏。他们认为,英格兰的先例被解释为一项关于夫妻关系的特殊原则,在苏格兰是不能被接受的,正如克拉克·汤姆森勋爵所说的:

如果可能的话,我也将非常乐意用这种明显带有衡平色彩和富有同情心的方式判决本案。的确,那些以延期偿付租金为出发点的法案,已经发展成为某种社会性的住宅供给法了。但

---

〔6〕 Sir John Rankine, The Law of Leases in Scotland (3rd edn., Edinburgh, 1913).

是，在这些法律中我没有发现任何给被遗弃的妻子提供特权的规定。因为，那种把被遗弃的妻子视为承租人代理人的主张……恐怕也会适用于所有那些承租人不知去向而由诸如管家、看守或家庭成员来占据房屋的情况。（同上，272 页）

我对［英格兰法先例］那种认为只是根据该法而将妻子作为例外的观点不甚赞同。法律中没有表达这种含义的明确条款，而且我也不认为法律中隐含这种意思。

多数派中的其他法官，帕特里克法官和布莱德法官，表达 203
了实质上与克拉克法官相同的意见。

这样，这一案例就可以归入我所说的“（c）”类了，因为本案中律师试图说服法庭，相关的成文法能够包含一个赋予其当事人所主张的权利的含义，但是他没有成功。尽管提出了这种论辩意见，法院中多数法官还是认为，在丈夫失踪时法律没有将被遗弃的妻子作为承租人的代理人看待，对法案的这种解释是无可争议和明白无误的。

［重复前面提到过的一点：我们会发现，无论把观点作为“解释”问题还是“分类”问题提出，都不影响所持论辩的结构。无论我们将问题设定为“法律中的‘持续占有’这个概念应当是什么意思？”还是“那些已被证实和承认的基本事实能否构成法律中的‘持续占有’？”那些用来论证答案的要素都是一样的。尽管“解释问题”和“分类问题”的区别在某些场合仍然具有重要的实践性意义——因为这种区别也被视为“法律”与“事实”（或“次要事实”）之间的区别，但是，在涉及提供法律上的论证理由时，二者在基本原理上没有差别。］

二、解释与分类问题:成文法的解释

204 当法律中出现了解释问题、分类问题,需要特别地求助于成文法的解释时,坦普尔诉米切尔案——如同在本章和其他章节引用的那些案件一样——可以作为例子,来说明如何解决这些问题。[7] 首先,我们需要参照这个案例来问,该案中是不是存在律师对法案的不同解释,并且是否一种解释比另外一种解释更加“显而易见”。看来答案只能是肯定的。如果把考察的重点局限于《1920 年提高租赁和抵押利息(限制)法》第 15 条中的“只要他持续占有”这个条件,我们会发现,这一条件最为明显的含义,是指实际占用着一所房子并且意图继续占用的状态,这一含义最符合条件,而那种离开了房子并且不打算再回来的情况却很难符合这一条件。

应当承认,有一个众所周知的概念是“法定占有”,亦即如果 B 是 A 的房客或获得居住许可者,A“占有”实际上为 B 控制的财产。但是,坦普尔案之前的诸多权威判例在解释法案时都排除了这一用法。“[1920 年法案的]基本原则……旨在保护住宅中的房客,而不是保护住宅中的那些不是房客而是专为

---

〔7〕 当下关于成文法解释问题的最好著作,可参见 Rupert Cross, *Statutory Interpretation* (London,1976);除了我更愿意说“显而易见的”而不是“通常的”含义(因为“显而易见”的程度可大可小,但“通常的”却不能)之外,我是非常赞同 Cross 的观点的;另外可参见 Law Commissions, *The Interpretation of Statutes* (1969, Law Com. No. 21, Scottish Law Com. No. 11)。

牟利转租房屋的人。”这是斯库若顿法官(Scrutton L. J.)在哈斯金诉利维斯案中的意见(*Haskins v. Lewis*,[1931] 2 K. B. 1, 14 页)。所以,考虑到前面的解释,“只要他持续占有”的明显含义中不包括某人身为房客而离开住宅但又不打算回来的那种情况。

那种认为已然存在或可能存在关于成文法解释的“字面规则”的观点,总是在假定成文法有一个清楚的含义。如果这种假定是正确的,那无疑就有了很好的理由来解释为什么法官倾向于适用当事人展示在他们面前的规则含义中更为“显而易见”的那种。在一个民主的宪法秩序下,只有民选的议会才有权使新法律生效;无论立法机构的全体成员是否对权利法案的内容和条款有着精深的理解,确保选举出的立法者的意志得到体现的最为有效的方式,是贯彻他们所制定的法律所体现出来的明显价值,并在适用这些规则时不违背其通常含义。就行政部门所能够有效地控制议会事务的范围而言,它们至少要做的,是阐明所制定的政策并恳请议会通过法律程序批准。这样的话,普通公民将能够遵循法律所表现出来的那些价值。

另一方面,法律用语的含义是否具有“显而易见性”,可能 205
(甚至必然)取决于法律规则被理解为到底只体现了一项原则,还是体现了多项原则。前面引用的斯库若顿法官的话就清楚地表明了这一点,在判决意见中他还指出,关于《租赁法》,法院从 1920 年起就一直努力构造适用该法时所遵循的统一原理([1931] 2 K. B. 9 页)。或许,关于何谓显而易见,恐怕只有当给出一些关于这部法案的主旨和目标的明确理论之后,才能找到答案。(议会立法对本案中这一司法原则的确认,很好地体现在了《1968 年租赁法》中,该法案第 3 条第 1 款(a)项明确规定，先前受到保护的承租人“只要仍以居民身份占有着住宅”，即构成法定租赁。另外，根据第 3 条第 2 款的意思，以前对“持续占有”含义的司法解释，都以这种新的、更为确定的解释为准。)

如果情况都如所说的那样，那么某个当事人若想回避“显而易见”的解释而采用一种不太明显的含义解释，该怎么做？在坦普尔案中，米切尔太太的律师提出的简短论辩(1956 S.C. 267，270 页)表明他们的办法是主张“租金限制法案只有在一个宽泛意义上并且根据实际情况去理解，才能够实现其保护家庭的原则目标”。就这个目标本身来看是值得追求的，家庭的确不能被剥夺足够的房屋，《租金法》的原则和隐含的“原理”就是家庭的住宅比房东个人的利益更优先受到保护。如果这一理由成立，那么法案就有必要“在一个宽泛意义上并根据实际情况”去解释。在这一点上，他们通过引用英格兰法上的若干先例，增强了论辩的说服力。

正如我们所看到的那样，这一论辩意见得到了麦肯塔什法官的赞同。不过，其他多数法官持反对意见，他们认为该论辩在法案中加入了一个本不具有的特殊含义，是对法案明确用语的蓄意曲解。[合并后的 1968 年租赁法案并未对汤姆森法官令人遗憾的结论给予任何支持，他的结论亦即“如果苏格兰法要对被遗弃妻子的家庭进行保护，只能由议会立法来实现”(同上，275 页)；尽管《1967 年婚姻家庭法》澄清了判例法上的一些模糊内容，并且对被遗弃的配偶一方在自有房屋或者所租房屋的占有上给予保护，但那一法案明确指出并不适用于苏格兰。]

206 这样，律师要想说服法院接受一个不那么显而易见的解释，就必须满足两个条件。第一，他们必须说服法院，他们所主张的解释并不违背解释对象在英语上的用法，只不过不是最明显的那种而已。这正是坦普尔案中米切尔太太的律师的失败之处，这一点我们在上文中引用汤姆森法官的话中已经看出了。他们这一方没能充分地博得同情，也没能将论辩建立在一般原则或者合理的后果论辩基础之上。除非他们能够表明法案中包含那种与期望的判决相一致的含义，否则别无他途。事实上，法官明确承认自己已经被律师说服的情况并不罕见，尽管那个含义不是他一搭眼就感到“显而易见”的那个。例如巴克诉贝尔案（*Barker v. Bell*, [1971] 2 All E. R. 867,869 页），费顿·埃特金森法官（Fenton Atkinson L. J.）关于伊万先生的论辩说：

关于对这些文件的理解，在我听到第三方当事人的律师提出的意见之前，我认为他是受《1964 年租购法》第 29 条第 3 款中的“过去是”和“任何”共同约束的。但是听了他的意见之后，我认为言之有理。如其所言，不论一个人是否实际知道存在相关的租购契约，他都应被视为购买者。

关于第二个条件，尽管其自身并不是充分的，却是必不可少的。法院通常不会也不应当按照不甚明显的含义去适用法律，所以如果想让法院适用不明显的那种含义，必须提出充分的理由。本书主旨一直是，能够称得上“好的”论辩理由的，要么基于后果主义，要么基于法律原则，要么两者兼具（这样更加有力）。告诉法官若适用“如果 p' 那么 q”将会与已确立的原则相冲突，或者在更加抽象的层面上与正义、常识或者得当等价值相冲突，也就需要提出充分的理由，来证明适用“如果

p''那么 q”才是对“如果 p 那么 q”这一原始规则的正确理解，并且需要证明，这种理解绝不是与成文法案的用语和主旨风马牛不相及的事情。法官越是认为这些基于后果和原则的理由充分可靠，就越能够倾向于排除那种认为只应适用更加显而易见的含义的态度，他也更能够愿意在可能的范围内“拿捏”法律用语的含义。

207 当我们谈论司法风格的差异时，无论是卢埃林所用的“宏大的”和“形式的”等对比性词汇还是用其他词汇来表示，都无非在谈论，对于成文法有着清晰含义这一假定，法官到底在多大程度上有意地视而不见。

上述评论，可能会被认为与本章的成文法解释这个主题偏离得太远了。但实际上，这些评论所提供的框架，有助于我们理解那些即使是以最为标准的表达形式出现的那些解释准则。例如，有一种观点认为，成文法解释是存在若干“规则”[8]的——“文义规则”、“金规则”以及“弊端规则”（又称“赫登案规则”）等；而且存在不同的解释原则——诸如“同类原则”、“借助类同词理解原则”以及其他一些规则。这些“规则”或者“原则”的问题在于，它们总是喜欢“成对出击”[9]；因为，就它们中的每一个而言，在一定的情境中都可以找到另一个的影子，而它们各自指向的结论则可能完全不同。

既然涉及“解释规则”，本章现在的任务就是要对之做简要说明，以及解释为什么有这样一个假定：应当以其最为“显

---

〔8〕 参见前注引用的 Cross 的文献第三章；以及 Law Commissions 的文献，第四章。

〔9〕 参见 Llewellyn, “Remarks on the Theory of Appellate Decision etc.” (1950) 3 *Vanderbilt* L. R. 395。正如 Rupert Cross 指出的那样，“成对出击”是会被夸大的；前面引用的文献 169—170 页。

而易见”的含义来适用成文法;还要说明,为何无论如何都要遵循一个严格义务,即判决所依赖的规则必须与成文法的某种含义相协调,而且这种含义不能过分超出语言学上的用法。但是,在这个限制范围之内,可以求助于规则中那种不太显而易见的含义,来根据后果和原则提出论辩理由。在这些内容中,言及“金规则”或“弊端规则”,不过是借用规范的证明理由用语为背离显而易见的含义做论证而已——亦即,以此来避免对法案的解释导致某种“荒谬”后果(金规则),或者避免使法案背离立法者那种弥补某种法律上的“弊端”或不足的实际目的。特别是“荒谬”这一用语已经很明白地告诉我们,我们生活在一个价值判断的王国里,在这一王国中,价值是后果主义推理和法律原则论辩中无法摆脱的要素。

或许有人会说,麻烦的是任何诸如“显而易见”“明确”“文 208
义”或者“通常”等用来描述法律文件含义的那些用语,其本身就是颇可争议的,而且它们自身也难以超然于价值判断之外。这样说并不完全正确。成文法的用语有时在意思上是毫不含混的。例如,《1965 年谋杀(废除死刑)法》第 1 条第 1 款规定:

> 不得使任何人因犯谋杀罪而遭受死刑,犯谋杀罪者,除下 209
> 列第 5 款情形外(该款特别规定,“实施犯罪行为时未年满十八岁而在法庭受审的”),应被处以终身监禁。

这一条明确无误地赋予法官一种义务,要他在被告人被认定犯有谋杀罪后判其终身监禁。法官是绝不可以判决被告人死刑的,这一点不容置疑。立法机构中无论是对该规定投反对票的还是投赞成票的人,都不会对他们到底在表决什么持有疑问,而任何看了这一法律的人,也都不会对其含义和所意图的后果心存疑惑。对谋杀者废除死刑的目的,也为大多数人所赞同,所使用的语词也甚为确当地体现了那个目的。从法案的措辞、议会和公众辩论的外部环境来看,人们也都能清楚地获悉其目的所在,也不难发现该怎样满足那一目的:对被认定犯有谋杀罪的人(每个人是否被认定为有罪这一点是毫不含糊的)处以终身监禁,而不是对他处以绞刑或者任何其他方式的死刑。

的确,这种各个方面都清楚明了的规则,相对来说是较为少见的。不过,我们之所以信赖成文法,是因为我们知道它们是立法效力的一种表达,是经由一个有权使规则生效的立法程序产生的,而且那些参与这一程序的人有这个职权。正是基于这个原因,让那些条款作为法律规则产生效力,显然是立法机构所期待的。理解它们作为法律规则的含义,意味着我们要揣测一个正常人在陈述这一规则时做何理解(正是"正常"这一限定词将价值引入进来)。从那一意义上来说,并且是通过那种方式,我们理应遵从"立法者"的意图以及法律中"直白的"和"字面的"含义。不仅如此,我们可以通过对法案做整体理解来把握其"意图"体现的政策和原则,反过来,这些政策和原则又告诉我们如何对具体条款进行合理的推理。我通过语言表达的意思,我这些意思所要达到的目的,以及我所使用的语词的含义,同样体现出一种交互作用关系。[10] 当所有这三种"意思"汇聚在一起时,我们就有了最为充分的理由,这一点正

〔10〕 对照 G. C. MacCallum, "Legislative Internet", 75 *Yale Law Journal* 754,重印于 *Essays in Legal Philosophy* (ed. R. S. Summers, Oxford, 1968) p. 237, esp. at 241。

如1965年的法案中的情况那样。

必须承认的一点是,语词除有特定含义之外,更重要的是还有“通常”用法,这些用法依赖于约定俗成的语义规则。例如,“被处死”一词,就有一个不同于法案用法的含义,正是这一事实,使得它可以被解释为法案词语的含义。但是那些约定俗成的惯例本身也可能是模糊不清的,从这一意义上来说,完全可以借助特定的惯例来为特定的目的服务。这就是“解释准则”所扮演的角色。抽象的词汇只应该用来指代相同的一类事物(解释的“同类原则”),具体的词汇则被赋予特定的含义,这就是一个约定俗成的惯例。由于惯例为适用法律的法官和立法者所共同信奉,我们就有理由说,惯例在这里就能够起到澄清和减少潜在的模糊性的作用,因为对话的每一方都有理由认为其他方也知道并愿意遵守该惯例。 210

所有这些,并不是说可随意将一个明确的含义加于一项法律规则(当然不能),而是说为什么有时有这种可能。即便如此,在遵循法条的明显含义和寻求在特殊案例中建立能够满足其他可欲的政策和原则目标的一般性规则之间,仍然存在永恒的紧张关系。正是基于这一理由,有时才会牺牲“文义规则”以成全其他“规则”;[11]只要成文法的用语能够容纳一种区别于明显含义的一种新含义,不管区别程度如何,法官往往会基于政策或者/和原则理由将该理解视为恰当之义而予适用。

“文义”方法尽管与“严格”路径近似,但是将其与“宽泛”方法对立起来仍然是不无危险的。这种对立理解本身,既是受人迷惑的结果,又能迷惑他人。有时,“文义”路径确实会与坦

〔11〕 参照本章注〔7〕引用的 Cross 的著作,第43页。

普尔案中律师描述的那种"宽泛和实用的"路径形成鲜明对照。但是当我们对比安尼斯米尼克案和东爱洛乡区委员会案时,我们发现,前一案件中关于排除司法审查权的解释,乃是一种狭义的和限制性的解释,后一案件中关于同样的排除规定则恰是通过"文义"路径做出的广义解释。另外,在伦敦厄灵自治市委员会案([1972] A. C. 342)中,上议院多数派对基于"民族血统"的歧视所做的理解,不及肯布兰顿勋爵所做的理解宽泛,他认为"民族血统"应当包括法定国籍。那么,到底是谁在遵循"文义"解释,谁在进行"宽泛"解释,以及谁在进行"严格"解释?

211 这种混乱,可以部分地归因于司法活动本身。一方面,英国的法官看重成文法中我所说的那种"显而易见的"含义和其他评论者所说的那种"通常的"含义,他们认为这是在捍卫议会主权;但另一方面,在许多案例中他们也支持普通法(特别是关于普通法中的诸种自由),作为对成文法入侵的抵抗。例如,就种族关系法而言,法官拥有认定歧视是否存在的自由,特别是,因为"民族血统"一词在《1965 年种族关系法》涉及煽动种族仇恨的刑事条款,大多数上议院法官倾向于认可"民族血统"的可能含义中的狭义解释以减少争议,就此,裁判规则确认,那种基于法定国籍身份的歧视与成文法的反歧视规定存在冲突。

在这些确实存在模糊的案例中,法官自己也常常认不清逐字逐句的解释同限制或宽泛的解释之间的差别,以至于产生前面提到的那种混乱。但是我们仍能发现,从抽象层面上来讲,这种看起来有些模糊的论证是与普通法原则相关联的一种论证,那些原则热衷于保护公民个人的诸种自由。这样讲非但不与本书的主题相去甚远,反而是对论题的强化。当解释性问题应运而生时,只能求助于后果主义或者/和原则论辩,这两种方式,都需要再求助于作为法律构成之基础的那些基本价值。这些都是一些可能发生并且容易引发争论的问题,由此造成了疑难案件根本不承认存在简单答案这样一个事实。

理所当然地,我应当举出证据,以表明我在前面的说理绝非自己的臆想。我的例子是厄灵案中的一段精彩的司法说明,它指出了对成文法进行解释的恰当方式。这段话是西蒙勋爵说的: 212

法院有五种原则方法来确定立法意图:

1. 对法律的社会背景进行考察……看存在何种社会性的缺陷或者法律缺陷,因为这些缺陷往往决定所要救济的对象;

2. 找出目的相同的全部相关法律的要旨;

3. 特别注意对法律做出说明的那些长标题(以及能够找到的导言),通常可以从中了解到立法的一般目的何在;

4. 根据有效的解释准则对实际用语进行仔细审查;

5. 对法律中的相关条款(或者相关法律)做对照考察以明确解释对象的含义。([1972] A. C. 361 页)

正如所见,上述第1条和第2条明显地引入了我已经描述过的政策和原则考虑,第3条到第5条则强调找出法律文本中“显而易见”的含义。在厄灵案中,西蒙大法官的看法是,用全部五种方法都可以得出一个结论,那就是“民族血统”中不包含法定国籍身份。

我对这种看法很是尊重,但是不得不说,肯布兰顿法官的推理更具说服力。在前文中引用过他的“后果主义”论辩,那一论辩是将法定国籍身份包含进“民族血统”这一主张的很好的政策和原则理由；至于第4种方法，在本案中“有效的解释准则”之间是相互抵触的。正像肯布兰顿法官所说的那样：

> 我不能接受这样一种前提，即享受自由时不需承担任何责任；当然，种族关系法确实包含着一些刑事方面的制裁，那是对自由的某种限制，但是另一方面，它也被看作进行社会改革和缓解不幸的一种方式。无论是以实现某种先在的自由为前提，还是以乐善好施为前提，都无助于我们对案件形成正确的看法。（同上，369页）

213 正像本案中那样，当一个问题得到妥善权衡的时候，并且当每个答案都能够同法案用语的含义相一致的时候，就必须在二者之间选择一个作为裁判规则；为了论证采用这一规则的理由，必须表明该规则得到了这个社会中在调整种族关系问题上更为协调一致和原则化的“原理”（回顾一下前面引用的斯库若顿法官的话）的支持。既然不求助于所关涉的问题就找不到对议会意图的无可争议的理解，那么答案的获得就必须取决于我们在那个问题上的价值观念了。

问题的答案是而且必须是在实质上经过争论的，或者是可争论的。我的答案与肯布兰顿法官的一样。我与他遵循共同的理论，通过推理得出正当的答案。但是也可能存在另外一套理论，根据该理论得出的答案也是正当的。如果要想得出结论说一种理论比另外一种理论正确，那我们还需要第三种更加高级的理论，同样地，这个理论还可能受到第四种理论的挑战。只要不想被周而复始的循环所折磨，我们就必须做出自己的抉择，并承受这种抉择的代价——不过我这里是在预先描述下一章中的论题。

上面是对涉及成文法解释问题的讨论,我已竭力阐明解释问题是如何产生的,并强调这一问题必须在法律制度的范围内(按照效力论)解决,其中必须遵循的一个条件是案件的裁判规则不得与已经确立的法律规则相矛盾。我还论证了,当法律用语有明显的含义时法官通常会奉行不悖,但如果也存在其他可能的含义,并且得到了相当有说服力的后果论辩和/或者法律原则论辩的支持,法官就可能转而认可这种含义。

三、判例法中的解释问题

先例的解释是指什么?人们通常认为,先例推理的过程与成文法推理的过程是大不相同的。但事实上,这种不同至多是程度上而不是种类上的。

这里首先要说的是,正如我们前面在坦普尔案中看到的那样,对成文法的解释,通常参照前例对它的理解。《1920 年租赁法》第 15 条在 1956 年呈现在法庭上时,已经不再是出台时纯正单一的含义了,因法院附加的新义,该条已经变得意味深长。在特定的情势中必须解决的问题是,如何在适用法案时既不违背它自己的语言含义,又与先前案例的裁判规则在含义上相协调——例如"只要持续占有"是指承租人实际占用着住房作为自己的家,而不是"法定占有",比如将房屋转租给他人的情况。在努力发现有效法律规则含义的过程中,以及在依据这些规则进行判决论证过程中,很难想象法院会明目张胆地违背议会立法原意,或者随意地提出某种为司法创新张目的理由。

214 运用先例判案同使用成文法判案在法律上的差别，其实只是程度上而不是种类上的，这是本章的一个重要观点。前面已经阐述过，一致性要求对于成文法来说是一个必要条件。事实上，它对于判例法也同样重要，并且是基于同样的理由。法官不得违背既定的和拘束性法律规则这条戒律，也可以被理解为不得违背判例法形成的规则。

但是，规则是怎样从判例法中衍生出来的？第四章对这一问题已有涉及，不过这里还有必要予以重述。案例中之所以出现疑难问题，正是因为不同的当事人及其律师在我们所谓的“相关性”、“解释”和“分类”问题上持有不同的立场造成的。当事人总试图寻求法律的一种特殊“含义”或者“解读方式”的支持，因为这样可以说服法院做出对自己有利的判决，这些对法律的解释，或求助于后果论辩，或求助于原则论辩。法院必须通过接受或者拒绝救济请求的方式对案件做出判决，为了论证判决，法院也必须给出裁判所涉争议的规则，并进行论证。如果已经有了一项裁判规则，而这一问题中包含着正在处理的那个具体问题，法院可能会就更进一步的争点提出裁判规则，当然，并非必然如此；或者，法院可能会在表达意见时附加一个条件，指出这一意见对于判决来说不是决定性的。[12]（这或多或少地是在坦白说：“下列评论从技术上说应被视为附带意见，而不是判决理由。”）

---

〔12〕 随意选取的一个例子，是西蒙大法官在 *Galle v. Lee* [1969] 1 All E. R. 10621081—1082 页中的一段话：我对本案的看法，与禁止反言原则没有关系。但是，或许我可以扼要地表达我自己在这一问题上的看法，而暂不考虑律师向我们提出的有力论辩……[但是]被告提出的“这不是他的契据（*non est factum*）”原则根本不是有效的抗辩理由，所以无需考虑原告是否已经被禁止援引该原则。

在第四章，我们曾用一定篇幅讨论过，这种明确或者隐含 215
地就法律争点做出判决的做法，从一个“普遍化的”形式上来看，既是形式正义原则的要求，同时又需要形式正义原则为它提供证明。我们也已经指出，当必须做出判决时却提不出裁判规则，也不能说明判决基于哪项法律原则，或者不能说明判决与该原则相协调，这在司法者看来是应受责难的情况。这种情况使得我们进一步确认，从司法的角度来看，法官那样做是规范性的和无可选择的。

鲁珀特·克劳斯（Rupert Cross）教授是研究英国司法判例的权威，他“曾对律师们所认为的‘判决理由’给出了较为精确的定义”：[13]“案件的判决理由，是指法官明确或隐蔽地表达的为得出判决结论所必需的任何规则，亦即他采用的推理链条。”

通过充分理解判决中法律推理的证明功能和它的一般结构，我们或许可以做进一步的讨论了。

判决理由是法官明确地或者隐蔽地给出的那一裁判规则，它在案件中足可以用来解决当事人间的论争，对于这些论证来说，法官必须提出一项裁判规则来证明判决结论。（对此，这里必须重申那条告诫，即无论在什么案件中——即使是在“创造性”案例中——都只有**一个**判决理由。）

我们已经阐明，规则也是可以从判例法中获得的，因为一 216
个先前法院的裁判规则可以为当下案件所沿用（而且按照遵循先例原则，前例中的规则要么必须被遵循，要么从表面上看理应被遵循，这也是法院的等级制安排的需要），那么接下来我

〔13〕 Rupert Cross, *Precedent in English Law* (2nd edn. , Oxford, 1968), p. 77.

们要讨论的是判例法对于法律中一致性要求是如何体现的。在讨论这个问题时，我将首先用不太有争议的方式讨论一下判例法规则的适用问题；然后，我们讨论一下先例区分问题，特别是关于用严格方式对先例进行“解释”的问题；最后，我们讨论延伸和发展判例法规则的问题——当然这又与第六章中所涉及的类推论辩或一般原则论辩有着明显的关联。

217 (1)适用先例

在丹尼尔斯案([1938] 4 All E. R. 258)中，尽管诉讼是针对柠檬汁的制造商怀特和父子公司的，但我们发现，在制造商对消费者所负的责任问题上，直接适用的是多诺霍案([1932] A. C. 562, 1932 S. C. (H. L.) 31)中的裁判规则。是否像埃特金法官认为的那样，那一裁判规则能够适用于所有的消费品生产商，或者是否像麦克米兰法官认为的那样，那一规则只适用于食品和饮料生产商，对于这个与柠檬汁有关的案件本身来讲已经不重要了。如我们所见，一个生产商，至少是柠檬汁生产商，对最后的消费者是负有注意义务的。这样一项规则，已经为莱维斯法官适用。在该案中，这一规则的适用是有利于制造商的，因为原告没能证明制造商事实上没有尽到注意义务。

这一案例，可以直接用来同格劳恩诉英国铁路委员会[*M'Glone v. British Railways Board*, 1966 S. C. (H. L.) 1]这样的案件进行对照，在这一案件中，原告爬上了铁路旁边的输电线铁塔触电致死，于是带来的一个与丹尼尔斯案类似的问题：铁路委员会是否应当对原告的死亡承担责任。有人认为，《1960年(苏格兰)占用者责任法》已经明确规定了这一情形的处理办法了。但是，这种看法根本没有区分出相关推理的不同之处。该法确认，某人要为他人承担合理的注意义务；法院必须做的，是判定合理的注意是否尽到，而不管那项规则的来源问题。正如在格劳恩案和丹尼尔斯案中已经发生的那样，法官判定合理注意义务已经履行了。

适用一项规则，当然需要弄清楚它在面临特定事实时的恰当含义。我们讨论过的《租赁法》和《种族关系法》，就一直与这个问题相关。同样地，判例法规则也存在一个如何做出恰当解释（然后加以适用）的问题。在前面提到的 *B. T. C.* 诉高雷案（*B. T. C.* v. *Gourley*，[1956] A. C. 185）中，我们已经看到了上议院是怎样给出一项裁判规则的，对于这项规则，戈达德法官（Lord Goddard）是这样表述的：

> 在这份意见中，我需要处理的是如何认定在个人伤害和错误免职情况中的损失。本案中，我们所关注的问题可以归结为，在计算损失和确定赔偿总额时是否应当将税收因素考虑进来。在我看来，这一因素应当予以考虑，因此我将接受上诉请求……（同上，210 页）

这一意见已经极尽坦率和清晰了；但它无论如何都没有预见到所有可能的怀疑和问题。我们以林黛尔时尚制造公司诉瑞茨案（*Lyndale Fashion Manufacturers Ltd. v. Rich*，[1973] 1 All E. R. 33）来做简要说明。由于公司的过错，瑞茨先生遭到解雇，但他及时找了另外的工作，这使其有效地减少了自己的损失。在他被解雇前后的那个税收年度，他的总收入是£ x；如果他继续留在那家公司，他的总收入会达到（$x+y$），所以错误的解雇使他遭受的损失是£ y。

如果以累进税制计算，边际税率会每在一定收入标准上吃 218
掉收入的一部分。如果扣除所有抵扣税款的免税额，瑞茨先生的实际税率是相当低的。但是如果他在那个基础上挣得£ y，则折成税款就是£ z。因此公司只同意给付£ $(y-z)$作为赔偿。但是瑞茨先生认为这不公平，不能按照他的收入的顶端“部分”来计算边际税率，而只能根据一个人的总收入£ $(x+y)$的可征税部分的平均税率来计算，所以他拒绝接受£ $(y-z)$的赔偿，而是要求大得多的£ $(y-z/n)$。

上诉法院判定，公司的观点更加可取。因此，在*B. T. C.*诉高雷案的基础上又给出了权威解释，其形成的裁判规则，也适用于其他的类似案例。正如我们料想的那样，上诉法院就是借助高雷案中的基础性证明原则来论证那个裁判规则的。如果赔偿金仅仅是用来补偿损失，按照瑞茨先生的要求进行补偿会使得他在净收益上比留在公司时的状况还要好，这样他的要求就不合理了。事实上法院也拒绝了他的论辩。

本案揭示的一个具有典型意义的过程是，一项关于某个重要法律争点的简单初始规则，会通过后来一系列附属性裁判规则的加入而会变得具体和细致起来。[14] 现在，在因伤害或者错误免职引起的诉讼中，如果要了解关于结合纳税因素计算收入损失的法律，不但需要参照高雷案提供的初始裁判规则，还要参照其他一系列相关判例，这些判例使得这一规则更加精致，能够适用于更具一般性的情形。当然，议会的立法也经历了同样的过程，看看关于《租赁法》、《种族关系法》、《货物买卖法》以及任何这类法案的正式记录，都足以让我们发现，每一条款是怎样经由司法解释而逐渐变得富有光彩和生动具体的。

〔14〕 还有人用图表这种比喻方式表达了同样的观点，参见 Paton's *Text-book of Jurisprudence*，4th edn.，pp. 219－21。

在法国，从理论上来说前例不具有拘束性效力，不过，那些 219
标准的法典版本，都在注释中对形成各条各款的开创性判例一一列出，这些判例围绕着解释要点给出了相关的裁判规则。阅读法典本身会让人了解到法国法的抽象精神和原则，但若仅止步于此，不去研究这些法律在司法过程中是如何解释的，那就很难对法律的具体实施后果形成正确理解。由此来看，成文法和先例之间，以及法典化的制度和未被法典化的制度之间，并不存在太大的差别。

(2)区分和阐释先例

有时，法官不但根据自认为合理的后果主义论辩和原则论辩来适用一项受到严格的限制性解释的成文法规则（例如，安尼斯米尼克案中涉及的《1950 年涉外赔偿法》第 4 条第 4 款），而且，基于同样的论证理由，他们偶尔也会通过对先例进行严格解释，将其与正在审理的案件“区分”开来，不过，这一过程也是要阐明理由的。

当然，有时区分先例时要使原始裁判规则充分地起作用。在菲普斯诉皮尔斯案（*Phipps v. Pears*, [1964] 2 All E. R. 35）中，上诉人请求法院判决房屋的主人有免于受到坏天气侵扰的地役权，这可对抗相邻房屋所有人具有的拆除房屋的权利（见前面第 189 页），法院拒绝了这一请求，它区分了两种情形，一种就是该案的情形，另一种是先例中对支撑地役权予以确认的情形。正如丹宁法官指出的那样，道尔顿诉安格斯案[*Dalton v. Angus*, (1881) 6 App. Cas. 740]就是这样的一个先例。但是，那项裁判规则——一个人不可以拆除自己的房屋以免邻居房屋缺失了物理支撑物，与另一项规则——一个人不得被强迫维持保护设施以使他人免于受到坏天气侵扰，很难说根本矛盾的。两种情形明显不同,才可以进行区分。在这里,前一种情形可以通过类比进行扩张解释,把后一种情形包含在内;但是,当没有充分的政策和原则理由时,法院无需这样做;而如果法律真的"对于创设任何新的消极地役权十分小心"([1964] 2 ALL E. R. 37,丹宁法官的意见,见前面第 189 页引文),那法院就根本不应当这样做。

220 以这种方式进行区分,仅仅是适用判例法规则时的一种惯常方式;如果一项规则能够用拘束性先例的权威用语加以明晰,或者已经在先例中用清楚地用语表达过了,那么,只要当下案件的有效事实与规则相适应,它就可以直接按照明确含义来适用。如果情况不是这样,那就不能直接适用规则,尽管在有其他充分理由作为类推论证延伸了法律的适用范围时可以适用它。当不存在这些理由时,它只能依照其表面价值或被区分的情况来适用——因为,尽管在先例和当下的案件之间存在相似性,当下案件中的相反裁判规则仍不能推翻先例中的裁判规则。

更为重要的问题是,对先例要点进行的重述,需要借助于对先例进行"阐释",这样,才能表明它相对于当下的案件来说才是可区别的。在斯蒂尔诉格拉斯哥钢铁公司案(*Steel v. Glasgow Iron and Steel Co.*,1944 S. C. 237)中,我们已经看到最高民事法院是如何借助于与"营救"有关的那个案例进行类比,从而证明营救处于危险状态财产的救援者的权利是理应受到保护的。当然,该案中的法官在这样做时并不顺利(前面还没有提到过)。

在麦克唐纳诉大卫·麦克布赖恩公司案(*Macdonald v. David MacBrayen Ltd.*,1915 S. C. 716)中,救援者的权利未予

保护。麦克布赖恩是一家百货公司,按照合同约定应当向在福特·威廉的麦克唐纳先生的商店交付两桶石蜡,实际上,麦克布赖恩交付了两桶石蜡外加一桶石脑油。麦克唐纳把石脑油当成了石蜡,踢了一脚看桶是否装满,结果溢出的石脑油在店里引起了火灾。他幸免于难,但在奋力救火时受了重伤。本案由郡长处理后上诉,上诉法院第二分庭认为,麦克布赖恩公司应当为直接由他们的过错而对商店造成的损失承担责任,他们的错误交付行为违反了合同。但麦克布赖恩认为,原告竭力救火的行为构成了"新的介入行为",打断了被告同损害之间的因果链,相应地,原告无权主张就他个人遭受的损害要求赔偿。

在斯蒂尔案中,原告律师提出了以下意见:

> 麦克唐纳诉大卫·麦克布赖恩公司案是一个自愿将自己置于不合理的危险境地的例子,因此与该案的情况不同,本案中不存在那种不合理危险。斯蒂尔牢记着自己对机车的责任,实在是重要的……(1944 S. C. 243 页)

实际上,他向法庭提供了一个关于麦克唐纳案的阐释,这 221
个阐释与当下案件中原告希望的那种裁判规则是一致的:那一案例确认,不合理地将自己置于危险境地将使得救援者丧失自己的权利,但这不等于说,救援者从来都没有权利向因过错而造成损害的一方要求赔偿。

在斯蒂尔案中,库珀法官甚至走得更远,他振振有词地宣称:"在我看来,麦克唐纳诉大卫·麦克布赖恩公司案不过是一个根据它自己的实际情况做出的判决而已"(同上,247 页)。简言之,他不认为这个先例中包含着任何与救援者的权利有关的裁判规则;它更多的是在推定而不是在陈述法律的命题,而且正如律师主张的那样,必须基于对原告行为的不合理性有实际认同的基础之上,才会有那样的推定。麦克凯恩勋爵在斯蒂尔案中则持反对意见,他认为,那些关于“营救”的案例是可以区分出来的(也确实可以),而且,这些案例应当被区分出来,因为麦克唐纳案中的权威理由应当得到遵循:“我找不到其他什么更恰当的结论,这完全是受麦克唐纳案的影响”(同上,261 页)。

重要的是,是一个具体的法律主张,而不是清楚的用语,表达了先例中有拘束力的理由。这一点确实构成了先例区分同成文法中的相关做法的一个差别。正像特韦宁(Twining)和米尔斯(Miers)所说的那样,成文法是“通过确定无疑的用语”来确认规则的[15];而先例确认规则时却不是这样。对于成文法,任何经由解释得来的含义,必须在某种意义上与立法者的原意相一致,才能合理地加到规则中去。而在先例中,即使是对权威裁判规则进行的司法解释,也不适用成文法上的这种严格限制。因此,“解释和区分”先例过程中的自由度,无疑要大于对成文法进行严格解释时的自由度。只要是能够对先例中的裁判规则进行一种与判决结论相一致的重述,并且与诉讼所包含的那些原则上的论辩理由相符,法官就将接受并采用“解释”先例的方法,这一方法的使用,将使得案件的争点变得明晰,使可欲的裁判规则浮出水面。

222 尽管如此,正像成文法的解释要求找出法案相关用语的那个最为“显而易见”的含义而不可牵强附会一样,判例法中的规则也不能容纳牵强的解释。在解释和区分先例中,关键是要

〔15〕 引文见前面第三章注〔7〕文献。

找到适合于案件的后果上和原则上的论辩理由,而且要指出,从表面上来看对方提出的相反先例缺乏这种论辩理由。当有充分的理由时,法官是允许对拘束性先例进行严格的解释和并加以区分的。不过,提供论辩理由的责任,也要由进行区分以确立其立场的一方来承担。

人们通常说,只有先例中的判决理由部分才是拘束性的,而隐含的论证性理由,则是不具有拘束性的附带意见。从技术上说这无疑是正确的,但是还应该认识到,有说服力的论证理由在某种程度上会产生重要影响。在斯蒂尔案中,库珀法官对麦克唐纳案中的判决无疑是不屑一顾的,因为该案中的论题只得到了相当草率的处理,而且缺乏详细的原则论证。然而在库珀法官看来,斯蒂尔案中的原则论辩倒是有利于原告。怀特和卡特(咨询)公司案(*White & Carter (Councils) Ltd. v. Macgregor*,[1962] A. C. 413,1962 S. C. (H. L.)1)中,情况则大不相同了,原因是里德法官的论证推翻了相反的先例德福特案(*Landford v. Dutch*,1952 S. C. 15),其理由是,在那一案件中院长库珀法官(Lord President Cooper)认为,一个广告客户在合同撤销后无权索要全部的合同价款,除非他能说明这样做的原则理由。(但是,现在的法律意见一般认为里德法官是错误的,而库珀法官是对的,[16]不过这是另外一个问题了。)

此外,一般认为判例法的解释与成文法解释还有一个不同之处,即成文法本身作为法律就具有正当性,这种正当性不再需要明确的原则论辩作为支持。但事实上,正是那些在法院看 223

〔16〕 例如可参见 D. M. Walker, *Principles of Scottish Private Law* (2th edn. , Oxford, 1975),i. 642n。

来缺乏基础性原则的成文法，最有可能被作为严格解释的对象，尤其是在它们威胁到普通法原则的时候（而不是在关于什么构成好的原则问题上通常同意法官的观点）。坦普尔诉米切尔案（*Temple v. Mitchell*，1956 S. C. 267）中，在高等法院第二分庭看来，作为背景的苏格兰和英格兰婚姻法原则有着多么大的差异，对于理解涉及被遗弃的妻子能否受保障地占有房屋的《租赁法》时，具有决定性的影响。另外，像里兹诉鲍德温案（*Ridge v. Baldwin*，[1964] A. C. 40）、马洛克诉阿伯丁公司案[*Malloch v. Aberdeen Corporation*，(1971) S. L. T. 245]等也表明，法院是如何坚定不移地认为，行使解雇公务员法定权力必须遵循自然正义的原则。

我们至少可以说，严格阐释和区分先例的过程及其理由，与严格阐释和区分成文法的过程及其理由，是明显相似的；差别仅在法官判断先例中的原则论辩是否合理以及结果论辩是否可接受上所享有的裁量自由程度不同而已。有时，法官只不过是出于礼貌才声称，那个他已接受的相反后果也是来自对成文法的某种特定解释，而这种解释也是议会的意图所在——安尼斯米尼克案不就说明了这一点吗？

还有一点需要强调：法律中主流的价值和原则，是会随着时间发生变化的。在迪瑞诉皮克案[*Derry v. Peek*，(1889) 14 App. Cas. 337]发生的年代，上议院认为，A 如果是轻信而非无端信任 B 的虚假陈述而给自己造成的损失，无权要求赔偿，这无疑是当事人必须通过合同照看好自己的利益这样一项主流原则的体现。到了 20 世纪 60 年代，法律在过失问题上的一般态度已经发展（在苏格兰可能是后退）得与以前大为不同了。

224 因此，在赫德雷·拜恩案（*Hedley Byrne & Co. v. Heller &*

Partners,[1964] A. C. 465)中,迪瑞案被区分出来,因为该案的判决认为,除非证明存在实际的欺骗行为或者不负责任的鲁莽,不能就侵权行为要求赔偿。但是自从赫德雷·拜恩案以后,新的裁判规则认为,当A有理由信任B的谎言,B也有理由预见到A给予这种信任只是没有施以合理注意,则A有权就所遭受的损害向B要求赔偿,这一规则等于确认可以对有形伤害以外的经济损失主张赔偿权利,但它继而又陷入纷争当中。尽管里德法官和莫里斯法官都持反对意见,枢密院在艾沃特案(*Mutual Life etc. Co. v. Evat*,[1971] A. C. 793)对赫德雷案规则还是做了严格的解释和区分,但在后来的一些案件中,钟摆又摆向了相反的方向,艾沃特案的裁判规则没有得到遵循。[17]

一个先例是否被区分出来,不仅取决于所涉及的问题是不 225
是可区分的,而且还取决于是否存在充分的理由让法院做这种区分,这是更为重要的一个条件。那些理由在根本上来说都是颇可争论的,因为它们必然涉及的诸种价值则往往会随时间发生变化。

(3)延伸和发展判例法规则

上面的结论,对于理解判例法是如何在解释中得到扩张和发展的这一问题,是一个关键。没有人会仅仅因为一个先例是可区分的就把它区分出来。如果综合多诺霍诉史蒂文森案中的各种判决意见来考察,人们可能会认为,该案只不过是确认了食品和饮料的制造商对消费者负有合理注意义务。但后来

---

〔17〕 例如可参见 *Esso Petroleum Co. Ltd. v. Mardon* [1975] Q. B. 819,[1976] Q. B. 801(C. A.)。

的情况表明不是这样。戈兰特诉澳大利亚针织厂案(*Grant v. Australian Knitting Mills*, [1936] A. C. 85)中,含有亚硝酸盐的内衣使穿着者得了皮炎,枢密院认为,多诺霍案中的问题不在于商品的瑕疵有没有可能被中间人或者消费者本人发现或消除,而在于瑕疵确实可以通过检验被发现或消除的情形能否被合理预见到;购买那些内衣的人本应在水洗之后再穿着,但是也可以合理预见的是很多人在穿之前不会先洗一下。海斯丁诉德奥案(*Haseldine v. Daw*, [1941] 1 K. B. 688)也是同样的情况,该案中本可以认定,由于多诺霍案并不涉及起重机和其他类似物件致人损害的情形,所以可以被区分出来,但上诉法院认为,找不到任何合理的政策上或者原则上的理由进行这种区分。这种例子还有很多。

继续讨论这些问题实属多余,因为那不过是在重复第七章中关于从既定规则中进行类比推理以求得正当性或者合法效力的问题。一个案例由于其难以被区分,便可以成为支持许多其他案例的权威,因而会具有较强的拘束性。判例法的判决结论是开放性的,因为,一个法院或者法官总是试图给出一项在法律上能够充分论证其结论的裁判规则。[18] "至少如果 p 仍然有效,那么结果就是 q"同"只有 p,才能 q"是有着显著不同的,在处理新情况的案件中,前者更多地体现了判例法规则的特征。

226 在巴维克诉英国合股银行案[*Barwick v. British Joint Stock Bank*, (1886) L. R. 2 Ex. 259]中,关于判决理由到底是什么的

〔18〕 参见 A. W. B. Simpson "*The Ratio Decidendi of a Case etc.*" in *Oxford Essays in Jurisprudence*, ed. A. G. Guest (Oxford, 1961), ch. 6。

争论[19]，就表明没有注意到上述结论的重要性。一个银行经理在其任职期间采取欺诈手段，致使原告接受了一宗毫无价值的担保物，作为其雇主的银行获得了利益。判决最后认定，银行作为被代理人应当为其雇员的欺诈行为承担责任。坦白地说，对于那些因为雇员的欺诈而使得雇主丧失相关利益的那些情况，这一判决本应被区分出来才不失为合理。

但是在利奥德诉格雷斯史密斯及公司案（*Lloyd v. Grace Smith & Co.*，[1912] A. C. 716）中，上议院推翻了上诉法院的判决，他们认定，获利并不是雇主为其雇员在任职期间实施的欺诈行为负责的必要条件。上议院说，在巴维克案中威尔斯法官提及的雇主利益只是对特定案件事实的描述。但是上议院也可以反过来说，像上诉法院那样，它可以拒绝在这类案件中认定雇主承担责任。在这里，通过抛弃原先的限制性条件——"至少如果雇主获利的话"，法院相当稳妥地拓展了欺诈引起的代理责任的适用范围。正如古德哈特博士所做的那样，[20]试图在判决理由中把最低限制条件和最大限度条件都包含在内，是不可能的。

当然，起初的开放性在法律发展过程中也可能变得日益封闭。"至少如果……"可能会变成"只有当……"瑞兰兹诉弗莱彻案（*Rylands v. Fletcher*，[1868] L. R. 3 H. L. 330）中的判决规则，正是以这种表述方式在里德诉里昂案（*Read v. J. Lyons*，[1947] A. C. 156）中变得封闭起来的，这一点先前已经讨论过了。瑞兰兹案原则本可以延伸到被告的危险物品失去控制的

〔19〕 参见 Cross，*Prededent in English Law*，2nd edn.，pp. 72－4，以及见第四章注〔7〕中 Goodhart 的著作。

〔20〕 Goodhart，同前注。

所有情况,而无论失控是否超出了其财产所占据的空间;对给原告造成的人身伤害,而不仅仅是对于相邻所有者的伤害,也为该原则所适用。到了里德案那里,在这一原则之上,又增加一个"只有"条件作为限制,认定逃离被告的土地并且对相邻所有者构成伤害对于承担严格责任来说不仅是充分条件,而且是一个必要条件。

227 我们也注意到,当人们试图在法律制度范围内确立原则或者将规则予以扩展适用时,通常较多地借助成文法,而不是用案例类推将原则扩展适用的方式。尽管如此,成文法和判例法之间的这一差别并不太明显。倒是在"开放性的后果"这一点上,判例法与成文法有着甚为明显的不同,至少从法国传统的区别来看是这样的。但是,这并不影响我们在这里强调的,即判例法和成文法对一致性的要求并无二致。"你不可冒犯既定的和有拘束力的法律"作为一条戒律,对两者都适用。即便我们对解释、阐释和区分的范围已经做了严格的限制,这条戒律对司法裁量自由的约束还是现实而且重要的。

开放性的后果还有其另一方面。在某种意义上,判例法规则只具有相对的拘束力。在一个等级制的法院体制中,只有当下级法院拒绝遵循上级法院确立的先例时,才会产生混乱和不便。这样看来,后者的判决拘束前者。当然,并非反之亦然,在任何情况下,上诉法院都不必将其自己的或者同级法院的判例视为有着绝对的拘束力。这些判例在具体层面上只具有假定的拘束力,而出自下级法院的判例则只是建议性的,所以,遵循先例中的裁判规则并不具有成文法规则那样的刚性特征,推翻先例或者无视先例的情况司空见惯。此外,那种除非有相当理由不得违背同等情形同样对待的正义原则,以及先例中的政策性和原则性的支持理由，使得先例在我们的法律制度中也成为“法的渊源”，而且，也正是基于这些原因，我们才能够理解判例法的开放性特征。

判例法的这些情况，对融贯性的要求大于对一致性的要求。但如果把两者结合起来就会发现，在“简单案件”和“疑难案件”之间其实并没有明显的界限。一个案件之所以在法律上被认为是简单的，在于案件的事实（被认为）能够加以证明以契合既定的规则；但是，对于既定的规则，往往存在基于不同的后果论辩和原则论辩的解释。如果谁要确信所提出的案例是一个简单案例，他必须做的是，既要确信有一项规则可适用于该案，还要确认对该规则的解释是得到了最佳论证的，论证的方式就是通过后果论辩和原则论辩来表明该规则的适用不会违背法律中的正义观念和常识。我们马上进入了一个本质上没有定论的领域。当然，开放的案件和封闭的案件我们都能找得到，当我们见到它们时也总能认得出。但是，如果我们把目光由近及远，将没有人（除非莽汉）能够信誓旦旦地说他可以指出简单案件和疑难案件的分界线到底在哪里。 228

第九章　法律推理与法律理论

一、原则与实证主义

229 法律推理理论与法律的一般理论密不可分。正如在第三章中已经看到的那样，任何对法律推理所做的说明，都要对法的性质到底是什么给出一个基本的假设；同样地，关于法的性质的理论，也可以通过其在法律推理中的特定含义和具体应用得到检验。关于这一点，罗纳德·德沃金也是予以肯定的。[1]

但是，在涉及法律推理问题时，德沃金认为法律实证主义存在一些根本上的缺陷，至少他对哈特这样的法律实证主义者所持有的理论是这样理解的。下面对德沃金在这一问

---

〔1〕 德沃金的相关思想体现于一系列著名的论文中，这些论文集为 *Taking Rights Seriously*（London，1977），尤其是其中的第1—4章和第12章、第13章（后面引用该书时均简写为 *TRS*）。

题上的主要观点做一个提纲挈领的说明以便把握其要旨。

从哈特理论的模式来看，[2]一个法律制度由一系列相互关联的首要规则和次要规则组成，首要规则调整一个社会中人们的义务，次级规则授予个体或者公共组织以权力，以增加、改变、适用规则体系中的其他规则。次要规则将全部规则整合为一个完整的法律制度，它设定区分标准，以确定哪些规则属于该制度，并借此设定执法者遵守和实施其他所有规则的义务。“承认规则”的存在之所以能够被制度化，是因为“从内在视角”来看它至少是被该制度体系中的那些高级执法者所广为接受的，至少，承认规则已经成为这部分人所共享的社会标准，作为甄别何为实际有效的法律制度的规则，它的存在使得它所辨识出的那些规则对所有社会成员都具有效力。

按照德沃金的看法，这一论点根本站不住脚，因为它必然 230
会误解判决的作出过程。首先，它没有为原则在司法活动中的运用留下必要的余地。[3] 其次，它对司法判决的性质和内容的描述是有问题的：[4]按照哈特的观点，规则有一个确定的核心、模糊的边缘和开放的结构，所以在那个核心地带以外的领域，规则无法提供确定无疑的指导，法官必须通过“强大的理性”做出判断。这时他们只能通过一种“准立法”的方式来确定他们认为最好的判决方式，并将判决立基于任何他们自认为妥当的理由之上。德沃金则认为，实际情况是法官的自由裁量权是有限的，因为他们只能根据相关的原则和其他法律标尺才能做出自己认为的（的确，他们还能靠谁呢？）最佳判决。第

---

〔2〕 关于更为详细的阐释，参见 *Concept of Law*（Oxford，1961）。

〔3〕 *TRS*，pp. 22－8，71－82，90－100.

〔4〕 *TRS*，pp. 31－9，68－71.

三，这些原则尽管是货真价实的法律原则，却难以借助承认规则用建立“谱系”的方式加以甄别确认。[5] 第四，在社会规则理论基础之上对承认规则进行阐释，无论如何都是站不住脚的。[6]

这就是德沃金观点中那些具有挑战性和破坏性的方面。建设性的方面，德沃金认为作为一般的政治原则之亚类的法律原则，其基本特征是用来确定公民的个人权利，而不像政策那样以确定“集体目标”为目的。在疑难案件中与在简单案件中一样，公民权利是得到强制性保障的权利，而不仅仅是有权要求做出维护其他权利的判决。当然，诉讼中到底哪方当事人有更优先的实质性权利以做出对其有利的判决，也确实颇可争议。但是权利必须被“认真对待”，而不能为实证主义所践踏，因为实证主义的一个含义是，疑难案件中的胜诉者不过是通过适用溯及既往的法律来行使“强大的”自由裁量权所造成的后果的受益人而已。[7]

231 那么，对于这些我要说的是什么呢？显而易见的是，我在本书中采用的论证思路，尽管不是对哈特思想的简单照搬，但也的确是深受其影响的。“权利论”如赫尔克勒斯[8]般无所不能，它已经使得实证主义行将就木，那么，本书的论题是不是那种实证主义的翻版？

显然事情远非这么简单，甚至可以说，尽管“权利论”中包

---

〔5〕 *TRS*, pp. 21, 36, 39 - 45, 64 - 8.

〔6〕 *TRS*, pp. 46 - 80.

〔7〕 *TRS*, pp. 81 - 6, 279 - 90.

〔8〕 赫尔克勒斯(Hercules)，原为希腊和罗马神话中宙斯与阿尔克墨涅之子，力大无比且富有智慧的英雄。在《认真对待权利》中，赫尔克勒斯是德沃金虚构的一位具有非凡技巧、学识、耐心和智慧的法学家。——译者注

含着许多闪光的洞见,它自己却是一种存在根本缺陷的法律理论,而且本书的一般理论,实际上在德沃金无法解说的那些法律过程方面从实证主义的角度给出了一个更好的阐释。先让我们对上面提到的几点挑战性论证做一番考察,但第二点关于司法自由裁量的论证,我们放在后面的章节讨论。

像庞德[9](德沃金对他很敬重)以及其他早于他的人一样,德沃金肯定地宣称,基于法律原则所进行的论辩,在法律推理中扮演着十分重要的角色,这一点无疑是正确的。而哈特在《法律的概念》中只是对此一笔带过,这看来是一个不足。[10]本书的第七章——也与许多前人一样——明确表明基于原则和类比所进行的论辩在决定疑难案件过程中起着至关重要的作用。从那一意义上来说,尽管不是完全服膺,至少那一章也是我对德沃金观点的赞同。前面的第八章也已经显示,对原则的考虑深刻影响了对规则的解释。对一个法令是做严格解释还是做宽泛解释,是解释和区分规则还是通过沿用判例奉行规则,必须部分地立基于从法律原则出发进行的推理,所以,只有当我们对案件所涉及的原则,从表面看来可以直接拿来适用的规则都进行反思之后,才能说手头的案件是简单案件还是疑难案件。

但上面最后一点,既有对德沃金予以赞同的方面,也有不同于他的方面。他对原则和规则做了区分,认为规则具有一种"要么完全适用要么完全不适用"的品性,[11]这样,一个有效

---

〔9〕 R. Pound, *An Introduction to the Philosophy of Law* (rev. edn., London, 1954), p. 56; *TRS*, p. 38.

〔10〕 参见 *Concept of Law* 第七章的开首语,121 页。

〔11〕 *TRS*, pp. 24-6.

的法律规则对一个判决来说就要么适用,要么完全不适用。而原则却不一样,它有一个富于弹性的权衡空间(这是一个业已遭到怀疑的比喻),原则之间的冲突不必然使任何一方无效。

232 这样一种观点是有诸多缺陷的,其中之一是它忽视了规则在类比论辩中的用处,而本书第七章中对此进行了详细阐述。根据第八章的论证,我们现在可以提出对德沃金的反驳,即在解释问题上,规则与原则会产生冲突,但这不一定导致规则归于无效。原则(与后果主义论辩一道)确实在安尼斯米尼克一案(*Anisminic*,1969,2 A. C. 197)中为判决提供了理由,这些理由对 1950 年涉外赔偿法第四条第四款做出了狭义解释,但是,这并不意味着该条款失去了效力。(如果用"分量"作比喻的话,那么可以说,上诉法院比上议院更看重那一条款的分量。)上议院所做的,是决定该规则在一个给定的情境下的适用范围,而不是它到底有效还是无效。甚至,规则有时会影响原则的适用。在坦普尔诉米切尔一案(*Temple v. Mitchell*,1956 S. C. 267)中,多数人认为《1920 年租借法案》第 15 条的规定明显超出了保护家庭住宅的范围;在对相关问题进行处理时,他们划定了那一原则的范围——与里德诉里昂一案(*Read v. Lyons*,[1947] A. C. 156)中的做法一样,泄漏危险物造成损害时,要适用严格责任原则,而不是与之相对的无过错即无责任原则。

对于原则和规则,"如果要做一个清晰无疑的概念区分"(这种区分对于当下的主题和"权利论"来说都属必要),必须超越"权利论"而把视野放宽。(依靠原则来确定权利的思想对这两者来说都没有什么帮助——很多规则也一样,这一点我在最近的讨论[12]中已经阐述得相当详尽了。)

我在第七章已经给出了一个比“权利论”更为合理的观 233
点,即原则实为更具一般性的规则,是一项规则或若干规则的“合理化”表达。当然,它假定我们是知道应该将哪些规则合理化的。但我们的确知道。我们之所以知道这类法律规则,是因为我们有“承认标准”或其他类似的依据来发现它们。(为了避免过于重复我在其他场合已经做过的论证,这里我只想用“制度性规则”这一概念来说明,是制度性规则为其他法律规则设定了有效与否的标准;[13]出于简洁考虑,我在这里使用了更为人们所熟悉的哈特式表述方式。)如果我们根本无法知道或者不知道哪些规则是法律规则,那么,法律检验就没有什么意义了,甚至不如在需要的时候临时制法。

这也就对德沃金的第三点意见进行了有力的反驳。在承认规则和法律原则之间存在某种联系,但这种联系并不是直接的。某些规则之所以是**法律的**规则,完全是由于它们的出身使然;而某些原则之所以是**法律的**原则,也是因为它们的功能与那些规则相关联。也就是说,这些原则的功能在于使那些规则合理化。

有人可能认为,说法律根本不是价值中立的,表明的是一种反实证主义立场。这种说法不但不是在反对实证主义立场,反而是在给予大声支持,说法律不是价值中立的,跟反实证主义没有任何关系。因为,没有任何人从其内心——至少从某些实证主义者的真实态度来看——已经或者打算认定法律自身

〔12〕 N. MacCormick“Rights in Legislation” in *Law, Morality, and Society*, ed. P. M. S. Hacker and J. Raz (Oxford, 1977).

〔13〕 N. MacCormick, *Law as Institutional Fact*,见本书第三章注〔6〕文献。

是价值中立的。[14] 如果人们不对社会生活中的秩序进行价值判断,他们根本就不会有法律,每一种法律制度不但体现了一种社会秩序形式,而且这种秩序形式是由那些控制了立法、执行权力或司法过程的人进行特定的价值判断的结果——至少,这种法律制度是不同利益群体参与这一过程中存在的诸多价值相互竞争妥协的结果。

上述观点中的真理性不言而喻,实证主义者是不会反对的。这一观点也毋宁是在宣称,一个人即使想要对某种法律制度进行考察,在任何意义上都不必全部或部分地分享或接受法律中的那些价值观念。对于苏联法、法国法或者苏格兰法等,如果人们相信它们是法律,或试图描述、阐释这些法律是什么样子的,都不必先期认定它们是好的法律,或者它们就是关于建立良好社会秩序的客观而有效的知识。

234 人们也不必认为,“某种法律”在不同利益、阶级、宗教或其他团体、性别的对抗和竞争中是处于客观中立或不偏不倚的地位的。[15] 无论是从历史的角度还是从现今诸多制度体系的情况来看,那种认识都是一种近乎荒谬的信念。另外,尽管我也认为好的法律制度不应该仅仅投合某一个阶级、种族、性别、宗教群体的利益需要而对其他群体的利益置若罔闻,但是,那种期望法律不要投合某些利益而忽视另外一些利益的愿望,也是甚为荒谬的。的确,那些靠行骗来满足私利的人的利益,在任何情况下都不应比受骗者的利益更为优先地得到保障。但是,在社会群体的对立性利益之间,法律不仅从来没有保持中

---

〔14〕 参见 Ch. Perelman, *Logique juridique*(见第 1 章注〔14〕),s. 37。

〔15〕 参见 Perelman, loc. cit.; Z. Bankowski and G. Mungham, *Images of Law*(London, 1976),pp. 10 - 11。

立,而且看来永远难以保持中立。

但是我这样说有离题的危险。法律的确体现价值,而且这些价值典型地体现于一个法律制度所宣告的各种原则当中。但是,当我们说法律“体现”价值时,其实是在用比喻的口吻说话。这样说是什么意思呢?人们认可法律,是因为他们期待的事务状态应当建立在某种公正或其他良好价值的基础之上,也正是在这意义上,法律“体现”价值。这一点很难进行更进一步的阐述,甚至期望许多人都对这种精确阐述予以必要关注本身就是一个错误。对法律中体现的价值观念进行精确描述,吃力且不讨好,只能通过对原则进行蹒跚改进,才可能将那些价值观念描述得清楚些。或者我们只能说,这个过程绝不是阐释已经明确存在的东西;而是旨在发现法律,找出法律中已然存在的意义。在第七章里,这一观点已经得到了详细阐述。

正因如此,那种认为原则本身取决于“承认规则”的观点是错误的,因为,可能存在不止一种具有规范性意义的方式,能够从抽象层面上把那些“归属于”解决特定问题的法律制度规则加以理性化——回想一下多诺霍诉史蒂文森案([1932] A.C. 562;1931 S.C.(H.L.)31)中所适用的关于过错责任的那项法律原则,就是这样的情况。然而,随着时间的变化还会出现一些新的观点,它们被接受的程度可能或大或小,但确实影响着原则的内容,英国在20世纪70年代新出现的“相邻原则”就是一个例子。

这看起来似乎有些本末倒置。的确,遵从规则是因为我们 235
坚持原则,而不是相反。“一战”后,国会中的大多数议员认为,从原则上来讲房东在出租私房时乘市场短缺之机盘剥房客的行为应予禁止,所以产生了《租金限制法》。在20世纪60

年代，大多数国会议员认为，在公共事务上坚持种族歧视在原则上实属不义，所以出台了《种族关系法》。原则与有效规则之间关系密切，它们的确是法律制度中不可或缺的部分，但是，对原则的考虑是否就成了法律制度的首要因素了呢？

236 答案是不会。回味一下前面引用过的莫里斯法官（Lord Morris of Borth-y-Gest）在判决书附带意见中说的话："1965 年和 1968 年《种族关系法》的生效，使得国会在英格兰法中引入了一项全新的原则，它有着根本性的重要性，并且影响深远"（[1973] A. C. 89 页）。不应当基于种族原因对人进行公然歧视，对于这项政治原则，有人（包括我自己）支持，有人反对。人们可以找出适当的例子来证明为什么这是一项好的原则，以及为什么使之成为法律；但是，认为那是一项好的原则并不必然意味着它应当成为法律，人们可能会自然而然地反对种族歧视，但也可能同时认为将之转化为法律控制是不明智和不可欲的，这些都在议会关于种族关系法的辩论记录中显露无遗。

一项政治原则即使为多数人所赞同，或为众多深思熟虑和秉持公正之心的人士所推崇，也不必然是一项法律上的原则。德沃金对这种政治原则是予以法律上的肯定的。〔16〕他认为，有些原则确认"背景性权利"，有些原则确认"制度性权利"，通过对原则做这种区分，德沃金把一些政治原则变成了法律原则。那么，能够使政治原则转化为法律原则的到底是什么？〔17〕

莫里斯法官给出了部分答案：可以通过适当的立法使之成为法律的原则，制定出体现这一原则的一系列规则，赋予其禁

〔16〕 *TRS*, pp. 246 - 55.

〔17〕 *TRS*, pp. 93 - 4.

止或者调整其行为的效力,这样原则就有了具体的法律形式。《租赁法案》大致就是这样的情况。关于这一法案,正如斯科顿(Scrutton L. J.)指出的那样,法院不得不拿出一套"理论"来解释基本原则是如何通过转化为有效的法律规则来体现其效力的。

当然,那只是问题的部分答案。法律确实不能远离道德和政治将自己密封起来。德沃金曾饱含激情地宣扬过这一点,我们当然应报以赞同,但也不必认为"实证主义"在这一问题上的立场有什么不同。法院不可能不受政治观念发展变化的影响,而且也不应当刻意拒斥这些影响(但是,我们仍然有充分的理由要求法院有意避免在党派政治中有偏袒之举)。

我在前面已经提到过,关于法律争议有可能存在若干种裁判规则,当这些不同规则的适用后果能够加以预测时,法院可能会把"常识"当作一个相关的权衡因素。我也曾指出,"常识"至少是指"法官意图使之生效的那种关于社会价值的、纯朴的共同意识"(前面第六章,149 页)。正是通过这种方式,关于道德和政治权利事项的那些当下观念才能过滤成为法律规则,当然,法官关于"当下观念"理解乃是一个变形镜,它是极其含糊的,法官可能会有意用来表达似是而非的情况。

在这一过程中,尽管不是借助立法"无中生有地创制"的 237
方式,而是通过缓慢的和累积性的方式,新的原则还是能够通过确定司法判例的方式纳入到法律中。例如,为了延续那个涉及种族关系的案例的效力,在斯凯拉舞厅(伍尔弗汉普顿)有限公司诉罗蒂克里弗案(*Scala Ballroom*(*Wolverhampton*) *Ltd. v. Rati cliffe*,[1958] 3 All E. R. 220)中,上诉法院认定,音乐家协会对那家实施肤色限制的舞厅的抵制行为并不违法,因为作为一个对黑人和白人实行平等对待的组织,它在抵制肤色限制上拥有合法利益。案件的结果是建立在协会成员所拥有的实际利益之上的,而不是直截了当地立基于肤色限制本身的错误之上,这要归因于人们重新界定相关法律原则的需要。在对"常识性"的道德和政治价值进行后果主义论辩之外,为何还存在这样的一种需要,前面的第五章到第七章已经给出了详细的阐释。(关于普通法需要借助这种方式而不是借助"无中生有地创制" 发展的情况,莱斯特和班德曼的近作《种族与法律》中没有论及,可能是忽略,也可能是有意回避。[18])

同样,奈戈里诉费尔敦案(*Nagle v. Feilden*, [1966] 2 Q. B,633)对涉及性别歧视的原则进行了重述,其所借助的理由是那家赛马师俱乐部的一项规则违背了"公共政策"。该案中,原告是一名训练有素的女驯马师,但是无法向那家俱乐部申领驯马师资格证,因为俱乐部拒绝向妇女颁发这种证书。法院向原告提供了救济,但不是直接依据的《1919 年废除性别歧视法》,而是舍近求远类比适用了禁止非法商业限制这一抽象原则。所以这一案例也是"成文法类推"的典型例子,并且它还表明,成文法并不一定具有德沃金所说的那种"不可抗拒的效力"。

238 莱斯特和班德曼将奈戈里案描述为"法院为回应变化中的社会价值而对普通法进行创造性发展的罕见案例"。[19] 不过这一评价真的是大错特错了;显而易见的理由是,普通法的发展只能是累积性的。只有当先前的原则和类推能够腾出一点

[18] A. Lester and G. Bindman, *Race and the Law* (Harmondsworth, 1972), p. 53.

[19] 同前注,52 页。

地方时,新的价值才有立足之地。但是,这些价值并不具有永久的意义,随着时间的流逝,对于那些对法律原则新的和更为大胆的阐述来说,它们就会沦为修正的对象。利瓦伊在《法律推理导论》一书中对这一过程有过精彩描述。[20] 正如本书也曾显示的那样,普通法对社会价值变化予以回应的例子屡见不鲜。不过,这一过程是相当缓慢的。而像《种族关系法》或者《性别歧视法》那样的成文法文件,则可以改天换地于一夜之间。

总之,当我们问是什么赋予一项原则以法律性质的时候,我们的回答只能是:是它拥有的对既存法律规则的实际的和潜在的解释和证明功能,使它成了法律原则。换言之,如果那项原则能够对根据承认标准确认的有效法律规则给予解释或证明的话,它就具备了法律原则的性质。与此相应的一个判断是,在法律的制定过程中,是公众秉持的那些政治和道德原则,为法令和裁判规则的生效以及在司法过程中的合理阐释提供了理由和根据。所以,一套精心构造的法律理论会与一套精心构造的立法理论是相互契合的,不过也不必使一方从属于另一方。

但是,这是否意味着要对法律原则和道德政治原则做出严格区分?这需要具体分析。的确,在法律原则和其他原则之间是存在不同的。但也存在一个处于中间状态的领域,在这一领域中一些原则一直努力争取获得法律承认。1932 年以前的"相邻原则"以及后来的一些原则就属于这种情况。另外,不能说一项原则成为法律原则之后就不再是道德或政治原则了,

---

〔20〕 E. H. Levi, *An Introduction to Legal Reasoning* (Chicago, 1948).

在这一容易产生误解的问题上,德沃金的有力陈述确应赞赏。

239 但是,我们还要对如何理解原则予以特别注意。那些法律原则之所以同时是政治原则,根据在于这些原则关注政体的善治问题;它们之所以不是政治原则,就某种特殊的和狭隘的意义上来说是因为它们往往构成党争的焦点所在——正如在“政治问题”原则中体现出来的那样。而某些原则之所以是“道德原则”也仅仅是在描述性意义上这样说的:例如,南非种族主义者所坚持的种族隔离原则,是他们的政治道德概念的一部分。从我的观点来看,如果我称之为一项“道德原则”,我会说那只是他们的道德观,但不意味着那是一项他们应当在道德上坚持或者身体力行的(规范性的)道德原则。如果我试图了解南非现在的法律、规则、原则以及一切,我必须根据我的理解来解释该国的原则是什么,而不能根据他们的道德判断来看问题。我能说这个国家没有原则或者虽有原则却糟糕透顶吗?

后一种态度在我看来是更为可取的立场,因为,实证主义者那种把对法律制度的描述和价值判断予以区分的态度,乃是清晰地思考和讨论法律问题一个关键性条件。但我还要重申的一点是,上述态度并不意味着,只有把对于那些处于特定法律制度中人们来说自认为良好的秩序观念及其价值观都予否定,才能对其原则和规则有一个全面的理解。这里我们还是要承认,德沃金对实证主义过于看重单一的法律标准和法律规则的批评的确是切中要害的。

但是,实证主义者的回应不必是缴械投降,它完全可以通过拓展考察的范围做出有力回应。对于某个特定的法律制度,依照其规则是可以对其形成一个全面了解的,但是仅依据原则却做不到这一点,除非我“设身处地”地融入某个法律制度,掌握它关于正义和善的活生生的思想和观念。对于特定法律制度中的某些关于正义和善的主流观念,我完全可以把它们当作堕落之物而不是人类正义和良好生活的体现而加以拒绝——但如果这样的话,我就是在根据自己对正义和善的理解做一种规范性判断。

这样,尽管我会像德沃金一样坚定地主张,我们必须像重视规则那样充分重视法律中的原则和其他标准,这样才能形成一种关于法律和法律推理的完整理论,但是我的这种表达并不是对法律实证主义的抛弃。法律实证主义有一个最基本的特征是需要肯定的,即对一个法律制度的描述和基于此描述所做的价值评价应当区分开来。(在众多无聊的问题中,其中之一是那一特征到底是不是实证主义的本质;实际上这根本不是实证主义的本质。实证主义这个词不过是用来概括某个或某些理论家们用来组织其理论的方式或套路罢了。这个词所指涉的范围是宽泛的,任何人都可以在这个范围内坚持或者反驳某些观点。) 240

另外,推崇原则也并不等于否定这样一种看法,即规则之所以成为规则,是因为它们属于某个特定的法律制度,而那些规则之所以属于那个法律制度,是因为它们符合那一法律制度的承认标准。所以,就原则同"承认规则"的间接关系而言,"效力论"非但不会使特定的道德和政治原则的法律性质难以理解,而且它对于这种理解恰恰是关键性的。

对承认规则的描述和解释,是哈特关于社会规则的一般理论的一个重要方面,德沃金也尤其对之做了批评,但在我看来那些批评不算什么。在第三章和第七章,我把"基础性理由"当作特定的承认标准,指出这些理由为什么必然会在涉及宪法问题的疑难案件中浮出水面，并要求法官对宪法原则和价值做出清晰的说明。萨特鲁斯也持相同的态度[21]。

正如我在前面提到的（第六章，139页），“对于承认规则的‘内在方面’来说至关重要的是行为者的某种自觉的践履，这种自觉，要求其努力实现承认规则所蕴含的政治价值，并以具体方式维续社会的既定秩序所体现的政治原则。”承认这一点，就会在某种程度上使人们义不容辞地实施有效规则、权威先例或者任何其他来自于经承认标准认可的法律渊源的规则。至少，人们一定不会局限于哈特自己对“内在方面”的讨论，不但考虑“认知性的”要素，而且考虑“意志性的”这一要素，这一问题在本书附录中有详细论述。

241 但是，即使是《法律的概念》中对承认规则的论述也表明，哈特认为承认规则的“存在”是一个“社会性事实”，他这样说其实只是针对“观察者的”视角而言的。[22] 这里还有很重要的一点需要指出，即无论“基础性理由”之间的差异有多大，法官都必须在法律规则的适用上保持高度一致，也要在构成法律有效性的那些直接条件上保持一致，否则将不会有什么法律制度，而只有混乱无序。在法律有效性标准问题上，政府机构的其他人员，也至少能够愿意同司法保持密切的协同才行。另外，如果法官只是依照个人理解来适用有效性标准，也是不够的。从每一个法官的角度来看，他要清醒地认识到他所接受的有效性标准必须是社会性的，而不是纯然的个人标准，这种标准应被认为是适用于任何公民的，当然也包括他自己和其他法

〔21〕 R. Sartorius，见前面第六章注〔2〕。

〔22〕 Hart，*Concept of Law*，pp. 106 - 7.

官在内。

只有疯子才会在制定或接受这样一项标准时无视他人对该标准的看法,也不通过对他人进行有意义的批评和反思来履行自己的责任。所以,司法活动是高度协调和一致的,人们也有足够的理由预见到这一点。而且对于旁观者来说,他们也能够对"现存的"承认规则是什么进行合理的和准确的描述。(此外,一致性能够进行自我复制,因为它会对潜在的"离经叛道者"施加压力,或者说,出于审慎考虑那些运作制度的人会将离心力量控制在共同认可的基础之上。即便如此,离经叛道者还是有相当的生存空间并不时出现,丹宁法官就是这样一位——当然这一评价并不带有任何不敬的成分。)

不知道是我现在的论述与哈特的阐述不相协调,还是我的 242
论述已不局限于从它的理论中进行推论,总之哈特的阐释确有不够充分的地方。但是重要的不在于他的阐述是系统的,而在于他的阐述是正确的。尽管这种阐述在很大程度上与德沃金的理论有共识,但不可将它们完全等同。如果要问:"我们可以撇开承认规则行事吗?"回答只能是"不行"。所以我们必须对这一问题予以详细阐明。

本书的前面部分对承认标准、效力标准、效力论及其他相 243
关问题的讨论,在某种程度上容忍了模糊性(并不是太多)的存在,这种模糊对于大致了解论证要旨来说甚至有些好处。现在是进行进一步阐明问题的时候了。那么我们如何澄清模糊阐明问题?

以司法为例,正是法官拥有的制度化的地位与职责,将他们与专断者区分开来。一个被任命为法官的人,意味着在一个组织良好的"法院"这一机构内拥有了某种地位,他被任命的后果是拥有了一项依照法律解决争议的职责——绝不是仅仅依照个案的公平观念去任意裁断，也不能为息事宁人充当和稀泥的和事老，他要正当行事以面对诸色人等，按照法定权力来运行程序，发布有拘束力的命令或判决以给出权威结论。法律若不明晰易辨，依法判决的职责将形同虚设。

因此我们推断，法官在履行职责时必然会适用某种或者某些检测方式，对“法律”规则和“非法律”甚至“自称的法律”进行甄别。我们可以虚构一个例子：

(1)1900 年颁行的宪法是至高无上的法律，它也曾依照其自身规定的关于宪法修改的条款修正过；出现在宪法中的每一项规则(“规范”)都是法律规则。

(2)宪法授权议会，在立法的三阶段中的每一阶段，得经由简单多数程序使法令生效；通过这一程序颁行的任何法令中的任何规则(“规范”)，只要不违背宪法中的任何规则——宪法规则可能会不时修改——都是法律规则。

(3)如果议会制定一项规则，授权某人或某个组织就事项 s 在 c 情况下经由程序 p 可以拥有资格 q，那么关于 s 制定的每一项规则，只要与宪法或者未被撤销的法令中的任何规则不相冲突，同样是一项法律规则。

(4)如果就任何事项 s，最高法院或者上诉法院在其宪法授权内已经就某案件中的法律争议做出了一项裁判规则，那么只要它与上述(1)、(2)、(3)中确定的任何法律规则不相冲突，就是一项法律规则，除非：(a)最高法院推翻先前由它自己或者由上诉法院制定的裁判规则；以及(b)上诉法院推翻先前由它自己制定的裁判规则。

我们还可进一步推想，法官早在受命之前就认为身居此职者理应适用依照承认标准确认的规则，而且他知道他的同僚也会认为所有法官理应如此行事且事实上已然如此行事了。我们也可推想，他被任命之后会继续强化这个信念，而且他毫不隐瞒的一种规范性态度是人人都应当把相关的规则当作法律来遵守，同样无须隐瞒的事实是，这是一个众所周知和正确无误的信条。如果他受到了挑战，他可以找出原则上的理由，强调应当把根据承认标准辨识出的规则当作法律来适用；而且，其他的法官、宪法起草人、政客、记者以及在这个国家发行的报刊的所有作者也可以做出这种辩解。关于上面列出的四项规则，人们在它们所依赖的基础原则和价值上存在的争论，可能要比在规则本身上的争论更大。有些人可能会认为(4)没有意义，因为很难界定到底什么是"裁判规则"。法官在私下的场合也许会承认，他们认为(4)能够使他们在大量先例所确定的司法意见中随意挑选，然后把选出来的裁判规则称作"法律"，这样可以很方便地给出他们直觉上自认为正确的判决结论，尽管如此，人们对这些规则还是相当赞同的。另外，也有个别的法学家认为，由于宪法并未授权议会委托立法的权力，那个在规则(3)中被广为接受的信条其实是一个错误。 244

如果我们同意将上述四项规则当作想象中的国家的"制度性规则"，我们就能最为清晰地观察问题。但无论如何，怎样将"承认规则"概念适合于我们的推想？答案是，将这四项规则的要旨联结起来就构成了那个国家的承认规则（一个法律制度，一项承认规则，见哈特的论述[23]）。这项承认规则包含四

〔23〕 同上，97—100 页。

条在效力上递减的标准:(ⅰ)宪法;(ⅱ)立法机关制定的同(ⅰ)不相冲突的法案;(ⅲ)同(ⅰ)和(ⅱ)不相冲突的委托立法;(ⅳ)上诉法院形成的与(ⅰ)、(ⅱ)和(ⅲ)都不相冲突的先例,这些先例的效力也受法院等级权力的制约,并有可能在这种权力等级体制内部被废除。“承认标准”和“效力标准”是一对同义词。

“效力论”意味着,我们所想象的那个国家并非纯然虚构,如果能够用上述四项承认标准来概括的话,它恰好是所有拥有一套制度性法律体系的国家所共有的模型。“一项法律规则”的存在是由“效力论”来说明的,这个“效力论”的命题,要么是一项承认规则,要么是特定国家法律制度中的一项有效规则(用我喜欢的术语表示就是:要么是一项制度性规则,要么是一项有效的制度规则)。

但是像“法律”和“法律制度”这样的概念,虽然本书中多次出现,但就法律规则的整体而言尚不能涵盖所有内容。原则也属于“法律”的范畴,“法律制度”则包含所有原则和“法律”之外的规则。正如本书多处讨论到的那样,原则与规则是相互作用的,原则支持规则、排除规则、限定规则,并可以为那些经受住了后果主义论辩检验的新裁判规则提供证明,等等。

245 将那几项规则加以综合,就可以使承认规则或者制度性规则在用语上更加清晰,那个想象中的国家模型也不再含混虚幻。但是读者们一定知道,表达的相对清晰并不能保证适用时仍然清晰和一致。正如我在其他地方说过的,最好还是把承认规则当作规定那些“通常来说必要的、想必也是充分的”有效条件的规则来对待。[24]

如果说那些法律原则之所以是“法律上的”原因在于它们是有效的制度性规则（“承认规则”）的直接存在理由，而这些制度性规则之所以是有效的，恰是因为它们体现那些原则，这样说是不是令人费解？这里明显有一个逻辑循环，但这种说法是一个谬误吗？

我认为不是。当我们观察运作中的法律时，我们看到的是一个稳定而持续的辩证格局，一方面，法律的静态规范是什么样子的，另一方面，法律总是处在一个努力妥善解决新问题和将老问题处理得更好的动态过程中。凯尔森也确信，法律必然表现为静态形式和动态形式两种样态，[25]这样理解才可以全面把握法律的性质。这一看法，印证了我所说的那一持续辩证格局概念，同时它也代表了一种试图对法律进行把握和阐释的富有才智的努力。或者我们还可以借用罗尔斯[26]的说法，要完整地理解法律，首先必须了解法典中的全部规则和判例汇编中的案例；然后了解那些规则背后的原则和价值是什么；然后根据这些了解修正当初对规则的粗略理解；再然后，对原则和价值也进行一个重新理解，直到达到一个“反思性平衡”阶段。但是，当我们到达这一阶段时，法律将继续发生新变化——新的立法，新的判例，新的教科书以及新的评论文章都将出现；所以我们必须开始新的理解过程，虽然不必完全从零开始，但还

---

〔24〕 *Law as Institutional Fact*（前引第3章注〔6〕），第3部分。

〔25〕 参见 Hans Kelsen, *General Theory of Law and State*（tr. A. Wedberg, New York, 1961），100—113页。

〔26〕 J. Rawls, *A Theory of Justice*（Cambridge, Mass., and Oxford, 1972），319页以下和456页以下；德沃金对“反思性平衡（reflective equilibrium）”的讨论，参见 *TRS*，159—168页。

要直接向反思性平衡方向努力。但是当我们达到这一阶段时，又需要新的理解……（如果别无他途，这种方式的确是获得法律真知的途径）

246 尽管法律的发展也会像驶过的履带牵引车一样留下印迹，但时间会使这一印迹变得绵延不绝，遥无尽头。而且其间没有哪个地方有中断，因为即便有中断，人们也会从先前的地方延续下去。如果我们所描述的现象是周而复始的，那么对之做出循环的解释亦非谬误而是实情所需。

二、自由裁量，权利以及正确答案

这样，我们对德沃金的三个"挑战性"的论辩已经进行了回应，只剩下他的关于"自由裁量"的论辩以及与那些建设性论辩关系紧密的权利论还没有进行考察。为了说明德沃金的这些论辩之间的内在关联，有必要对之做简要概括。他认为，法官处置疑难案件时根本没有"强大的"自由裁量权，即使在这样的案件中，他们仍有责任去发现现存法律中的权利并加以贯彻，而不是反其道而行之，为一个幸运的当事人创设权利来对抗他那个不幸的对手。这的确只需要"较小的"自由裁量权，它意指对与判决相关的不同法律标准进行妥当权衡——一种"做判断的自由裁量权"。这个过程是充满争议的，在关于什么是正确结论的问题上，即使是通情达理的人们之间，也可能存在根深蒂固的分歧。但是，正是他们之间存在现实的分歧这一事实，告诉我们从原则上必然存在某种正确答案，尽管从实践上来看我们可能根本无法确定这一正确答案是什么，也不知道谁拥有它。

或许可以做一个类比，看看上述观点的说服力如何：关于 247
从爱丁堡到格拉斯哥，只有当我与另一个人都是在谈论两地间的距离并且都用英里作为测量单位时，才能说我们各自的测量结果有出入。我说是 44，他说是 50。我们看起来有些不同，但后来发现，他说的 50 是指他上次在爱丁堡到格拉斯哥的火车上一路打了 50 个喷嚏，我的意思则是两地距离 44 英里。这样我们就只能比较各自的数字在含义上的不同了——我们之间其实根本没有真正的分歧，只是看上去有而已。如果说我和那个人之间存在真正的分歧，也是在假定从原则上看已经存在某个可适用的共同标准，这样才能使之对应于一个唯一正确的结论，至于完成这样一个测量过程有多么困难，则是另外一个问题。

正像例子表明的，基于坦诚的分歧所做的论辩就是有力的论辩。关于这一点，至少从托马斯・里德[27]质疑大卫・休谟时就开始被认识到了。两个人，无论是不是法官，一个说 *d* 是某个案件的正确判决，另一个说 c 是那个案件的正确判决，很明显他们确实意见不同，且分歧出于坦诚。这种分歧本身说明，从原则上必有一个正确答案，即使实际上任何人都不能确定哪一种意见是正确的。

德沃金的这种论辩，看似有力实则错误，因为它在理解何

---

〔27〕 Thomas Reid，参见前面第一章注〔5〕文献，Essay V. Ch. 7（1819 edn.，vol. iii pp. 571-2）。当然，在《没有正确答案》（*Law, Morality, and Society*, Oxford, 1977, ed. P. M. S. Hacker and J. Raz, pp. 58－84）一文中，德沃金是以另外一种方式来责备实证主义者的。但是，他自己的观点却在很大程度上依赖于这样一个判断，亦即，当人们在如何处理疑难案件问题上存在分歧时，他们之间存在现实的分歧这一事实本身表明，确实存在某种值得争论的对象——案件的唯一正确答案。尤其参见 78—79 页。

为分歧这一概念上存在一个隐蔽的含混之处。事实上,“分歧”不仅指在思辨性问题上的对立,也指在实践性的行动方案上的对立。那个在爱丁堡到格拉斯哥间的距离问题上存在的分歧,只是一种思辨性分歧。

让我们再举出一个关于实践性分歧的例子: X 夫妇打算一起用 25 镑去买幅画。在一个水彩画展上他们一眼相中的画有四幅:A,B,C 和 D。X 夫妇各自有明确的审美标准,对此也都十分清楚。他们在审美上有重合也有分歧——具体来说,两人都更喜欢写实派作品胜过抽象派作品,但是 X 先生对印象派尤其感兴趣,而 X 夫人对前拉斐尔派风格情有独钟。

248 最初 X 先生的喜欢顺序是 A,B,C,D,X 夫人的喜欢顺序是 C,D,B,A。但是经过一番讨论,X 先生开始认识到根据自己的标准 B 其实比 A 更好。讨论之后他们一致认为,根据 X 夫人的标准,正确的顺序是 C,D,B,A。他们之间没有别的什么思辨性分歧了,但仍然存在一个具体问题:到底买哪幅画。又经过一番综合考虑,X 夫人认为 C 是首选,而 X 先生认为 B 是首选。每个人都不认为是另一个人错了,但就是不知道怎样消除分歧,之所以有分歧,是因为买的那幅画会成为他们生活的一部分。这是一个活生生的问题,但它能有一个正确答案吗?

法律中现实存在的分歧很多,其中最基本的是实践性分歧。往往是各种因素都予以考虑之后仍不知道怎样行事最好,就产生了这种分歧。他们并不是思辨性的,因为思辨性分歧意味着我们必须假定有一个唯一正确的答案存在。另外,对于法律活动而言,在 X 夫妇可选择的方式中有一条对于司法来说是不可能的。X 夫妇可以决定把问题搁在一边,不买画了,干脆去共进一顿美餐。法官判案则与此不同,无论他们之间有无分歧,总要给案件一个判决结论。正因如此,上诉法院通常由奇数法官组成,这样分歧就可以通过投票得到解决。但是,这种分歧的解决并不意味着当事人的所有矛盾都得到了化解。双方当事人和法官都必须承受判决结果,正如 X 夫妇,除非不买画,他们必须在以后的生活中忍受这幅画或者那幅画。

我需要强调的是,买画例子的说服力并不在于审美标准和法律标准之间一定存在某种很强的相似性。这个例子的价值在于它生动地说明了,人们在应当如何行动上的分歧和何为正确答案问题上的分歧事实上是不一样的。那些为当事方真正关心的实践性分歧,其产生的原因不是因为某一方的主张不合理,也不是因为存在一个唯一的正确答案而人们没有发现,而是因为人们为避免“各行其是”而必须达成共同的决定并承受之。

看来,在包含实践性分歧的疑难案件中,消除法律判决的 249
不同意见是不可能的。法官是不可做出“案情不明”这样的裁判结论的,他必须找到法律上的规则,为一方或者另一方当事人做出判决,而且各方都必须承受这一判决。

有些人拒绝承认对于任何法律争议都有一个唯一正确答案,根据上面的分析我们可以说,如果要对这一立场极力反对的话,失败将不可避免。一个重要的事实是,在关于什么是法律问题的恰当解决方式上,分歧是天然的,我们对这一事实只可解释,而无法通过确定“唯一正确答案”的方式加以解决。

如果不可能有结论,也就没有思辨性分歧。一个德沃金主义者可能接受前面的观点,但是会认为实践性分歧不过是法律分歧的**一部分**,因为,毕竟实践性分歧通常不过是思辨性分歧带来的副产品而已(例如,经济学家A和经济学家B在通货膨胀的成因上存在分歧,A是一个货币主义者而B是一个反货币主义者。他们在关于是否在原则上有个唯一正确的答案这个问题上也存在尖锐分歧,这样,两人在关于政府应当实施何种经济政策方面,也必然存在巨大分歧)。这样,虽然已经反驳了那个有力的论辩,我们仍要对德沃金的一个论断进行反驳,这个论断可以表述为:疑难案件中的分歧不仅是实践性的而且是思辨性的。

这一命题与法官的自由裁量权紧密相关。如果法官真的拥有"强大的"自由裁量权,那么在疑难案件中唯一可能出现的分歧只有实践性分歧,然而,如果法官们只拥有"微弱的"自由裁量权,这就意味着这类案件中的分歧首先是思辨性的,实践性分歧只是它的结果而已。

250 我在本章的开头说过:说法官在疑难案件中拥有强大的自由裁量权,就相当于说"他们只能通过一种准立法的方式做出他们自认为最好的判决,并将判决立基于任何他们自认为妥当的理由之上"。如果德沃金所说那个"强大的"自由裁量权就是指这个意思,那我当然赞同他所说的,即法官在疑难案件中确实没有这种自由裁量权。但是,我们在适用法律时不能错误地把一种中间可能排除在外。我们不能假定,唯一可能的替代性选择是法官只能有德沃金所谓的"微弱的"自由裁量权。[28]

总之,本书提出的理论一直是,司法所承担的维护法律正义这一责任,乃是极为复杂的一项责任,只有给出一个论证良好的判决才能说他们尽到了责任。在那些最简单的案件中,各

---

〔28〕 参见 *TRS*, pp. 31 - 32, 68 - 71。

方当事人都能在可适用规则上达成一致，他们唯一需要做的是，提供证据以证明事实，只要事实问题水落石出，通过一个简单的演绎推理就可以得出判决结论。但是，所谓规则清楚明了，实际上也是大可争议的，这样解释性问题和分类问题就会应运而生；而且，当一个主张提出来时，可能并不存在任何与之相关的既定规则来处理纠纷——“相关性”问题也就产生了。当这些问题接踵而至时，对判决的证明就必须超越法律原则的“效力论”所划定的“规则”视野。法律的原则当然会赋予判决结论以权威：如果找不到相关的原则或者判例来支持判决，那么判决就缺乏法律理由；如果能够找到相关的法律原则或者判例来支持判决结论，它就成了一个有根有据的判决——但是，尽管援引原则和先例实属必要，对于一个完整的判决论证来说仍然不够。那个直接支持判决结论的裁判规则，不但要对其所依赖的原则或判例进行“融贯性”论辩的检验，而且还要受到后果论辩的检验。如果一个判决得不到任何原则和先例的支持，可能会导致它无法接受，所以还必须进行“一致性”检验：根据原则和政策对相关的既定规则进行“恰当的”解释或阐释，然后对照所适用的裁判规则，确认它与该既定规则不相抵触。

所有那些检验，尤其是后果主义论辩所担当的角色，都以坚持形式正义原则为前提。从法官的前瞻性考量和回顾性考量两个方面，都可以找到大量的证据表明法官的确是在坚持那一原则；就我看来，法官这样做实为理所应当。与后果主义论辩相互关联的那些因素，诸如协融贯性和一致性等，在判例汇编中也随处可见，其中也有足够的证据表明它们实为论证所必需，且为法官虔心遵循和承认；而且就我看来，这些也是在进行法律论辩时应当予以奉行的准则，因为正是它们构成了“法治”观念赖以存在的坚实基础。

251 所以，我的理论是对法律过程的一种真实描述，而我所述及的那些规范，也是我所赞同的。那么，从描述性层面和规范性层面上来看，司法自由裁量权指的又是什么呢？

它是指我们法律制度中的法官，以及任何状况良好的法律制度中的法官，都应当不逾规矩，审慎行事，在行使他们的大权时不越过权力的边界。这倒不是说他们不能或者事实上没有偶尔那样为之，甚至也不是说他们不可能经常违背上面陈述的那些论辩规范，而是说，如果他们要这样做，他们至少会努力将它们的判决结论用一种有根有据的形式遮盖起来，但是无论这类行径能否得逞，理论都给我们理由去谴责这种不正当行为，因为(a)它们破坏了制度对法官的那些要求，而法官还信誓旦旦地声称遵守它们；以及(b)它们破坏了那些好的和应当遵循的要求。

因此，法官的自由裁量权实在是一种有限的自由裁量权：这种自由裁量权，是在诸多条件的约束下给出最为充分的判决结论的方式，而且，无论它是否经常被滥用或僭越，那是唯一合理的自由裁量权(那么谁来监督？)。但是，尽管这种自由裁量权是一种受到限制的自由裁量权，它在任何意义上都不是德沃金所说的那种“微弱的”自由裁量权。那些论辩要求及其理论告诉我们的，只是论证判决结论应遵循的模式如何，而不是完全地决定判决结论是什么。在这些要求中，可能会产生许多思辨性的分歧，它们可以从原则上得到解决，但是除此之外还有无穷无尽的实践性分歧需要解决。

举个例子：在多诺霍诉史蒂文森案([1932] A. C. 562；

1932 S. C. (H. L.) 31)中,如我们所见,巴克马斯特法官做了一个现实的预测,他认为制造商必将面对大量根本无法调查和回应的诉讼。埃特金法官含蓄地否定了这一点。这样,在1932年,该案的实质就成了关于未来的情况谁的主张是正确的;其实两人都诚实地保有其观点,但没有人能够确知谁是谁非。不过,后来发生的情况肯定了埃特金法官的观点,否定了巴克马斯特法官的观点。此外,"相邻原则"作为表达过失责任情形中涉及注意义务的"一般观念",埃特金法官予以承认,而巴克马斯特法官则坚决否定。说该原则对判决结论是不是一个合理的一般性解释——即使是在1932年——也是可以做出客观回答的问题。我赞同埃特金法官的看法,认为该原则是一项已然为当时的法律所承认的原则,而不同意巴克马斯特法官的否定态度。通过这种方式,我们可以查遍全部案例汇编,排列出所有的思辨性分歧,如果我们有这么聪明的话,可以把所有这类分歧交给赫尔克勒斯[29](德沃金笔下半人半神式的偶像)做出正确处理。

但是,仍然有数不胜数的纯粹实践性分歧存在。它们在后 252
果论辩中无孔不入,让人难以招架,这一点正如我在多诺霍案中进行的不厌其烦地论述那样。它们必然会存在于所有的疑难案件当中,附着在论证的每一个环节之上,我们必须确认到底是何种因素才能为判决提供论证理由。

在进行后果主义论辩时,需要确立当下的判决所需要的普 253
遍性裁判规则,要通过考察可能的裁判规则对未来的案件所造成的影响如何,来检验它的实践含义,并把这作为评价裁判规

〔29〕 关于赫尔克勒斯的非凡本领,参见*TRS*,105—130页。

则的后果来对待。这种评价所使用的并不是一个单一的可测量的价值(边沁主义的错误就在于坚信实践中的选择都能够还原为一个单一的可测量的价值)。它涉及多项评价标准,至少必须包括“正义”、“常识”、“公共政策”以及“法律上的方便”等标准。

那么,一个问题是:对于应否确立某项裁判规则,有无可能在抽象理论上做出确定无疑的回答?例如,当消费者使用了产品造成伤害,而如果生产商在生产和包装时尽到合理注意本可以避免这一损害的话,是否可以确立一项裁判规则来让生产者承担损害赔偿责任?对于这样一个问题,埃特金、麦克米兰、萨克顿等几位法官分别从正义、常识和公共政策方面给出了肯定回答。我也同意这样的态度。

但是,如果我们消除了巴克马斯特法官和汤姆森法官所有属于思辨性错误的观点,我们还是不能表明那些与正义、常识和公共政策相对的观念同样可以揭示出合理的观点吗?消费品的廉价是一种普遍的公共利益,但是使用有瑕疵的消费品却是有风险的。在商业社会中,如果消费者想抵制瑕疵商品,自然可通过自由签订契约获得安全保障,相信他们自己总能在廉价和安全这两种价值之间找到某种权衡。作为生产者,他们知道将直接同谁打交道,并知道根据什么条款可以为自己应对可能发生的合同责任提供担保,而且在自由竞争条件下,他们在留出保险开支的情况下会尽可能降低价格。这样,消费者就能够应对那些由不可控诉的过错或者纯粹意外事故导致的风险。如果承认这些假设,那么再让制造商向与其没有合同关系的人承担责任,则(1)是不公正的,(2)对获得廉价商品这一公共利益不利,以及(3)是违背常识的。

持有这一观点的人,不必否定“相邻原则”乃是关于法律注意义务的一项令人满意的抽象原则,在像多诺霍这样的案件中,也不必否定合同优先原则和与合同之外的过错责任之间有着现实的矛盾。因为他所做的就是在表达一个有力的后果主义论辩,该论辩肯定了由合同原则支持的裁判规则,否定了由过错责任原则支持的裁判规则;他已经给出若干理由来论证合同原则的至高地位——是赋予它而不是发现它有更大的“分量”。 254

这样我们就发现,一旦我们在这样的一个案例中澄清了对立性的和真正的思辨性的错误之后,我们马上面对的那个分歧,是不可能交给任何“赫尔克勒斯”式的法官去处理的,他根本无法通过从纯粹原理上找到一个正确答案而给出客观的解决方案。我们面对的是一个纯粹实践性的分歧,无法用现成的结论来解决,我们必须决定下一步怎样行动,也必须决定社会怎样才能更有条理。如果从我们的政治和法律传统中可以做出两种合理推论的话,我们必须选择其一。不仅仅是具体的当事人要承受这一裁判规则,而且法官、我们社会中的所有人都要(至少是暂时的)承受它,也承受它对社会和商业活动带来的诸方面影响。

至此,我们发现已经跃出了理性推论所能给予我们答案的范围,尽管我们是为了寻找理由才来到这里的。我们到达这里是因为,对于那些将要承受判决后果的人来说,他们的社会之所以选择了让制造商承担责任的裁判规则,表明作为该规则根据的正义观念、公共政策和常识标准优先于其他标准。

那么就这一案件而言,除了通过废除立法来推翻判决的方 255
式,还有没有任何其他方式来表明那一判决在原理上是错误的从而改变它？首先，或许可以通过诉诸他们自己的正义观念来改变。在怀特和卡特公司案[*White & Carter (Councils) Ltd. v. MacGregor*, (1962) A. C. 413, 1962 S. C. (H. L.) 1]中，也许多数派法官可以放弃“赔偿金仅用作补偿”原则及其相联系的“减轻损失”原则，那样的话判决结果将是另一个样子，这两项原则也曾在B. T. C诉高雷[*B. T. C. v. Gourley*, (1956) A. C. 185]担当了关键性的角色。这种修正可能是特定的正义观念自身的、内部的修正，它是一种可能，但与我们在相互对立的两种正义观念中选择到底让哪一种起作用没有关系。第二，他们可能随着时间的流逝修正自己的态度。在承受那项裁判规则的过程中，规则的诸种后果可能会变得越来越不可接受，所以他们会改变所持有的正义观念[可对照康威诉里默案(*Conway v. Rimmer*, (1968) A. C. 910]。但是，这只是意味着发现某些人自己的态度以及真实的长久偏好是什么——而并不能表明抽象理论上有什么错误。

还有最后一种修正可能。在意见不一的法官所坚持的两种相互对抗的理论之外，可以建构起第三种理论，作为对它们进行区别的阿基米德支点。但这一理论也可能面临挑战，可以再建构第四种理论去应对这一挑战；但是这第四种理论也同样会面临挑战，等等。“修正”必然会预设特定的正确标准，但是(正如德沃金和我都认为的那样)这一标准必须在相关的理论框架内才能产生。所以每当我“修正”一个作为整体的理论时，我都是在预设和提出更为进一步的理论。德沃金虚构了一个赫尔克勒斯，他可以为一个给定的法律制度建构起一个可能的最好理论，但是，只有当站在上述如此往复的理论的那个终点上时，赫尔克勒斯才能建构起那个最好的理论。但事实上，德沃金已经将他的赫尔克勒斯放在了奥吉斯王的牛厩[30]里，那里的粪便清除不净，因为它们总是源源不断地产生。

三、权利与正确结论

如果读者从前面的讨论中留下的印象是我没有认真对待权利，那将是十分遗憾的事情。这是我必须面对的最后一个挑战。

德沃金强调说，判决总是事关权利的，由于实证主义者总坚持说疑难案件中的权利其实是被专断地分配给一方或另一方的，这样权利就变得无足轻重了。德沃金在某种程度上是正确的，但不是全部，对于他的理论来说他提出的那些理由是站不住脚的。

要确认一项权利就得假定有一项相关的规则作为依据。256
《1964年(苏格兰)继承法》和其他相关的法律，规定了不同的人在不同情形下对未立遗嘱的财产所享有的继承权。对于这样的权利，我们称之为“基于规则的权利”，以使之区别于“基于原则的权利”——即那些只能根据某些原则来主张的权利。许多道德和政治权利就是基于原则之上的；但法律权利中，有些基于规则而有些基于原则。根据相邻原则，每个人都有权要求与他有“直接”关系的人对其安全施以合理注意；根据合同关系不涉及第三人原则(苏格兰法中当然没有这项原则)，在

〔30〕 希腊神话中奥吉斯王的牛厩(Augean stables)，相传养有三千头牛，三十年未清扫，通常比喻为极其肮脏的地方。

合同上每个人只对同为合同当事人者享有追究责任的权利;根据自然正义原则,每个人都享有受到公正听审和裁决的权利;凡此种种,不一而足。(在让人们注意到基于原则的法律权利的重要性方面,德沃金卓有成效的努力是一个巨大贡献,同很多人一样,我也乐见其成。[31])

根据本书所探讨的所有那些理由,我不能不得出的结论是,即使疑难案件中的诉讼也是十分关注权利问题的。因为在疑难案件中,经证明得以成立的判决需要原则的支持,而且每一方都会诉诸某些原则或者规则(否则案件就不再是疑难案件了),归根结底,判决都是对某一方的要么基于原则要么基于规则的权利的确认。

但是,不要误以为这是在表明我们前面的论辩不成立。之所以不能这样看,是因为(比如说)在多诺霍诉史蒂文森案中双方当事人都有权利:他们都有基于原则但相互对立的权利,亦即原告根据过错原则有权得到一个令其满意的判决,而被告根据契约原则也有权得到这样一个判决。

总之,我们所进行的所有讨论都是在说明这样一个事实,即所有对于原则的争论其实也是对相关权利的争论:在对基于原则的权利所进行的讨论中,各方都是将其主张的权利立基于不同的原则之上的。相应地,如果继续沿着这样的思路来讨论问题的话,那么实际上我们就是在争执:谁的权利应当优先得到保护?或者说,在通盘考虑之后,哪项权利应被认为是更好的权利?

---

〔31〕 这些内容,没有在讨论法律权利的(Rights in Legislation)一文中述及,见下文第9章注〔11〕;但在(Children's Rights)一文中讨论过,1976 A. R. S. P. LXII 305 - 17。

这听起来有些似是而非，而且会让人觉得我们应当避免讨 257
论那些立基于原则之上的权利。但如果真的是那样，就是在回避问题而不是解决问题。

就像德沃金或我自己所认为的那样，许多人认为原则乃是法律的天然组成部分，且那些原则之间会偶尔发生冲突，但整体来说，这些原则是不可还原为单一的诸如效用之类的大原则的。这种立场使我们发现，我们在法律理论中占据的营盘距离道德哲学中所谓的"义务论"或"直觉主义"派竟然仅有一步之遥。例如大卫·罗斯爵士（Sir David Ross，二十世纪英国这一派中最为杰出的一员）认为，[32]有许多道德原则决定着我们的道德责任或道德义务，而且这些原则不能像功利主义者们所主张的那样可以还原为一个单一的原则。在简单案件中，我们仅凭借那些可直接拿来适用的原则即可知晓自己义务是什么，但有时原则之间也会打架——例如，我们可能面临要么必须说谎要么违背承诺这样一种情势。那么，我们必须依凭道德直觉来决定在对立的原则性义务之间如何选择，也就是说，在通盘考虑之后决定什么样的事情是应当去做的。

但是，罗斯发现，用"义务"这一个词既指通盘考虑之后应当做的行为又指孤立地根据单一的原则应当做的行为，难以令人满意。因此他使用了对应的术语以避免出现似是而非或者矛盾。他说，原则决定的是那些"主要义务"；但是在所有需要做具体选择的情势下，就必须对道德原则之间的各种关系予以审慎考虑，这样才能确认在那些主要义务中哪些是我们真正需

〔32〕 参见 Sir W. David Ross, *Foundations of Ethics* (London, 1939)，特别是第四章，79—86 页，以及第八章。*The Right and the Good* (London, 1931)，第二章。

要履行的义务(即“通盘考虑的”义务)。[33]

258 对于法律上的似是而非之处,我们也可以用同样的术语去消除,相信这不会带来什么争议。法律原则决定的是那些“主要权利”,正如对模糊规则做出的对立解释决定的是那些一看便知的权利(基于规则的)一样。在疑难案件中,包含着大量这类主要权利间的冲突——正因如此这些案件才被称为疑难案件——对这些案件的判决,就需要进行全面考虑之后确定谁的主张应被优先视为(最好的)权利,这样的权利可以称为“通盘考虑的权利”。

正是在这个意义上,法院的判决通常会支持业已存在的权利。但是很明显,这并不能引导我们认为判决并未做任何现实选择,也不能认为,人们在主要权利上的分歧就是问题的全部所在,而不会最终体现为纯粹的实践性分歧。事实上,如果主要权利相互对抗,那就必须做出现实的选择。

毋庸置疑的是,良好的法律推理理论离不开良好的一般法律理论。同样地,好的法律推理理论对于好的一般法律理论来说也是必不可少的。本书提出的法律推理理论,对原则和其他标准在法律活动中的运用都给予了足够的重视,而且它表明,在疑难案件中或者在任何其他案件中,法官的自由裁量权都是有限的。但是,这样的态度与“实证主义”法律理论非但没有抵牾,而且还依赖于实证主义法律理论并为其提供佐证。尽管从某种程度上需要对哈特的社会规则理论有所偏离或者对之做出进一步的推论,但是,制度化的法律体系的确是围绕着哈

〔33〕 *Foundations of Ethics*,84—85 页,*The Right and the Good*,19 页;在前一本著作(出版较晚)中,Ross 不太满意“主要义务”(prima-facie duties)这一措辞,但后来还是继续使用了这一概念,参见 84—85 页及第八章,特别是 190—191 页。

特所谓的“承认规则”运转的。

有人可能会责备我们的理论没有认真对待权利,但那种论调不难反驳。正如我们必须看到主要义务和通盘考虑的义务之间存在区别一样,我们也必须认真区分主要权利和通盘考虑的权利。因为,认为法律中所有的分歧都是思辨性分歧,乃是一个错误的观点,即使可能的思辨性分歧都已被消除,仍会有一些纯粹实践性的分歧存在。人的实践理性是有局限的,忽视这一点会给我们带来诸多麻烦。

附　论

259 我们在第九章中已经提及，法律权利要么立基于规则，要么立基于原则。由此可以说，时下的那种认为权利只同原则有关而与“集体目标”或其他任何因素没有关系的看法，看来像是遵从了德沃金的论调。为了说明这一点，我们可以看一下德沃金是怎么说的：[1]

> 原则论辩旨在确定个人权利，政策性论辩旨在确立集体目标；原则是用来描述权利的命题，而政策则用来指称目标。

但实际上，当下的理论并不这样认为。

当然，在任何理论著作中，根据语境对特定用语的用法或含义做出某种规定性定义不失为正当之举。但是，在一个约定俗成的用

---

〔1〕 *TRS*, p. 90.

语上附加特殊的含义却容易误导读者,除非作者有意这样做。

德沃金将原则界定为通常与权利有关或者只能与权利有关。这样的界定就存在上述危险。一位功利主义者主张"效用原则"(认为在进行行为选择时,应当遵循幸福总量或者平均幸福的最大化这样一个标准),可以想见,这一原则是不能成为德沃金理论中的那种"原则"的。普通法中还有这样一项"原则",即如果合同在某种意义上违背公共利益,限制了交易行为,这样的合同就是无效的。看来这也同样不能成为德沃金的原则语汇中的一部分。"经济原则"(一个人应当在可选择的方式中选择一个就实现既定目标而言相对简单的方式),同样也不可能出现在德沃金的语汇中。

同样道理,如果我们用"政策"这一词汇来描述苏格兰和英格兰法院的既定政策,即在没有相反法律文件的情况下,每个人都有权获得公平的听证,他们的利益在听证中直接受到一个公开的判决制定过程的影响,我们发现德沃金责备我们误用了"政策"这一词汇。

在我看来情况绝非如此。如果谁相信德沃金关于"原则" 260
和"政策"两个词在用法上的区分,这将异乎寻常地令人费解,因为,如果一直这样理解下去,那么律师、哲学家甚至是门外汉们通常使用的那些语言都将变得语焉不详,不知所云。

原则,正如我将一直那样理解的,应当从一个相当习以为常的用法上来界定,即(正如在第七章中已经说过的那样)它是一个相对一般的规范。那个被当作一项原则的,其实是被作为一个可欲的一般性规范来坚持的,因此它对具体判决结论或者支持判决的规则而言具有解释和论证的效力。(如果我认为一个人饮酒应当有所节制,而且我也清楚地知道我自己沉溺于享乐的缺点,那么我会明智地采纳这样的规则:下午5时之前不碰那东西。)

因此,如同任何其他的法律和道德规则一样,原则也有着多样化的形态。下面所列出来的规则,从某个角度看来也可以被视为原则。每个例子的形态也有所不同:

(a)财产的主人得自由处置其财产,除非受到任何特定的法律限制。

(这项原则明显地属于成熟资本主义法的特征,它划出了霍菲尔德式的"特权"或"自由"范围。)

(b)在被法律证明有罪之前,每个人都有权被推定为无罪。

(这项原则体现了自由派刑法的特征,是在宣称一项"诉讼权利",因此也是宣布警察、检察官、审判官等所负义务的根据。)

(c)除非由毫不含混的法令予以明确排除,王座法院对所有法律问题均有司法管辖权。

(这是英国普通法的典型原则,该原则经由《王位改革法》明确确立,其所关涉的是霍菲尔德等人所谓的"权力"。)

(d)任何人都不可被贬为奴隶,即使其本人意愿如此。

(这项原则比起普通法来更为根本,它陈述了一项一般性的"豁免权",即涉及本人的"无资格"。)

261 (e)在镇压叛乱或内部骚乱时,每个公民都必须对法律任命的官员予以协助。

[不仅英国法将这一原则作义务性陈述;这项义务也是澳大利亚法律中"绝对义务"的一个典型;而且即使是绝大多数

热情鼓吹普遍的“权利义务相关性”的理论,也发现很难找出一项令人信服的与该义务相关的权利。但是参见下面的第(f)条。]

(f)人有义务通过肉体苦修追求灵魂的纯洁。

(这项道德禁欲主义原则,最终反对某些人所坚持的那个核心态度,即“义务”通常也意味着“权利”。)

(g)(i)不存在道德权威。

(ii)非经议会许可,女王不得课税。

(这两项原则涉及霍菲尔德主义中的“无资格”,前一项鼓吹自治的道德原则,后一项是英国宪法一项原则。“无资格”概念不但适用于法律,也适用于道德,因此是两种原则的可能形式。)

(h)确保国家安全优先于保障个人权利。

(这一被广为认同的政治原则并不属于霍菲尔德概念中的任何一个:它是一项“应然原则”,而不是“义务原则”,尽管它可以将义务原则正当化——例如,当国家安全面临威胁时,公民履行义务优先于行使个人权利。但是请注意:德沃金的“人民之安宁为最高之法律”在逻辑上根本不能被当作“原则”来看待。)

上面从(a)到(h)列出的所有规则,只要按照每一项中所列出的特定方式去理解,都可以当作原则来使用。但是要注意,从(e)到(h)没有一条符合德沃金所界定的那种原则,而且把(c)说成是那样的原则也是有疑问的。

我们干脆说,从(e)到(h)不是他的原则,他也不希望将它们接纳为**他**的实质性的道德/政治/法律哲学的原则;这或许是他想说的全部内容。但是，这些原则做详细的界定可能面临着卷入实质性道德哲学纷争的危险。p 不是我的原则并不意味着它根本不能成为一项原则，即使我有充分的理由表明它是一项很糟糕的原则，情况依然如此。

262 上面列出的最后一项，即确保国家安全优先于保障个人权利原则，或许在所有被列出的原则中最有可能为德沃金拒绝，因为这项原则属于他所谓的“政策”范畴。这项原则是一个“集体目标”，从特征上来说是不可还原为个人权利的。从原则上来说，尽管人们期望国家安全是某种必然与每个人息息相关的利益，但它绝不可能在公民之间进行等额（或不等额）分配。所以，这可以说是德沃金的理论中用来说明“政策”的一个典型例子。

另外，德沃金对“政策”做出了规定性的界定，我必须对他这样做的合理性进行检验。从更为通常的意义上理解，“政策”（例如《简明牛津英语词典》所界定的）是指一种“因其有利或者方便而采取的行动指针”，尤其适用于政府机构实施的行动。问题是“行动指针”概念又是什么意思？或者我们可以用“相关行动指针”来说明。为了减少透支，我制定了一项在一段时间内——几个月或者若干年——削减我个人和家庭开支的政策，因此可以说，我的每一个节俭行为都是在那一政策的指导下进行的，只要行动实际上有利于实现那一目标，其正当性就可以得到证明。一个政府的“增收政策”则意味着，在一段时期内可能会实施为工会和雇主阶层所反对的增税计划，或者采取措施增加公司盈余率等。指导此类行动的整体方针，都旨在实现减少通货膨胀率这一目标。当然，在这一例子中，这种行动指针是否已经减少了通胀或者该指针能否有助于减少通胀，都是大可争论的。而且，政府采取这类行动干预市场的自由交涉过程，乃至于政府确立那一目标本身是否可欲，也都不是没有疑问的。

关于政策问题的论辩可以在三个层面上展开：手段—效果论辩——x 的实施是否确实导致 y？手段—可行性论辩——如果不考虑功效如何，是否存在其他理由证明 x 不具可行性，或者有理由证明用 x 来实现 y 不具可行性？还有一个层面是目标—可欲性论辩——无论用什么手段，实现 y 都是可欲的吗？

但是，某些为了达到特定目的而制定了政策的人，必然会 263
在一段时间内设定一些具体的行动指针，以获致某种情势实现那个在他看来可欲的目标。我们还必须假定，在他自己看来所采取的行动方式对于获致既定的政策目标来说是有效的，并且就目标本身或者从目标所处的情境来看不存在不可欲的问题。政策是一个复杂的行动框架，它会被清晰严密地同既定目标（我们可称之为“政策目标”）联系起来。但是正如德沃金所说的，目标并不能等同于政策。例如，我们无法把政府的“增收政策”等同于“减少通货膨胀率”，而应当理解为，政府为了减少通胀已经决定采取 c 行动，这才是它的“增收政策”。

法律也是这样。在法律话语中，“政策”已经成了一个含混得令人生厌的词汇，如果我们期望这个词汇有一个精确的含义，最好把它理解为法院所采用的那种能够确保实现或趋向于获致所期待的情势的行动指针。判决中的“政策性论辩”表明，以**这种方式**决定案件将接近于获致那个期待中的情势。但是在法律中，由于“形式正义的约束”，这类论辩只能体现为对普遍的或一般的裁判规则的实施后果能否产生所期待的情势进行权衡，因此得出判决结论相当困难，因为这一过程或多或少地融入个人的偏见。

除此之外，在法律或者其他领域中，当我们提出一个给定的政策目标是否可欲这样的问题时，实际上是在提出一个原则问题。对于任何目标 g，说它是一个应当达到的目标，无异于是在阐明一项原则，或者是在阐明一个依赖于某种默示的但前设性原则的判断。正因如此，原则和政策的界限并非清晰可见，他们也并非水火不容，而是不可避免地交叠在一起，关于这一点，我在第七章里也提到过了。阐明某个政策目标的可欲性等于是在阐明某项原则，而陈述一项原则也等于是在设定一个可能的政策性目标。因此毋庸置疑的是，英国法院所遵循的保障各种司法和准司法裁决中的公正这项长期政策，连同自然正义原则，都是苏格兰法和英格兰法上的重要原则。

264 所以，对于德沃金严格区分“原则”和“政策”的做法，我是甚为反对的。我倾向于接受实质性的道德和政治理论所主张的，最为基本的权利乃是那些决定权利的权利（即“请求权”意义上的权利），对这一见解的赞同，使我更不能接受对原则和政策进行严格的区分。我这里提到的理由，在其他地方已经部分地做过说明了。〔2〕 我认为，我们应当着手解决的问题是，哪些利益对于个人来说是基本的、在任何正常场合都不能否认和剥夺的利益，在这个基础之上我们才能确立人权的基本原则。继而，我相信这些基本原则能够奠定一个关于正义理论的基础，而且，据此确定的权利在面对其他的原则或政策诉求时，将被视为不可剥夺的权利。

〔2〕 参见我的“Children's Rights”和“Rights in Legislation”两篇论文，前引第九章注〔29〕。

但是，那并不意味着我只能从权利的角度来界定原则——对许多不太具有根本性地位的原则的界定更不能如此。我也不需对“政策”做出专门界定，这样做的后果将使原则与政策之间产生一种人为的对立。同样地，那也并不意味着我会认为对立理论的持有者的错误在于界定概念。那绝不意味着拒绝进行有意义的论辩。

第十章　法律、道德及实践理性的局限

265 虽然本章主题庞大,但无须赘述,我只是想通过概括全书的论辩结论而不是复述前面的论辩过程来厘清第一章第一节所陈述的立场。正因法律推理和法律理论互为必需,所以二者都须立基于一些关于实践理性及其局限的一般理论之上。行文至此,这样一种认识应当已经清晰无误了。

如果我没有误解的话,或许可以把德沃金的态度理解为,所有的法律争执归根结底都属于思辨性分歧(而且他所宣称的"在[所有的]疑难案件中都只有一个正确答案",[1]使我们别无选择地做出这样的理解),这是一种难以站得住脚的极端理性主义的表现,我

〔1〕 *TRS*,p. 290.

实在不敢苟同。理性不可能**单独**地决定我们下一步该做什么。

但同样重要的是，不要滑向诸如阿尔夫·罗斯（Alf Ross）所声称的那种彻头彻尾的反理性主义泥沼，那是另外一个极端。他们认为，关于正义的诉说都不过是种种情绪的表达，因而无异于公开的叫嚣。[2] 这种思想至少与他所反对的极端理性主义一样匪夷所思。

从总体上来看，本书在这两个极端之间开拓了一条中间道路。正如我在开篇时说的："任何评价性论辩模式，都必然包含、依赖或预设某些终极性的前提，而这些前提本身，已经不可再通过更为靠前或者终极的理由加以论证"，但是从另一方面来说，我们在价值判断和规范性的领域所坚持的那些最终原则，不是源于对世上不证自明的终极性事实或科学知识的推理，这是个事实，但不能因此就予以否认的是，我们坚持这类原则本身乃是人的天赋理性的表现。[3]

法律推理中的三个具体要素，能够显示理性在处理实践事 266
务的过程中所扮演的角色。对演绎性证明的分析，能够表明我们是如何就具体案件得出判决结论的，这个判决结果，应是规范前提同业已证实的事实前提相结合得出的。（虽然大体来说我们也能看到，关于事实的"证据"是如何将对事件之间的联结模式进行的理性探究包含其中的，而这种理性探究使我们能超越当下所能获取的直观证据而得出结论。）对融贯性论辩和一致性论辩所做的分析，甚至更具说服力。从一致性角度所做的论辩，要求我们不能容忍在一套现存的规则体系中存在相互

〔2〕 Alf Ross, *On Law and Justice* (London, 1958), p. 274.

〔3〕 参见第一章，第6页。

冲突的两种规则。从外观看来,“委员会的决定在任何法庭上都不容置疑”,同“上议院有权宣告委员会的‘决定’无效”这两项规则是抵触的。因此,要么通过解释使它们相互协调,要么必须放弃其中一个。

对融贯性的要求,不仅仅是为了避免明显的冲突或不协调,事实上也是为了通过使每一项具体的规则在具体场合有意义,找到一条使制度在整体上更具意义的途径。当然,这不仅是一个在实践中力图接近的目标,更是一个谋求理念认同的问题。部分原因是,时过境迁会导致制度变革,某些规则会成为不时可见的凌乱朽木横亘路间。不过,在对协调性进行论证的过程当中,我们实际上是在探究一些方式,以使法律制度尽可能成为一个经由理性构筑起来的统一体,这个统一体不会迫使我们无可奈何地面对不协调的一般性目标。这样说无疑有点含混,第七章对此给出的更为清晰的解释,相信已经给这个语焉不详的观点注入了一些实质性的东西。

关注一致性和融贯性,其意义远不止于对确认演绎推理中的理性价值所做的微小贡献。其实,许多顽固至极的反理性主义者也不得不承认,如果给定规范性前提,当然可以从中得出结论,但他们会迅即指出,这样的理性不能为我们提供任何用以作为论证出发点的那些规范。[4] 他们会说,这些纯粹都是
267 由盲目的情绪引起的主观意志的产物。我们认为,坚持一致性和融贯性立场,能够有效地抵制这种反理性主义的论调。当所有的可能解释都已经罗列出来,除理性之外,还有什么能够担当我们据以判断两种规则之间是否存在不一致情况的标准?

---

〔4〕 参见 Alf Ross, *Towards a Realistic Jurisprudence* (Copenhagen,1946),pp. 95-6。

除理性之外，还有什么能够帮助我们判定一个新的规则是否与业已确定的规则体系相协调？而且，除借助于理性，还有什么能够与建立一种系统的科学理论的努力更加接近，而不至于使我们只能借助于零散的、个别的科学真理去解决问题？

休谟对理性的态度的确是甚为消极的。而就里德和康德而言，至少他们在下面一点上是正确的。理性将一套秩序和结构强加于由我们的经验所构成的表象世界之上——而在这个表象世界中是否真的存在这样一种秩序来回应那个秩序结构，在本质上是一个信仰问题，而非知识问题。尽管如此，我们仍然可能使得我们的行为世界井然有序：塑造这个行为世界以使它与行为的规则和原则两相一致，并且确保行为的规则和原则之间一致和融贯。我们推论出法律应当保持一致性和协调性，与我们从包含于丹尼尔斯案（［1938］4 ALL E. R. 258）的判决过程中推论出复杂的演绎推理链条的道理是一样的，而这一案件还是那样的简单。我们从概念上拥有一个秩序井然的法律制度体系，而且事实上每一个人也都拥有各自秩序井然的道德观念体系，从这一意义上来说，只能将这种状况归因于我们的理性能力，归因于我们能够用一个普遍秩序统摄具体生活世界的天赋品质。

反理性主义者们都忽视了这一点。理性推理不仅使我们能够从所奉行的规则中推导出行为后果，而且能够对那些借以推理的规则是否仍属于一个一致和融贯的秩序进行监控。反理性主义者们对这些道理都缺乏洞察。理性也许不能决定规则是什么，但它使我们所获致的不同规则体系协调如一——要么借助于那些我们所意图的那种规则相互协调的制度体系，我们团结在一个国家中，要么借助于那种依据每个人所持有的与他人平等的理性的道德立场，我们联合起来构成整体。

268 反理性主义者可能回应说，他不仅在理论上而且在实践上也是一个反理性主义者。他对奉行一套一致和融贯的道德、法律或政治信条根本不屑一顾。这可能是事实，但我们可以反问，他是否遵循着一套一致和融贯的关于自然万物、科学世界的信仰体系？以及为什么是或者否？他要么遵循着这样的信仰，要么没有。

如果他并不遵循这样的信仰，我们就完全可以对他的反理性主义的法律或道德理论视若无物，因为，这样的理论是否有意义已经变成了纯粹或然性的问题。如果他遵循着那样的信仰，我们可以接着问为什么。他的答案，要么最终归结为他具有价值理性这一命题，要么归结为他有着某种不可抗拒的、使思想有秩序和赋予世界以意义的内在倾向。

但是，在此我们将涉及一个事实，而休谟大概是第一个发现这一事实的人，亦即伦理和法律上的非理性主义乃是对理论的扭曲。我个人的信念是努力成为一个富有理性的人，但这个信念难以由理性本身来证明。当然，如果某人有与我同样的那种社会和家庭背景，出生于二十世纪的英格兰，在一个“有专业知识的”家庭长大成人，那么似乎就可以解释为什么有这样的信念了。当然我们也可以推论说，所有的人都有着一种生物学上的天性，那就是对理性的偏爱，无论他怎样被不幸和纷繁复杂的环境所袭扰，都不会有所变化。[5] 但是，这样说只是在解释而非在证明。

---

〔5〕 参见 Franz Neumann, *The Democratic and the Authoritarian State* (New York and London, The Free Press, 1957)，3—4 页：“人……是一种天生有理性的动物，尽管经常难以做到或者被阻止去理性地采取行动。”

如果我被问及,为何自认为应努力变得理性,或为什么认为每个人都应当有理性——为了避免思维上的不一致或不协调——我确实只能重复苏格拉底的格言,亦即对我而言,未经检视的生活是不值得过的。诚然,对那种缺乏理性交流的生活,我也只能表达不屑。

同样,除了对那种由即时的冲动和任性构成的生活抱以不 269
屑之外,我也别无选择,无论这种任性决定是由我自己做出的,还是由他人做出而影响到了我和我的朋友。我当然也会努力阻止来自政府的这类决定对我产生影响。保持一致和融贯,对同样的情形同样对待,对不同的情形区别对待,对我们在实际生活当中行动、推理以及做决定来说,都是可能的,这恰如一个人的思想需要保持一致和融贯一样。当我们试图理解、阐释和描述宇宙的自然万物时,对同样的现象做出同样的解释,而对不同的现象做出不同解释,也是可能的。“我们要力求使事物变得合理吗?我们要力求一致和融贯吗?”——这些与实践和内心的思考密不可分的开放性问题等待着我们给出答案。

关于行动和思考,就我个人而言无法理解还有什么不同的回答。如果人们告诉我,区别行为理性和思辨理性是没有意义的,那么我会回应说,本书恰恰指出了这种认识的谬误所在。我们需要做一个选择,或与理性为伴,或干脆远离它,在我们生活的各个方面这种选择无时不在,无论是理论家或者科学家们解释自然现象,还是政府人士与他人在某种特定的法律、道德以及社会关系规则安排下处理日常事务,概莫能外。

反理性主义者的谬误在于,他们总是认定道德和法律关系根本不可能被纳入理性秩序当中。而极端理性主义者的谬误,则在于总是假想存在某种通过推理和反思就可以建立客观而有效的道德和法律秩序的可行之路。但是,任何试图建构和论证这样一种理论秩序的努力,都不可避免地会在论证上一败涂地,无功而返,这一后果不仅仅像而且简直与德沃金像赫拉克勒斯建立雄心勃勃的理论所导致的后果那般如出一辙。

休谟对理性的消极态度是有问题的,但他主张,我们对任何事情的情感性评价,完全属于我们的态度和敏感倾向所构成的王国;即使在推理问题上,如果把价值判断加于理性之上,那种推理也不再是我们所说的那种明白无误的推理了。但是,一旦将价值加于理性之上,在特定的情形下我们会力图保持一致和融贯,在更为广泛的一般情形下,我们也将在自己和他人的行为上保持一致和融贯。不过,也正是因为每个人都有这种情感性态度(或许也包括对推理和理性的偏爱),我们才关心那些对待自己和他人的方式如何,关注任何人的行为是否合乎理性。那种认为“理性是而且应当是情感的奴隶”的说法,无疑是言过其实了。不过,这句醒目的大话在哲学领域竟然还占有一席之地。

270 所以,尽管理性是我们使规则体系确保一致或融贯的指针,但我们之所以在具体行为中遵循它,也是因为在情感上愿意如此。而且,如果我们不关心如何与他人共处,或不关心他人将如何与我们共处,就根本无法确定赖以行动的规则。将这些“关心”态度变为规则——行动的规范和原则——少不了在确立指导行为的“普遍”模式时所进行的理性训练。但是,如何对之进行检验以确定我们能否承受它,如何娴熟运用后果主义论辩——正如第九章里已经说的,关键是看我们打算如何去生活,如何满足我们那些恒久的秉性(休谟所谓的“温和的情感”)。

这也表明,为什么对于"证明过程"的研究也可以与对具体行动的解释相关联。当然存在一种可能,即法官经常或者有时任凭个人主观原因做出判决,而不是依靠华丽理由。但是,也同样存在另外一种可能,这是本书一直试图阐明的,即法官能够对判决提供最佳的论证理由(正如法官努力去做的那样),因为这样的判决乃是最无可挑剔的判决。从这一意义上来说,我们就有可能不由自主地去整塑我们的行为,以适应规则、原则以及其他标准的要求。当然,对于特定的法官,在特定的法律制度下,在特定的地点,于特定的环境中,这种可能性在多大程度上变为现实,也实为一个引人注目的社会学问题。尽管本书没有对这样一个问题给出答案,但仍表明它是一个相当现实的问题。

对法律推理模式所进行的检验,强化并揭示了这样一个判断所具有的价值,即理性在用法律处理实际事务时能够扮演且必须扮演不可或缺的角色,同时,也要承认实践理性确有若干局限。我们就一致性和融贯性所做的论辩揭示了前面一点,后果主义论辩中的评价性因素则对后一点做出了说明。

因此,法律制度固然是由理性构建起来的,但理性在决定法律制度的具体内容方面恐怕是无所作为的。理性也不能决定道德"制度"或者道德"理论"(不是关于道德的理论)的内容包括什么。这样,就第二章中的一个论点,我可以对可能存在的反对意见做出回应了,我的那个论点是,在法律中进行演绎推理是可能的。在那一章里我曾强调,一些在演绎推理中担当大前提角色的规范性命题,尽管看似错误,但仍可以是"正确的”命题。有些人则坚信,根本就不存在这种“正确的”规范命题。[6] (他们中的许多人拥有教职,但愿他们不要因为考生给出的是错误的法律命题而扣分。)

271 如果他们所反对的是存在“绝对”正确的规范性命题,这种反对倒是中肯的。但是,如果通过“承认规则”把一套融贯且一致的规则和原则直接或者间接识别出来,将法律的前提描述为相对真理,尚不失妥当。这样的命题,对于特定时间的特定法律制度来说,可能确实存在相对来说是正确还是错误的问题。当然,就其相应的结果而言,我们从这类仅具相对真理性的规则中推论出的任何结论,其真理性也同样是相对的。但这些都是维持法律中的演绎推理所必需的。假如现今苏格兰法有这样一个前提,任何人在公路上驾车时速度超过每小时 70 英里都构成犯罪,那么如果我被证实昨天超速驾驶了,则指认我的行为(就苏格兰法的内容和日的而言)已构成犯罪也就没什么问题了。

272 同样的道理也适用于道德命题。如果信守诺言能够使幸福最大化,那就应当信守诺言,从功利主义道德观的角度来看这无疑是正确的。接受了功利主义的前提,就会得出那样的结论。相应地,如果某人坚持功利主义的道德观,那个结论以及其他很多结论就能从中推论而来。但是,如果将功利主义称为一种“正确的”道德理论,却需要其他一些超理论的理由进行论证,并需要在同对立性道德理论的竞争中证明自己是正确的——当然,竞争的结果也可能是被证明为“错误”的理论。

---

〔6〕 例如可参见 Alf Ross, *Directives and Norms*(London,1968),p. 102。

约翰·罗尔斯认为,他的假想契约理论[7]所设定的就是这样的一个机制,它在相互竞争的理论之间进行检验,看到底哪一种是正义的理论。但是我无法相信这个机制可以替代道德理论的检验作用。作为一种总是拥有某些基本态度(无论是什么态度)的物种,我们是要依赖道德理论生活的。(如果不努力遵循一套一致和融贯的道德哲学,就无法形成有益的经验去改变和发展我们的基本态度。态度尽管生而有之,却并非不可改变——否则建立一个关于道德态度的融贯的和反思性的设置就根本不可能了。在“理性”与“激情”之间是存在某种辩证的互动关系的)。

最后,可能无须反驳的一点是:法律推理与道德推理之间是相似的(本章就这样认为),但如果仅简单认为这就是二者的关系,则是一种十足的“法律主义”。[8] 这不成了法律帝国主义的另一个佐证?

事实上情况恰恰相反。倒不是说道德推理与法律推理之间无甚关联,而毋宁说法律推理实为一种特殊的、高度制度化和形式化的道德推理类型。当然,正是制度化和形式化的那些明显特征,使得法律推理与道德推理在个人思考、与朋友、同事或任何人的交流讨论中显现了重要差别。

不过,法律推理本身的开诚布公以及论辩结论的公开性, 273
大可缓解这种差异。案例汇编中浩如烟海的判例为我们提供了丰富而绝妙的资源,那里到处是人们为影响他人而在大庭广

〔7〕 参见前文第九章注〔25〕;以及参见 N. MacCormick,“Justice According to Rawls”(1973) 89 L. Q. R. 393,和“Justice-An Un-Original Position”(1976) 3 *Dalhousie* L. J. 367 可以找到我关于契约假设的局限更为充分的支持。

〔8〕 参见 Judith N. Shklar, *Legalism* (Cambridge, Mass. ,1964)。

众之下对疑难判决所做的论证。尽管拉蒙特在《道德判断的原则》[9]中强调过这些判例对道德哲学家们来说多么有价值,但直到很久以后才有人表示认同。

无论如何,我都倍感法律推理与道德推理之间的差异被过分夸大了,而且这种夸大是建立在道德自治这样一个认识基础上的——每个人都是他或者她自己的立法者、法官、陪审团和治安官。然而事实是,我们当中的每个人无一不是受制于外部环境的。我们就像一些不谙世事的孩子(除非非常不幸),被带到了一个由统治权威——父母、祖父母、叔父、姑妈以及在将来的某个时候是老师——制定的清规戒律所规约的环境当中。

科学的原创性在于那些人开拓了一个完整而前无古人的科学分支领域。但是,道德自治是不是意味着可以另起炉灶创设一个全新的道德世界?

另外,我们成了完整的道德行为者,只是遵循了"内在视角"的那些道德规范,而且也只有当它们成为我们的道德,而不是我们需要服从的道德,那么,这时自治就得以实现而且已无可置疑地成为道德行为者的构成要素了。

但是,那样的话,自治的发展就意味着逐渐承担起制定"道德法典"的责任,这一法典就成了一种道德之下的他律规范。而且,如果像上面所说的那样,则判断、认定一个人是不是在道德上自治的行为者,必然预设一个已然确定的道德立场,否则就没有加以检验、修正以及做出评价的标准了。毋庸置疑,通过革命的方式可能会达到确立新的道德立场的目的,正如革命会造成宗教和意识形态变革那样。即便如此,人们也不可能创

---

〔9〕 W. D. Lamont, *The Principle of Moral Judgement*, (Oxford, 1946).

造一个全新的整体性道德立场——人们只是在一个起点上未雨绸缪，整装待发。于是，作为一个自治的道德行为者，他会从这一起点出发，对自己进行检验、修正和评价。即使伟大的道德改革家如耶稣和苏格拉底，在提出他们的道德观念时，似乎也是审慎地加以检验以使之与当时业已为人们接受的道德观念相一致和融贯，并且，新观念也是从原有观念中脱胎而来的。新的道德观的诞生，不是要摧毁法律，而是充实法律。

其他的一些途径，也使人们的道德原创空间受到限制。无 274
论一个人的信仰如何，他都生活于一个或若干社区的人群中间。他的伙伴们拥有，而且他也知道他的伙伴们拥有各自的道德态度和道德期望，这些道德态度和期望反映的是他们各自的道德原则，或者诸多道德规则——或曰“道德法典”。当然，对于这些道德态度和期望，也会有人不屑一顾，我将视之为例外，对他们也不必加以赞扬。我猜测精神病人可能是唯一货真价实的存在主义者——反之亦然。

我在前面的章节说过，“毋庸置疑的是，同法律生活一样，道德生活也需要某种社会性安排，这种安排将为我们所要遵循的规则和原则提供一个基础，在此基础之上，我们才可以在新的和不知所措的情境中探索和检验新的行动原则。他律是一块如影随形的背景幕布罩在我们身后，只有武断地对之视而不见的时候，我们才能标榜自己在道德上是自治的。”[10]

法律推理和道德推理在形式层面的巨大差别，也应使我们对这样一种可能的误解保持警惕，即二者之间不再有其他不同。但我现在想强调的是，无论如何，二者之间也存在现实的

---

〔10〕 前注第五章，124页。

相似之处,而且在实际的道德话语中,我们会像不时求助于一致性和融贯性那样求助于后果主义论辩。实践理性在其特定的适用领域和适用事项中固然不拘一格,但其运用也有统一性。无论如何,对法律推理的研究对于理解道德推理是大有裨益的。

当然,对于这两个问题,我们也需要注意到实践理性的若干局限。在极端理性主义和彻底的反理性主义之间,应当找到一条中间道路。本书一直在努力开拓这样一条道路,以期对实践理性、法律推理以及对法律本身有一个更好的理解。

附　录　关于规则的“内在方面”

看过斯威夫特《格列佛游记》的读者一定 275
记得，格列佛的船失事后，被冲到了小人国的岸边，身材矮小的居民抓住了格列佛。那里的人还不及他的拇指高，小人国的国王决定要对他展开调查，他派出了两个专员，克莱夫林·弗洛克和马尔西·弗洛克，去看看格列佛都有些什么家什。在那份有趣的调查文件中，有一段或许特别引人注目：

> 右边表袋外悬着一条巨大的银链，底端系着一部神奇的机器。我们指令他把链子上拴着的东西拉出来，却是一个球状的东西，半边是银，半边是一种透明的金属；在透明的一边，我们看到画着一圈奇异的图形，想去摸一下，手指却被那层透明的物质挡住了。他把那机器放到我们耳边，只听见它不停地发出声音，好像水车一般。我们猜想，这不是某种

我们不知名的动物，就是他所崇拜的上帝，但我们更倾向于后一种猜测，因为他对我们说（如果我们理解正确的话，他表达得很不清楚），无论做什么事，他都要请教它。他管它叫先知，说他一生中的每一次活动都由它来指定时间。

有一个古老的谜语：什么是上帝从未遇到，国王很少遇到，而普通人天天遇到的？最权威的答案是“对手”，但更富有智慧的答案是“笑话”。学究理论的缺点不在于缺乏洞察力，而在于总是不由自主地想说出在笑话中看到了什么；无论如何，就当下的目的而言我必须问，从《格列佛游记》中引用的笑话中我们能够看出什么。

有趣的是对“神奇的机器”的描述，小人国的专员对自己看到和听到的那个东西的外表做了如此详尽的外部描述，以至于*我们*马上就想到了那是什么东西；但是*他们*在做描述时，根本不知那是何物。原因归为一点，并且只能归为一点，即“他表达得很不清楚”，他们知道这个巨人如何使用这个神奇的机器——的确，在斯威夫特笔下，他们只有有限的理解力，作者借助他们之口把玩笑开到了西方人头上，竟然说那是“他所崇拜的上帝”；但是我在讨论中将忽略笑话的这一部分。

表象不是人类真实生活的全部。对每一环节、细节及其相互关系所做的最为详尽的外观描述，即使加上对“神奇的机器”主人的一言一行的细致刻画，也不会让他们最终明白，那个机器其实是一只表；格列佛之所以“请教”它，不过是想知道时间。

276 那两个小人国专员不知道的，我们知道，所以我们觉得这段文字令人发笑。我们知道，是因为当我们看到一只表

(或者听到所描述的那种声音)时知道它是表,并且知道怎样用它,以及用它做什么。用哈特的非常具有启发性的话来说,我们是"从内在视角"来看那个神奇的机器的,这种观点来自像我们这样的一些人——理解那些复杂的规范性习惯并与之共事,日日遵从着这些习惯,能够用这些人造机械测量时间的变化,并借此使得相互间在行动上保持相当精度的协调。

相反地,小人国的居民们都是局外人。他们对我们习以为常的那些关于表的用处的规则一无所知。相应地,他们对于格列佛的表,和观察到的关于那只表的用处,或者观察到的所有现象,只是一种感知而已。他们只能用那些词汇去描述它,模糊地猜测它对于格列佛的用处。相对于格列佛接受的那些习惯规范来说,他们的理解是"外在的"。

"内在的"视角和"外在的"视角的这种对比,用斯威夫特《格列佛游记》作为例子来说明,或许显得更加生动了。斯威夫特让我们看到,那些不知表为何物的人对表的描述可能是什么样子的;而且,这使得我们可以把小人国专员那样的人同我们自己的实际处境两相对照。不说别的,对比本身对于我们当下的讨论来说就很有意义。在我看来,为理解法律而进行这样的对比并阐明其重要性,恰是哈特法律哲学的一个主要贡献。这篇文章,就试图对哈特关于内在视角和外在视角的区分做进一步思考,我提出了一些建设性的批评意见,对改进哈特的这一思想或许有所助益。

让我们再回顾一下哈特那一思想的背景和内容:在《法律 277

的概念》[1]中，通过与“习惯”概念的对比，哈特进一步阐明了他的“规则”概念，这一概念是他法律理论的核心。他是从纯粹行为意义上来阐释“习惯”概念的。要成为“习惯”，必要且充分的条件是，某个行动者或者群体规律性地在一个时间段内重复某个特定的行为模式。（奥斯汀受到批评的一点是用“服从的习惯”来解释主权及其法律，这里对他的理解是否恰当，以及对“习惯”概念的解释是否合理，本文暂不深究。）

278 对于“社会规则”概念，哈特是通过阐明与习惯的行为概念的“三个明显不同”来进行理解的。第一，当一个群体有一项关于做某事或者其他事的规则时，违背正常模式的行为会被视为错误或者有缺陷而招致非难，然而在一个仅仅存在习惯的环境中，偏离正常的行为模式“不必然是一个问题，也不必然遭受任何形式的非难”；第二，某人对正常行为模式的偏离本身就被认为是不足或者错误，继而成为招致批评的“可靠理由”，由此，这种批评被认为是正当的和具有合法性的。

第三，社会规则注重“规则的内在方面”，这正是我们现在所关心的。称得上习惯的，并不要求任何人意识到那种习惯行为的存在，或者意识到该行为在群体中具有一般性；而且习惯“既不需费心传授，也不需刻意保存”。但“与此不同的是，一项社会规则如果要存在下去，必须把相关行为当作一般性的标准要求群体中的所有人予以遵守。一项社会规则有着外在方面的特点，它同样是一个社会性习惯，构成一个规则的、可以为

[1] H. L. A. Hart, *The Concept of Law* (Oxford, 1961). 在此我认为最重要的一节文字在该书第54—56页，在本段和后面两段中，我多处引用了该节内容；该节中的主题在后面有多处涉及，尤其参见第86—88、96、99—100、101、105、112—114和197页。

观察者记录的单一行为，但他还有着‘内在的’方面。”哈特举国际象棋游戏为例做了进一步说明。一个容易观察到的事实是，棋手们常常用老掉牙的套路移动王后，但哈特说事情没这么简单。棋手“对于他们的行为有一种评价性的反思态度；他们把这一行为当作所有棋手的标准模式”。通过批评失误、要求按照标准的行为模式行事以及确认这种要求及批评的正当性，这种反思性态度得以显现。 279

相比于外在的可观察行为，规则的内在方面经常被误解为不过是一种“感觉”问题……[但是]这种“感觉”对于“拘束性”规则的存在而言，既不是必要的也不是充分的。人们接受某种特定的规则，但不一定存在被强迫的感觉。关键是，对于一种特定的行为模式，应当有一种批评性的反思态度作为共同标准，而且，这种标准应当在批评（包括自我批评）、要求服从以及确认这种批评和要求的正当性这些过程中展现出来，所有这些，都用诸如“应当”、“必须”以及“理应”、“正确”和“错误”等规范性术语得到特有的表达。

在这段话中，哈特认为只有注意并且分析“内在方面”，才可能理解规则，这一点的确是毋庸置疑的（暂不论他在各个方面的解释是否都令人满意）。事实上这样一种观点几乎在现今已经成为老生常谈了。哈特自己对法律的解释，继承和发展了前人的理解，他们中如温彻、[2]维特根斯坦，[3]以及

---

〔2〕 参见 Peter Winch, *The Idea of a Social Science and its Relation to Philosophy* (London, 1958), esp. ch. 2, *passim*。

〔3〕 参见 Ludwig Wittgenstein, *Philosophical Investigations*, ed. G. E. M. Ansdombe and R. Rhees, 2th edn. (Oxford, 1958), e. g. at 1. 197 - 241。

韦伯[4](他显然深受所有这些人的影响,尤其是温彻)。[5] 本文开头提到的关于格列佛和他的表的例子,其作用是对两种情况进行了有价值的区分,一种情况是将行为仅仅视为一种被感知到的对象,另一种情况是将行为视为一种可理解的、对于施动者而言有意义的活动——例如,在一张纸上画一个叉号同在一张选票上画一个叉号之间的差别,以及我们如何理解这种差别。[6]

钟表的使用方式只有被置于一种共同的社会习惯中才是可理解的,这一点显而易见。这种共同的习惯,可以称为自然而然的"规则"。例如,在一天的正午,秒针走完二十四圈,分针则走完两圈,如果一只手表的指针不这样走法,为什么我们就认为它肯定是出故障了?为什么当分针和秒针排成一线指向"12"时,我们若是说"11 点了"就是错误的?我们把表盘的一周等分为六十个单位,以每五个单位为标准分为从 1 到 12 个钟点,为什么这样做就是恰当的?

280 唯一可能的答案是,我们习惯上把从一个"正午"到另一个"正午"的时间划分为二十四个相等的"小时",每小时再分为相等的六十"分钟",如此等等。钟和表都是人们制造出来的东西,制造它们的目的是让时间单位的划分相互协调。我们按照计量习惯来使用这些人造物,还能使我们对"一天中的

〔4〕 例如可参见 M. Rheinstein (ed.), *Max Weber on Law in Economy and Society* (Cambridge, Mass. ,1954),11—12 页;也可参见 Winch 引用的 Weber 的论断,前面注〔2〕中的文献,45—51 页。

〔5〕 参见 *The Concept of Law* 242 页注〔54〕引用的温彻的著作,参照相关段落,其中讨论的问题同维特根斯坦和韦伯讨论的很接近。

〔6〕 关于这一例子的讨论可参见 M. Lessnoff, *The Structure of Social Science* (London, 1974), p. 30; Lessnoff 的著作,特别是第二章,有对本段所涉主题的评论。还可参见 B. Wilson(ed.), *Rationality* (Oxford,1973)。

时间"分别标出名称,继而精确地协调行动,甚至对于多人之间的复杂关系,亦可精确地同步协调,例如安排列车运行服务或者运营一个工厂等。所有这些,都是习惯做法问题。所确定的计量单位,也完全可以采用别的方式(罗马共和国采用的方式就相当不同),人造物的设计也大可不同,而且在一定程度上确实会随着技术的改良和风尚的变迁而有所不同——前些天我看了一个电视访谈节目,里面竟然说有人造出了电子手表。

当然,按照哈特对"习惯"和"社会规则"所做的区分,安排时间所遵循的行为模式无疑只是当下诸多行为模式中的一种。人们也总是试图"努力教育"孩子们学会这些,并"打算维持下去"。对于西方人来说,确定时间是一个重要的技能——小人国的居民则猜想格列佛的表或许是"他所崇拜的上帝"。这一技能包括,根据表上指针的位置区分正确的时间和不正确的时间,能够校正表针,让它跟标准时间——如格林威治标准时间——相一致,还要确保表已上满发条,等等。借助给定情形下的行为确当与否,我们能够描述这一技能,事实上也只能去描述它。正是这一事实,使我们注意到支配行为的规则所具有的那个特征,而这种规则乃是哈特理论的一个核心。这样,批评性态度的表达,以及对违反常规的行为的评价,通过使用诸如"正确"和"不正确"等词汇表达出来。

这种关于正确和不正确的知识,从一个特别的意义上来说 281
是一种关于(习惯性的)技能的知识,而且事实上它还伴随着引人注目的后果。当表的两个针都指向12时,说"10点了"就是一个错误,因为说错了时间;但是,这并不是一个"不正当行为",因为它不是在行为上做错了什么或者行为本身就是错的。对于错用或丧失这种技能的批评,与对违反义务的批评,是大为不同的。阐释这种不同相当重要:诸如表示时间等行为,乃是一种习惯技能,其延续有赖于掌握一整套复杂且相互关联的规范,其中每一项规范都不能脱离整体而具有完整的意义。知晓并理解这些规范,就是在习得这些技能,以备必要时派上用场。另外,只有当行为人需要"确定时间"并决定这样做时,那些规范才派上用场。这些技能规范所指的那些行为,是行为人(因某种理由)刻意按照规范的本意为之的行为。那个说"11 点了"的人,意思既可能是在说时间几点了,也可能(例如)是在"请问狼先生几点了"这样的小孩儿游戏中的一句台词,并不表示真实的时间。当然,他自己知道是在说些什么。只有当一个陈述是就表示一天中的某一时间所做出的,并且被认为就是在做这样的陈述时,才能谈得上正确与否。如果那一陈述仅仅是小孩儿游戏中的一个步骤或者别的什么,那就需要别的标准来评价,而不能用确定时间的规范来评价。这样,既然决定使用技能和惯例规范是行为者自己的意图,那我们就知道了,对于违规行为的批评所遵循的特定模式,是用"错误"、"不正确"或"不精确"等评价词汇来表达的,而非用"不正当行为"来表达。所谓错误,就是误用规范而不能达到自己的意图,而这些规范的可适用性,则是取决于他自己的意愿的。用我在别的研究中使用的词汇来说,这些规范是"程序性的"而不是"实质性的"。[7] 当然,这并不意味着,而且我也从未说

〔7〕 参见 D. N. MacCormick, "Legal Obligation and the Imperative Fallacy", in *Oxford Essays in Jurisprudence Second Series*, ed. A. W. B. Simpson (Oxford, 1973),关于我对这种区分的论证,尤其参见 116—129 页。这篇论文中,还讨论了"内部意图"思想(104 页以下),参照相关讨论能够完整地理解我对"告知时间"倾向的观点。

过,这些规范的存在是依赖于人的意志的。无论一个人何时用到它们,这类社会习惯都是存在的,对他来说是唾手可得的。

从这一意义上说,这类技能规范类似于法律制度中那些用 282
来协调程序以备个人进行选择的规范。关于财产或其他法律权益的转让问题,是一个困难和复杂的技能,习得它需要投入相当的精力。如果要把某地的产权从 A 转到 B 手中,需要办理法律规定的繁琐手续。但归根结底,还是要由个人来决定是否将其财产转移出去,如果他们同意这样做,也必须由他们个人(或他们的律师)来确认必要的程式。(被视为习惯行为的)财产转让规范,或者(也被视为一种习惯行为的)确定时间的规范,都可以任由个人来选择是否援引。但这决不意味着在任何情况下对这些规范的遵守都是可随意选择的而非义务性的。例如,根据合同,A 要在 7 月 1 日把某地的产权转让给 B,这样,按照相关的制度规则,A 必须在约定的时间通过一个有效的手续将产权转让给 B。同样地,对于一家采用轮班制度的工厂来说,任何接受了相应工作的人都有义务遵守关于换班时间的规定。对我们来说,遵守时间的确是相当重要的一条规矩,这皆因为我们所有需要处理的事情和所要遵守的社会义务、开会、赴约、去剧院等所有事务都有特定的钟点;也就是说,这一切都依赖于我们精确和妥当地掌握时间。

当我们批评一个行为是不当的或违反了合同义务时,实际上根本不关心被批评者的行为是不是在有意地破坏规则。履行或者违反某一规则是否出于他的“主观意思”,与他是否违反了规则以及在违犯规则时是否应受指责,是没有关系的。(这并不是说行为人的意图是根本无关的——刑事法在谋杀和

伤害问题上必然是要考察被告人是否出于故意才对受害者实
283 施谋杀或者伤害行为的。但是在适用关于惩治谋杀和伤害行为的规则时,并不必然以行为人已经认识到是在实施“伤害”或者“谋杀”为条件。这正是产权转让和确定时间之间的明显差别。)所以,在作为技能的规范和作为义务的规范之间,至少存在这样一个差别:前者只是指那些行为人明知就是在根据规范本身来做的行为,但是适用义务性规范却不以行为人有援引这些规则的主观意图为条件。这些差别,只有从“内在视角”来看才能发现。

对于任何读这篇文章的人来说,可能对如何使用钟表和确定时间这类行为不以为然,从表面上来看,它们完全是根据一套约定俗成的规范来照章行事的,这太平淡无奇了。但是,上面的讨论已经表明,事情没有那么简单。(这类行为其实很复杂,大多数人将会发现,对于我们一直在身体力行的潜在规范体系,要给出非常清晰、融贯的解释是相当困难的。)实际上它们是社会性的,既是因为所有人都习之于他人,而非自己所新创,也是因为这些规则的存在全赖于我们共同遵守,正如遵守时间规范一样,我们对之需要或多或少有共同的理解。如果一个人不能理解那个规范,他就根本不知道行动意味着什么。这一点也表明,遵守规范会使得行动变得可以理解,斯威夫特的写作技巧也使我们更容易发现这一点。通过阐明确实存在那
284 种外在视角,我们自己也意识到了内在视角的存在及其重要性。

有必要对内在视角问题做进一步的讨论。这必须依赖于我们能够意识到的思想内容和思考过程进行。但是,从行为主义角度对使用钟表行为进行的解释,无论建构得何等精致,都

只是在小人国专员那样的描述层面上进行，这些描述对于行为人在用钟表表示时间时怀有的重要观念和意识来说并不关心，而只限于描述所观察到的现象。我并不是说不存在有价值的行为主义解释，例如，关于孩子们是如何被教会学习掌握时间的，行为主义的解释就很重要。但是，所教授的成果和孩子所习得的技能本身，是无法仅用这样的描述性语言来解释的。

至此我们可以做一下概括了：对行为的规则、规范、标准所做的解释，都必须从“内在视角”出发。亦即，对它们的解释必须借助于那些使用和运作行为规则的人自己的意识和知觉。也许有人会否认这种方法的科学性，但我们可以用那句睿智的格言作为回应：人人心性相通。那些仍然怀疑上述观点的人们可以认真思考一下，他们自己将如何向小人国居民解释从格列佛身上找到的那个神奇机器的实质和用途。

关于哈特所谓的“内在视角”，他自己将在多大程度上接受我从心灵主义观点所做的诚恳解释，还不能有一个确定的结论。记得哈特曾提到，“对作为共同标准的行为模式的批判性反思态度”的存在，乃是内在视角的一个必备要素，对此他旋即指出，“这种批判性法反思态度也要把自己置于受批判之列……在要求服从以及确认这种批评和要求的正当性这些过程中展现出来，所有这些，都用诸如‘应当’、‘必须’以及‘理应’、‘正确’和‘错误’等规范性术语得到特有的表达。”[8]

对这些要求以及批判性的表达，究竟是构成性的批判反思 285
态度，尚是仅仅是证明性的批判反思态度，尚有待澄清。“特
有的表达”这一词语的使用，有某种经验主义味道，可能会使

---

[8] 前引文献，56页。

疑问加重。事实上，批判性态度并不需要典型地体现于规范性术语，尽管它可以恰当地通过这种方式表现；是语言的习惯规范决定我们如何表达这种批判性、要求以及诸如此类的东西。但是，说这些态度可以用这类术语来恰当地表达，等于坦白说它也可以通过其他方式表达，而且实际上（最为重要的是）批判性态度的存在从逻辑上说与如何表达并无关系。此外，在解释规范的本质时，采用对规范性术语的恰当用法进行说明的办法，恐怕是不能令人满意的。因为至关重要的是理解我们怎样确定衡量这种恰当性的标准。

另一方面，如果我们不去探究这种必要的批判反思态度如何表达自己，就只剩下"对作为共同标准的特定行为模式的批判性反思态度"这个朴素的思想了，它具有启发意义，但并不完整，因为它看起来几近于循环论证。所谓"标准"，到底指的是什么？不能把它同"规则"做近似的甚至是相同的理解吗？由于已经述及的原因，根据"特有的表达"这一术语对批判性态度做进一步解释已经行不通了，剩下的问题是，如何找到一种新的改进了的解释方式。

286 我们要探究，对于某人自己或者他人的具体行为，持有批判性态度或者形成一种批判性评价离不开哪些要素？在持有这种态度时，有一个必备的要素，那就是在我们所面对的特定情势中坚持某种评价标准而否弃其他可能的行为结构。我们确实需要有某种"行为模式"；用这样一种想象的"行为模式"去评价实际的行为，实际上是在把它作为构成模式的标准来对待。但是，只有在对"评价"这一用语给出特定含义的情况下才如此。当我们在这里使用评价这一用语时，绝不是任意地把实际的状态和想象的状态进行中立的比较，然后记录下二者的区别。想象的模式，必须是一种基于合意或者经过核准的行为模式，可以用来对抗未经核准的行为模式。为什么“不得故意侵犯他人”或者“只有当时针和分针都指向12时才说‘现在是12点’”就成了行为标准？不仅仅是因为这些是我们赖以评价行为的可能模式，而且这些行为模式也是我们所愿意为之的、可欲的、被准许的行为模式，并且是当下社会的行为评价标准。这里的评价，旨在衡量实际行为是否同所意图的模式相一致。

对于一个诚恳地批评自己或他人的某种行为的人而言，在某种特定环境下，必然还存在他更乐意接受的其他行为方式。共同的社会标准，必然依赖于对某种行为模式而不是其他行为模式的共同喜好。它只是一种要求实际行为与所意图的行为模式相一致的意愿，对于行为标准来说，这种所意图的行为模式乃是构成性的。为了理解依据某种想象的模式对实际行为进行“批判性评价”，必须设想这个“想象的模式”一定是为某人所意图的。不应当把这种意图、喜好或者核准武断地视为专断之举；例如，一定有很充分的理由来解释，人们为何更喜欢不相互侵犯，以及人们为何遵循特定的行为方式来掌握时间。这些喜好的原因本身，可能要追溯到某种更为高级的秩序规范，尽管尚未高及神学道德，但也并非没有这种可能。

对于上面提出的观点，至少存在这样一种反对的声音，亦 287
即，参照给定的标准对某个实际行为所做的判断，以及参照某种规范对事态所做的评价，实际上并不必然反映判断者或评价者的意志或者喜好。反之亦然，并非所有的意志、喜好或者任何这类表达都反映为某种社会规范（或者其他规范）。既然如此，又怎么可能对意志、喜好和行为标准之间的关系进行界定？各种法的“命令说”总是构建规范与意志之间的简单关系，它们岂不成了普遍的和持久的错误之源了吗?[9]

这种论调尽管本身是正确的,对我所提出的论点却构不成决定性挑战。坦白地说,对于任何特定的社会群体,总会存在一些与某种行为相联的社会规范,即使并非所有人都乐意按照这些人为的模式行事。对于这一人为模式,有些社会成员漠然视之,有些甚至在某种程度上以行为来抵抗,或者对它的产生和维续心存敌意。像攻击他人、谋杀这样一些行为,人们很容易形成共同的态度,但无论群体规模如何,群体成员很难在所有方面都有一致的态度。

不过,即使一个人对某些社会规范不感兴趣或怀有敌意,他也能够理解这些规范,并按其要求行事。两年前,苏格兰离婚法做了重大修改,许多律师乐见其成,在那之前他们并不愿接受它,但仍能理解它,并按照其意旨适用。但是,那些理解规范并能据以做出判断、但又对规范不感兴趣或抱有敌意的人,其立场是寄生性的,他们不论行为模式基于何种理由,都奉行不悖。他们这种对社会规则的超然态度,只有当持有这种态度的人认为(可能是错误地认为)总会有一些人关心那种行为模式的维续时,才有意义。若要形成共同的行为批判和事态评价模式,就需要我们发现那些给定情势中为所有人都认可的共同模式。我们可以独立地构想这一模式,但也不能无视群体中其他人的意愿。如果我们不能这样做,我们就成了像人类学家或旅行者那样的旁观者,因为他们从不对正在研究或者路过的群体有任何的介入。

288 为什么人们有时会服从在自己看来不可欲或者不喜欢的

〔9〕 参见 MacCormick,前面 282 页注〔7〕中的文献,100 —116 页。

行为标准？答案显而易见：其他人之所以将之视为一项标准，意味着他们定会非难反常规行为，而很少有人愿意在可避免的分歧上与他人为敌。另外，我们有时会在表面上承诺遵守那个社会共同规则，这样的话，人们虽然对违规怀有私下的同情，但也要通过对之进行批评来避免遭受非难。这就正如一句谚语所说的，是伪善让世界运转。伪善看来确实是构成有序社会的重要黏合剂。

有人认为，“内在方面”不过是关于行为的一种“感觉”，如我们所见，哈特自己在对之进行解释时是坚决反对这种看法的。他尤其指出，受到拘束或者强迫的感觉——“压迫感”——对于规则的存在来说无关紧要，尽管“在规则为社会普遍接受并且得到社会性批评和压力所支持时”，有的人可能确实有这种感觉。这一点无可非议，但不应让我们忽视“内在方面”或者“内在视角”中一个重要的情感因素，而哈特恰恰忽视了这一点。在规则的“内在方面”，有一个重要的甚至是根本性的意志性因素，它不同于认知性的要素，但对于理解规则来说具有关键性意义。当哈特自己言及一个社会群体中对规则的“接受”时，看来他是承认这样一个意志因素的，尽管他的解释从总体上看仍有一个不足，即对于他的理论中交错出现的那些核心概念之间的关系——“内在方面”、“内在视角”、“内在陈述”以及“规则的接受”等，没能给出一个明确解释。〔10〕 289

看来确定无疑的是，“内在视角”中的那种意志性因素是具有核心意义的。人们总想使行为符合想象的模式，在某种特

〔10〕 关于这些用法，参见 *The Concept of Law* 277 页注〔1〕。Raz 在 *Concept of a Legal System*（Oxford，1970），148 页注〔3〕中注意到了这些不同用法之间的含混之处，不过在我看来，他把婴儿连同洗澡水一起倒掉了。

定的情势下,人们喜欢一种行为模式甚于其他。这一事实构成了他们对社会行为进行批评和反思性评价的根本基础。任何诸如下列内容的想象模式,都可以成为一项规则的内容:

"每个人应当尽到合理注意以免伤害他人"

"人们应当把表盘的圆周等分为六十份"

它们可以成为一项规则的内容,也可以视为对行为进行批判性评价的参照模式。但是,只有当社会群体中的人真正愿意把它们当作共同行为模式时,才被认为是实在的社会规范。

但是,对于社会群体中的一项规范,并非所有的成员在主观意志上都愿意遵守它。有些人确实会,但其他人的"合作"可能仅仅出于一种有益的伪善而非内心的确信。"违法"情形又与此不同,违法者可能是表面上接受和喜欢共同行为规则的人,但只要觉得可以侥幸逃脱,就会对自己网开一面。监守自盗就是这样的例子。此外,还有一些"反抗者",虽然他们知晓并理解那些体现强势群体意愿的社会规范,却仍报以反抗。

290 "合作"、"违法"以及"反抗"(包括其不同的表现方式以及中间样态),只有在同主动守法情形并列或对照来看时,才是可以理解的。必定是它们以它为条件,而不是它以它们为条件。在任何复杂的社会群体中,试图准确无误地辨识出"忠诚"群体,或者完全理解所有那些交错在一起的玩世不恭态度,是相当困难甚至不可能的。但是,理解一个群体的社会性规范,必须假定人们的意愿对行为模式来说是支持性的,而他们所支持的行为模式中的规范必须是来自群体并且是为了群体的。这种理解,并不必要求所有人持有相同的态度。

当然,在理解、使用、适用社会规范和标准时,那些支持和维续行为模式的人的意愿,是不会在根据该规则所做的判断中予以申明的。而且,在判断中也没有必要表达出这种意愿。根据特定的社会规范所做的理解、使用以及判断,也不必当作理解者和判断者真实意愿的表达。某种程度上来说,批判性反思态度比对行为的实际批评更具有反思性;尽管所有的反思态度必须依赖于实际上能够意识到的某些偏好进行,但是批判性反思最终是有意义的。

对事态所做的所有陈述,都要求事先理解给定的规范是什么,同样,对规范的理解也需要借助于这种陈述。即使用来表示时间的陈述"现在是 11 点",也是在陈述一个已被认可的前提。或者说,陈述者实际上首先要理解特定的习惯,而这些习惯作为一套有效的社会规范的存在,又依赖于人们都希望其如此。但是时间陈述本身并不表明这种意愿。在下列法律陈述中也是如此:"作为按照说明书进行交易的销售者,你必须完全按照说明书的要求交付货物";"作为房屋的占有人,你必须对合法来访者尽到合理注意";等等。这类陈述都假定陈述者是理解背后的一整套法律规范的,这套规范的存在,只有经由社会中主动奉行该规范的那些成员才能被阐释,尽管在阐释时他们并不以自己的名义表达这种尊奉态度。

这种陈述,就属于哈特分类中所谓的"内在陈述",[11]因为 291
陈述者只能根据具体情形在规范体系"内部"做出。至少从他的叙述来看,他认为做这样的陈述就是在展现"内在视角"。但是需要注意的是,决定一个陈述的"内在性"的,是陈述者的理解而不是意志。只要承认这一点,那么对于特定的社会来

〔11〕 前引文献 99—100 页。另外参见 vii 页,"无论是法律还是其他社会结构形式,如果不对'内部的'陈述和'外部的'陈述做出严格区分,就无法进行理解,当对社会规则进行观察时,也总能发现这两种不同陈述的存在。"

说,完全的局外人也可以形成对其规范的理解,直至能够进行"内在的"陈述,这里的"内在"就是针对那一社会的规范而言的。我认为这正是人类学家们试图做到的。

认识到这一点,也等于认识到了哈特提出的内在/外在区分中一个不可忽视的含糊之处:这一区别是相当重要的,但到底是不同的理解层次上的区别,还是意志上的主动遵奉程度上的差别?看来,至少是在某种程度上,哈特没有对二者做出细致的区分。在这篇附录的开头,我们考察了小人国专员的报告体现的"外在性",之所以说是"外在"的,是由于他们只能描述格列佛的行为表象,而不能理解其含义。同样,从某种科学视角出发对人类进行的研究,可能会忽视身为行为者赖以作为行为指导的那些规范。这样的做法,只是在从外在方面来研究人类行为。

任何试图超越理解层面而根据行为人认为重要的观念和范畴去评价行为的人,都堪称秉持了内在视角。但这种"内在性"也只是理解层面上的,因为对于其所要理解的规范来说,观察者可以完全保持超然和中立,他只是理解规范对他有用而已。

当然,正如那些被动的合作者或者违法者一样,这种超然和中立的理解也是寄生性的,它需要以主动遵奉态度的存在为前提。因此我们认为,这种主动遵奉态度对于理解规范来说是一个关键,也是内在视角的核心因素。正因如此,才有必要根据意志的不同倾向再进行细分。

292 概括来说:关于人类行为,确实如哈特所说的那样,存在"外在"视角和"内在"视角之间的差别。但是,哈特所界定的"内在视角"实质上还包含着若干可辨别的要素,应当把这些要素进一步区分出来。一种是"认知性的内在"视角，从这一观点出发，根据行为人所赖以作为指导的那些标准，就能对行为进行评价和理解。这样，就足以理解规则及其规范性意义了。但是，由于它以"意志性的内在"视角为条件，所以它是寄生在行为人对规则的主动遵奉上的，这些行为人根据某些自认为有利的理由，主动地遵守一个给定的行为模式，使该模式成为他自己、他人或者大家共同的行为标准：这一态度包含着"认知性的内在"态度，而不是被该态度所包含。

我认为，在《法律的概念》中，哈特并没有在理解层次的差异和主动遵奉程度上的差异之间做出区分，正是从这一意义上来说，我感到他的解释是模糊的。但即使他的解释中存在这种不足，那也不过是督促别人进一步加以完善而已，而这正是我努力做到的。

成文法索引

一般索引*

* 索引中的页码以及正文中涉及的本书页码,均为原版页码,即本书边码。——译者注

相关文献

第一章

批评：

D. Lyous："Justification and Judicial Responsibility", *California Law Review* 72 (1985) 178-99 at 196-9.

B. Anderson：*Discovery in Judicial Decision-Making* (Edinburgh, Ph. D. Thesis University of Edinburgh, 1992).

回应：

MacCormick："Why Cases have *Rationes* and What these are", in L. Goldstein (ed.) *Precedent in Law* (Oxford), Clarendon Press, 1987) pp. 155-82 (ch 6).

MacCormick："Reconstruction after Deconstruction：A Response to CLS" *Oxford Journal of Legal Studies*, 10 (1990), pp. 539-558.

第二章、第三章

批评：

P. White：Review, *Michigan Law Review* 78 (1979-80) 734-

42.

A. Wilson："The Nature of Legal Reasoning：A Commentary with respect to Professor MacCormick's Theory" *Legal Studies* 2(1982) 269-85.

B. S. Jackson：*Law, Fact, and Narrative Coherence* (Merseyside, Deborah Charles Publications, 1988) esp ch 2.

回应：

MacCormick："The Nature of Legal Reasoning：a brief Reply to Dr Wilson" *Legal Studies*, (1982) 286-290.

MacCormick："Notes on Narrative and the Normative Syllogism" *International Journal for the Semiotics of Law*, 4 (1991) 163-174.

MacCormick："Legal Deduction, Legal Predicates, and Expert Systems" *International Journal for the Semiotics of Law* 5(1992) 181-202；and see id 203-14 (Jackson) and 215-24 (MacCormick).

第四章、第五章

批评：

M. J. Detmold：*The Unity of Law and Morality* (London, Routlidge, 1988).

Steven J. Burton："Professor MacCormick's Claim regarding Universalization in Law" in C. Faralli, E. Pattaro (ed.) *Reason in Law*, Vol. 11 (Milan, Dott A Giuffré, 1987) 155-66.

回应：

MacCormick："Universalization and Induction in Law" in C.

Faralli, E. Pattaro (ed) *Reason in Law* (Milan, Dott A Giuffré, 1987) 155-66.

MacCormick, "Why Cases gave Rationes..." cit. supra.

第六章

批评：

B. Rudden: " Consequences" *Juridical Review* 24 (1979) 193-205.

回应：

MacCormick: "On Legal Decision and Their Consequences: From Dewey to Dworkin" *N. Y. U. Law Rev*. 58 (1983) 239-258.

MacCormick: "*Donoghue v. Stepthenson* and Legal Reasoning" in T. Burns & S. J. Lyons (ed.) *Donoghue v. Stevenson and the Modern Law of Negligence* (Vancouver, B. C. , Continuing Legal Education of British Columbia, 1991) 191-213.

第七章

批评：

Jackson: *Law, Fact and Narrative Coherence* cit supra.

B. B. Levenbook: "The Role of Coherence in Legal Reasoning" *Law and Philosophy* 3 (1984) 355-74.

P. Nerhot (ed.): *Legal Knowledge and Analogy* (Dordrecht, Kluwer Academic Publishers, 1991).

回应：

MacCormick: "Coherence in Legal Justification" in W. Kreawietz et al. (ed.) *Theorie der Normen* (Berlin, Duncker & Humblot, 1984) 37-54.

MacCormick:"The Coherence of a Case and the Reasonableness of Doubt" *Liverpool Law Review* 2 (1980) 40-45.

第八章

进一步的研究:

MacCormick:"Argumentation and Interpretation" *Ratio Juris* 6 (1993) 16-29.

MacCormick:"Why Cases have Rationes..." cit supra.

第九章

进一步的研究:

MacCormick:"Discretion and Rights" *Law and Philosophy* 8 (1989) 23-36.

MacCormick:"On Open Texture in Law" in D. N. MacCormick & P. Amselek (ed.): *Controversies about Law's Ontology* (Edinburgh, Edinburgh University Press, 1991) 72-83.

第十章

批评:

K. Haakonssen:"The Limits of Reason and the Infinity of Argument" *Archiv fur Rechts-und Sozialphilosophie* 67 (1981) 491-503.

回应:

MacCormick:"The Limits of Reason: A Reply to Dr Knud

Haakonssen" *A. R. S. P.* 67 (1981) 504-9.

MacCormick: "Legal Reasoning and Practical Reason", in P. A. French et al. (ed.) *Midwest studies in philosophy* Ⅶ (Minneapolis, 1982) 271-286.

另外参见：

R. Alexy: *Theory of Legal Argumentation* (trans. R. Adler & N. MacoCormick, Oxford, Clarendon Press, 1988).

D. N. MacoCormick and R. S. Summers (ed.): *Interpreting Statues: A Comparative Study* (Aldershot, Dartmouth Publishing Co., 1991).

案例表

译后记

尼尔·麦考密克(Neil MacCormick),英国爱丁堡大学公法和法哲学教授。除本书外,他的主要著作还有《法学理论家哈特传略》(1981)、《法律权利与社会民主》(1982)和《制度法论》(1986,与魏因伯格尔合著)。

20世纪70年代以后,西方法理学界出现了以"实践哲学的复归"为特征的哲学和法理学潮流,其背景是,作为启蒙时代遗产的哲学领域中知识确定性神话的破灭,以及实践理性的复归,使得建立在现代逻辑、语言哲学和话语理论之上的道德论证理论和法律论证理论悄然兴起,相应地,对法律规范、法律制度、法律推理的研究也渐成潮流。麦考密克的这本著作和《制度法论》、拉兹的《实践理性与规范》(1975)和《实践推理》(1975)、罗伯特·阿列克西的《法律论证理论》,就是这类研究中独具贡献的作品。

本书讨论了司法判决中的法律推理这一重要主题。演绎推理在判决论证中担当着重要的功能,这种功能主要是形式上的,它在“法治”国家的作用是赋予判决一种必要的理性特征。当然,如果演绎逻辑能解决所有问题,法官只要扮演自动售货机的角色就可以了:输入案件事实,出来判决结果。但事实上,法律推理的过程远非形式逻辑所能独当其重,大前提的非逻辑特征就是一个难以克服的基本局限。另外,法律的有意无意地含混、可适用规则的缺失以及在规则的后果考量上的分歧等等,也总是给法官带来麻烦。在这种情况下,法官、律师有时不得不将正义观念、政策、原则、常识、权宜等非规则要素考虑进来,以使得判决结论在实质上得到证明。不过,在是否采取这种方式证明判决结论上的分歧,远不如在这些考量能否维持法律自主性或者“法治”观念上的分歧大。

法律实用主义者们总是试图撕破法律推理的形式正义面纱,通过揭露和夸大法律论证中的非规则因素来挑战法律的自主性。而捍卫法律自主性的法律家们,最成功的如德沃金,也不过是通过把“法律”概念扩展至包括原则在内的宽泛领地并将法律打扮为一个富有弹性的“阐释性”概念来做出回应。但是,这种努力终究不过是一个语词之争,因而很难成功。无论是德沃金的“法律争论总有唯一正确答案”,还是实用主义者们近乎嘲弄式的反击,都不能对法律推理过程的性质给出一个合理的解释,这揭示了自然法学派同实用主义者的分歧,也暴露了二者的缺陷。那么,麦考密克对这一问题是如何回答的呢?

本书作者在外表上充当了上述两派的折衷调和者的角色,但若意味着这是在无原则的和稀泥,则是一个严重的误解。他认为,法律是一种"制度性事实",只要承认人是理性的动物,就必须承认决策需要理由,一如人们做出正当行为时需要进行理性的思考。因此,如何找到规则基础以证明选择的正当性,在法律推理中也成了至关重要的事情,通过对大量案例的考察,不但事实如此,而且理应如此。这在本书中是一个予以多次强调的立场。麦考密克将法律推理理论描述为一种"实践理性"。从其最表面的含义上来理解,法律活动既不是一种形而上学的自然法秩序的展开,也不是未经合理化和一般化的琐碎的机会主义算计活动,而是理性秩序在法律领域的体现。"所谓实践理性,亦即人们将理性应用于决定在特定情势下如何行动才算正当的过程。"这里,麦考密克强调法律推理的"正当"性,正是这种正当性,及其与之相关的通过论辩获得结论、公开、强调理由的一般性、大众对形式正义的期待以及对专断和恣意的否弃,既表明了法律论证的特征,又使得法律推理成为一种合乎"法治"要求的活动。麦考密克承认法律推理中的非规则因素的正当地位,但仍强调制度、规则的重要性。具体来看,法律推理中的那些非规则因素——正义、政策、常识、权宜等,以及后果考虑,都要符合法律制度规则的某些基本要求:一致性(不与既定的规则相冲突)、融贯性(各项价值之间的协调)以及形式正义(同等情况同等对待),这些是本书论证的重要方面。总之,司法活动中对判决进行证明的过程乃是法律活动的一个核心过程,无论从描述性意义还是规范性意义上来看都是一个高度"合理化"的过程。

在本书中,麦考密克继承和发展了哈特的分析实证主义法律思想(他曾师从哈特)。正如作者在修订后的《前言》中坦言的,"尽管本书并非在所有方面都像 H. L. 哈特的《法律的概念》那样出类拔萃,但仍可以将之视为后者的姊妹篇。这样说的理由是,法律推理理论实质上是哈特理论的一个体现,它是以哈特对法律所做的实证分析为基础的,或者至少是与哈特的路径完全一致的。”从另一个方面来看,哈特的分析实证主义路径正面临挑战,它被认为难以给予法律推理尤其是推理—判决活动一个令人满意的解释,而本书对这一挑战做出了回应,因此从一定程度上来看,本书是对哈特主义的进一步应用。

附录《关于规则的内在方面》是本书的一个重要部分。在这篇相对独立的论文中,麦考密克对哈特法律理论的核心概念——规则的“内在方面”和“外在方面”——做了形象的解读,他引用了斯威夫特的《格列佛游记》作为例子。麦考密克承认,关于人类行为确实如哈特所说的那样存在“外在”观点和“内在”观点之间的差别,但“内在观点”实质上还包含着应进一步予以辨识的要素。正如作者所言:“在《法律的概念》中,哈特并没有在理解层次的差异和主动遵奉程度上的差异之间做出区分,正是从这一意义上来说,我感到他的解释是模糊的。”作者将内在观点进一步区分为“认知性的内部观点”和“意志性的内在观点”,从前者出发,根据行为人所赖以作为指导的那些标准,就能对行为进行评价和理解,这样就足以理解规则及其规范性意义了。但是它以后者为条件,所以它是寄生在行为人对规则的主动遵奉上的,这些行为人根据某些自认为有利的理由,主动地遵守一个给定的行为模式,使该模式成为他自己、他人或二者共同的行为标准:他的态度包含着“认知性的内在”态度,而不是被该态度所包含。这也是麦考密克对哈特理论的一个谨慎的修正。

本书所提供的理论,或许对当前中国的司法制度改进有某种现实的意义。作者引用了大量的案例,对英美判决证明过程的推理所做的考察可以说细致入微,称得上是普通法"司法中心主义"特征的一个生动写照,他的描述不具有历史学特征,却是对历史的合理抽象;于实践上看,对于那些希望推进判决过程合理化的法官、律师和学者,将有所助益。本书的论题涉及法律判决的作出和论证过程,所以对当下的法律解释学理论也有一定意义。依译者浅见,作为本体论(暂且使用这个陈旧的哲学词汇)意义上的法律解释学,在根本上不具有法的规范性意义;方法论意义上的法律解释学,由于立基于必有一个排他的真理性结论这一错误的认识论前提之上,除了在实践上有一定价值之外,在学理上将注定费力而无果。如果不承认法律推理的实践理性特征,很难对法律推理活动给出一个令人信服的理论说明。在本书中,麦考密克对司法判决的形式合理性与实质合理性及其关系的考察和阐述,固然不是全面的,却是相当有建设性的。

*　　*　　*

该书是具有相当可读性的,不仅是因为书中大量引用了活生生的案例来说明问题,使本来抽象的法哲学理论变得鲜活生动起来,而且作者的论证本身亦相当联贯而清晰。当然,这是在忽略了译者工作的欠缺后才这样说的。虽已尽力而为,但因译者外语能力、经验及学识的不足,或许在一些地方仍不能真切反映作者本意,或不能使读者较为方便地领会其主旨,那我只能向作者本人、读者以及出版方致歉了,这自然也是令自己深感不安的事情。

本书初版的翻译是在 2004 年开始的,历时一年有余,当时我还在北大法学院读博士。初版至今已十多年,因未曾加印,书早已售罄,其间还有朋友问起此书何时再版。幸而,今年初法律出版社决定将此书再版,它终于可再与读者见面了。借此机会,我重新校订了全书,除了纠正错译外,还删除了不少冗词,以求译文简洁。

初版和再版过程中,法律出版社袁方、高如华、高山、韩满春、易明群等老师,特约编辑赵仁洋老师等,做了许多耐心细致的工作;导师贺卫方教授,以及苗文龙、王婧、汪庆华、仝宗锦、谌洪果、胡永恒、黄士元诸君,也给予了许多关心和疑点校对上的帮助;焦宝乾、韩宝、赵英男、朱羿臣等师友对初版再版重印译文的若干错误特别做了书面指教;季卫东老师欣然为新版作序,更是令人十分开心的事情。在此对各位师友一并致谢。

2005 年初版“译后”的最后一段,还提到了我的儿子姜耘逸小朋友,原文如下:

在我因翻译疲惫不堪的时候,看他照片时的喜悦成了最好的休息。前些天他满一周岁时,最后一段译文刚刚润色好,交给出版社后即返回济南家中。我的这份微薄工作,于己有敝帚自珍之情,于他则远不如奶瓶更易理解和受欢迎,尽管如此,我仍想以之作为对他第一个生日的祝贺和纪念。

而今,他已长成少年。但好像不怎么懵懂呢,他去过了不少的地方,读了很多我都没看过的书,能讲我必须认真对待的道理,个儿头都高过了我。暂将这本书的再版,当作对孩子成长的另一个纪念吧。

姜　峰

2018 年夏日　于华东师范大学

2025 年秋重印修订之际于中山大学

图书在版编目(CIP)数据

法律推理与法律理论 / (英) 尼尔·麦考密克著；姜峰译. -- 北京：法律出版社, 2018（2025.12重印）.
ISBN 978-7-5197-2785-7

Ⅰ.①法… Ⅱ.①尼… ②姜… Ⅲ.①法理学-研究
Ⅳ.①D90

中国版本图书馆CIP数据核字(2018)第233611号

法律推理与法律理论
FALÜ TUILI YU FALU LILUN

作　　者：[英] 尼尔·麦考密克
责任编辑：韩满春
装帧设计：贾丹丹
出版发行：法律出版社
编辑统筹：学术·对外出版分社
责任校对：周合芝
责任印制：胡晓雅　宋万春
经　　销：新华书店
开　　本：A5
印　　张：12.625
字　　数：269千
版　　本：2018年11月第1版
印　　次：2025年12月第3次印刷
印　　刷：北京中科印刷有限公司
书　　号：ISBN 978-7-5197-2785-7
定　　价：68.00元

销售电话：010-83938349　客服电话：010-83938350　咨询电话：010-63939796
地　　址：北京市丰台区莲花池西里7号(100073)
网　　址：www.lawpress.com.cn
投稿邮箱：info@lawpress.com.cn
举报盗版邮箱：jbwq@lawpress.com.cn
凡购买本社图书，如有印装错误，我社负责退换。电话：010-83938349